21

21世纪高等开放教育系列教材

张琳琳 | 主编

公共安全管理

GONGGONG ANQUAN GUANLI

中国人民大学出版社
· 北京 ·

前 言

公共安全伴随着人类社会的形成和发展过程。安全是人类最基本的内在需求，也是人类社会形成、发展、兴盛和繁荣的基础。没有安全保障，一切将成为空中楼阁。

公共安全随着人类生产力的进步和提高而变化，并且更加复杂多样。在远古时期，人类主要面对的是洪水、地震、火山、海啸、台风等自然灾害，随后战争、瘟疫等也成为人类不得不面对的安全挑战。人类进入工业化时代以来，各类生产安全事故，诸如矿山塌方、化工厂爆炸、重大交通事故等，造成越来越多的生命和公私财产损失。人类科技的进步和对未知领域探索带来的新挑战、新内容形成公共安全的新危险源。城市化进程的加快、对自然资源的利用和开发、生产活动的加强，都对我们赖以生存的生态环境造成侵蚀和破坏。生产、贸易和国际分工的全球化，使得公共安全愈加带有国际化色彩。

相应地，人们对公共安全的认识和理解也在不断丰富和深入。最初，面对自然灾害，人们心理上感到恐惧，行动上以躲避为主，乃至寄希望于“神”“上帝”而求得救护；在逐渐积累经验的基础上，人类开始有意识地采取一些主动性措施来减少和应对公共安全威胁，特别是江河堤坝等工程的建设就是这种思想认识的典型反映；20 世纪的两次世界大战，也促使人们对现代公共安全进行全面的反思和理论探讨，逐步形成一个新的学科领域；从具体的自然灾害、生产事故、公共卫生事件等表征，到抽象的风险、致灾因子、脆弱性、权益人等概念，公共安全的理论体系得以建立和丰富，并在实践中不断完善。

在世界范围内，各国都在公共安全理论的指导下，全方位、立体化地建立自己的公共安全管理体系。无论是单一制国家还是联邦制国家，虽然在机构设置、职责分工、运转机制等方面存在一定的区别，但是政府都是公共安全管理的责任主体，并广泛吸收企事业单位、公共组织、志愿者等社会各方面力量，形成多元参与、共同应对的态势。由于突发事件的非常态性及其管理决策的非程序性，法律法规在应急管理中的独特作用日益得到重视，成为公共安全管理的重要基础性措施。一方面，人们从土地使用规划、基础设施、建筑标准等“硬性”着眼，加强对各种突发公共安全事件的应对能力；另一方面，人们从思想观念、行为规则、教育培训等“软性”入手，强调公共安全的全过程、全方位管理。公共安全管理也发生了如下转变：从把主要精力放在公共安全突发事件发生后的处置和救助，转变到更加注重事前预防；从灾难发生后的避灾、救灾，转变为应急预案的制定和应急管理的动态规划；从政府的责任独担，转变为政府主导的多元参与；从单一的行政命令式管理手段，转变到全面、系统、立体、信息化的制度体系……总之，面对公共安全的挑战，各国都在进行着理论上的研究和实践上的探索。

我国正处于社会转型发展的关键时期，各种错综复杂的社会矛盾不断显现：只注重数量规模的、粗放的、掠夺式发展给自然生态造成了极大的破坏；人口急剧从第一产业向第二产业、第三产业的转移，从乡村分布大规模向城市集中，带来了新的社会管理问题；我国“一带一路”“人类命运共同体”倡议的实施与国际政治环境的复杂多变……这一切又使得我国的公共安全具有自身的特点和需求。

党的二十大提出：“提高公共安全治理水平。坚持安全第一、预防为主，建立大安全大应急框架，完善公共安全体系，推动公共安全治理模式向事前预防转型。推进安全生产风险专项整治，加强重点行业、重点领域安全监管。提高防灾减灾救灾和重大突发公共事件处置保障能力，加强国家区域应急力量建设。强化食品药品安全监管，健全生物安全监管预警防控体系。加强个人信息保护。”在这样的时代背景下，我们参考各方面的理论成果和实践经验，结合自身的研究和思考，整理成这本《公共安全管理》教材，以期能够粗略地为大家描述公共安全管理的整体框架，对大家的专业学习有所启发和帮助，为大家走上工作岗位后不断提升应急管理能力奠定基础。

公共安全管理是系统的、复杂的，既是理论的，又是具体的，内容非常丰富，在我国还处于高速发展完善的过程之中。由于水平所限，教材中难免存在不足和错误之处，敬请同行专家和广大读者指正。

编　者

目录 CONTENTS

CONTENTS 目录

第一章

公共安全管理概述

学习导引

同学，当你翻开本书的时候，你可能这样想过：我在学习和了解公共安全，这是为了在我步入社会之后，当我走上工作岗位之后，在我遇到重大事件的时候，知道如何去处置。这样想对不对呢？答案是不完全对。作为一个公民，能有公共安全意识并愿意为它而努力，这是对的；公共安全并不是只对他人而言，也包括我们自己。那么这里的安全到底是指什么呢？是不是指我作为社会个体，不受欺负、人身不受威胁呢？这只是其中的一个方面，公共安全的范围要远远超出这一范围。我们能坐下来静心学习，不担心所谓的飞来横祸，不担心“人在家中坐，祸从天上来”的情形；在路上不用担心极端的状况，相信有交通规则、信号系统，还有交通警察的管理等，就一定能够保证自己出行的安全；打开水龙头，将自来水直接用于做饭、饮用，而不担心会损害自己的健康……实际上，这一切都与公共安全紧密相关。了解了这些，我们就能理解学习这门课程的重要意义了。

学习目标

（1）理解安全的基本含义，知悉对安全的需求是人类的基本需求。

（2）了解我国古代对于自然灾害的认识、采取过什么样的措施。

（3）从公共安全管理的视角掌握我国历代的救灾思想和政策，了解我国历代政府设置的灾害管理机构。

（4）重点学习西方公共安全管理的发展历程，包括前公共安全管理时期、民防时期和成熟时期三个阶段，掌握公权力进入公共安全领域的历程。

知识结构

本章从"安全"这一基础概念出发，阐述人类对于安全的需求是客观的、共同的。从我国古代对于安全的认知和应对的视角，了解对于自然灾害所采取的减灾、救灾、防灾一系列措施都是公共安全管理的初级层次但也是重要方面。现在的公共安全管理已经不仅仅是对自然灾害的管理，还有对生产事故、卫生事件、社会事件等的管理，以美国为重点，厘清现代公共安全管理基本的发展脉络。

我们用下面的图来帮助大家理解公共安全管理。

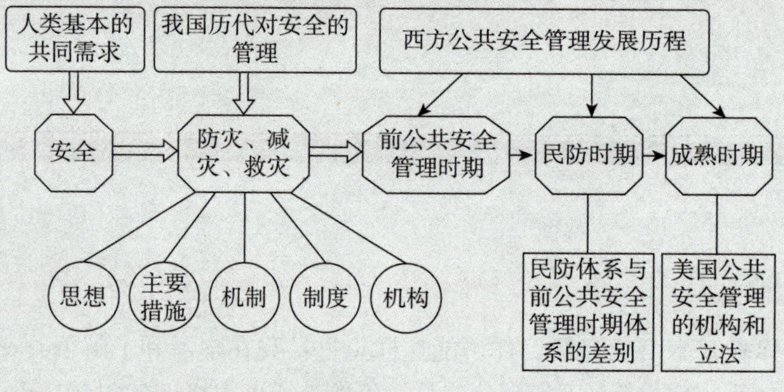

第一节　公共安全管理的必要性

知识点 1　安　全

《现代汉语词典》对“安全”的解释是“没有危险、不受威胁、没有事故”。我们从字面上理解，“安”是“平安”，“全”是“健全”，所以狭义的“安全”就可以理解为“人身平安，身体完整且不受伤害”。

在一定意义上，我们应当把人的心理加入进来，因为人之所以为人，就是人是有思想的（区别于一般动物的条件反射），成语“惶恐不安”表达的就是如果心理上处于担忧、恐惧状态，人也就处于不安全的情境。如果人总是受到外在的威胁，无论是来自自然界的灾难预警还是来自社会的、其他人的行为，人都不可能获得安全感。

美国心理学家亚伯拉罕・马斯洛 1943 年在《人类激励理论》中提出人的需求层次理论，将人类的需求从低到高分为五个层次：生理需求、安全需求、社交需求、尊重需求和自我实现需求（见图 1－1）。

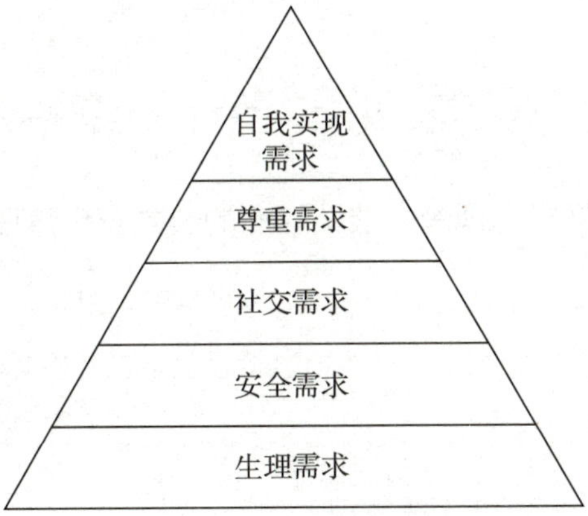

图 1－1　人的需求层次

在古代社会，影响人类安全的主要是自然灾害，如洪水、大雪、台风，同时还有来自野生动物的威胁；具体到人群，不同部落、不同族群、不同国家之间的战争也是人的生命安全的巨大威胁。在人们的物质财富很少时，安全主要是指人类的生命安全。在农牧业发展起来之后，安全的范围逐步扩大，除去战争因素外，影响安全的主要因素仍然是自然灾害，只不过扩大到了影响农作物、牲畜生长的那些自然因素，例如旱灾、蝗灾等。到了近代，工业兴起和发展，技术风险、环境破坏乃至经济危机等被逐步纳入安全的范畴。在现代意义上，安全遍布人类社会的各个领域，成为人们最基本的需求。

例如，叙利亚的持续战乱使叙利亚人民的安全没有保障，形成大量的难民，他们选择离开自己的国家，希望到相对安全的欧洲国家去生活。又如，日本“3·11大地震”之后，福岛核电站受到破坏，周围已经不适合人类生存，否则安全必将受到重大威胁。再如，环境严重污染导致的城市雾霾对人们的生命健康产生极为恶劣的影响，必须下大力气从根本上进行治理，甚至不惜让企业停工停产等。

在我国，人民在安全方面的诉求如何才能得到保护和实现呢？各级政府承担着主要的公共安全管理责任（见图1－2），这就是我国的公共安全管理。

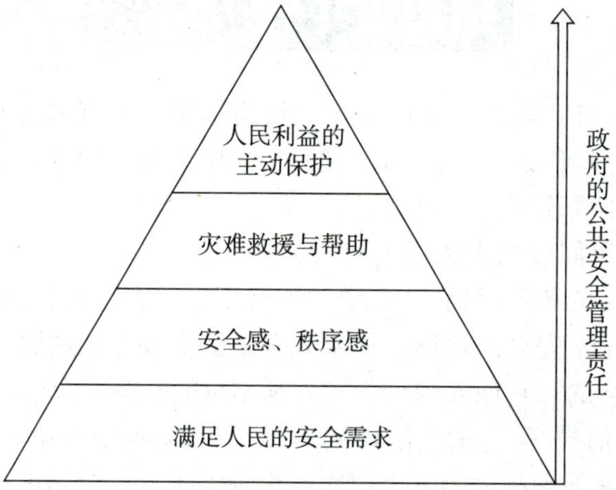

图1－2　政府的公共安全管理责任

练一练

简答题

从人们对安全的基本需求的视角，谈谈政府的公共安全管理责任。

知识点 2　公共安全的基本含义

如何区分个人的安全与公共安全呢？公共安全这个概念，本身就是针对社会管理而言的，要正确理解这个概念的含义，就不能仅仅站在个人的角度，需要站在公共的高度和社会的角度去认识、理解和分析。第一，公共安全是包括社会个体安全的，社会个体安全在一定条件下直接构成公共安全；第二，公共安全是指不特定的社会成员的安全，特别是由社会成员的行为导致公共安全事件时，无论是故意还是过失，首先要区分其行为是针对特定人还是非特定人。比如，驾车有意撞击某人或车辆，虽然该行为也是犯罪行为，属于故意伤害或故意杀人，抑或故意毁坏公私财物，但在实施该行为时驾车人是明确经过选择的，因此该行为不属于危害公共安全的行为；驾车严重超速、并线、超车而致其他人员和车辆的安全于不顾，无论是否在实际上产生了后果，该行为都危害了公共安全。

公共安全是仅仅指社会成员的人身安全吗？无疑，人身安全是首要的、第一位的安全要求，但是反过来不能说公共安全只包括人身安全。我们从安全本义的发展就可以得出这样的结论。目前，对于公共安全并没有形成一个得到学界一致赞同的、毫无争议的概念性表述。

公共安全通常是指多数人的生命、健康和公私财产的安全。破坏公共安全的行为是指故意或过失危害不特定多数人生命健康和重大公私财产安全的行为。也有学者把社会秩序纳入公共安全的概念之中。

我国《刑法》中规定的危害公共安全罪，是指危害广大群众生命健康和公私财产的安全，足以使多人死伤或使公私财产遭受重大损失的行为。它是《刑法》上普通刑事犯罪中危害性极大的一类犯罪。这类犯罪侵犯的客体是公共安全，它同侵犯人身权利的杀人罪、伤害罪以及侵犯财产的贪污罪、盗窃罪等有显著的不同，包含造成不特定的多人死伤或使公私财产遭受重大损失的危险，其损失的范围和程度往往是难以预料的。这类犯罪的客观方面，表现为实施各种足以危害公共安全的行为。举例说明：如果一个人在打架斗殴中用刀扎伤了对方，这属于故意伤害；但是如果一个人持刀在商场的人群里乱捅，这就属于危害公共安全。虽然法理上出于对法定利益的保护，在刑法中的公共安全可能与公共管理学上的公共安全并不完全等同，但是从理论与实践相结合的角度来看，这种区分有着重要的参考意义。

练一练

单项选择题

下列关于公共安全的含义的表述中，正确的是：

A. 公共安全就是指我们的人身安全

B. 公共安全是指广大人民群众的生命健康和财产安全

C. 公共安全是指国有重大资产的安全

D. 任何两个相对人之间的矛盾都属于公共安全的范畴

第二节 中国公共安全管理的历程

我国地域辽阔，地形地貌丰富，气候差异巨大，历来就是自然灾害频发的国家，所以历代政府都把抗灾减灾作为主要任务。比如大家都知道的大禹治水，兴修都江堰、灵渠等大型水利工程等。

知识点 1 历代政府灾害管理的主要措施

（1）鼓舞和安抚灾民。在中国古代社会，严重的自然灾害爆发后，政府通常会派遣位高权重的官员作为代表去灾区安抚基层官员与百姓。在南北朝时期，由于自然灾害频发，遣使救灾已经成为救灾惯例和制度。这一点，在我国当代仍然有所体现，各种突发事件应急预案均要求主要负责人第一时间赶赴第一现场，这除了方便指挥决策之外，也能够显示党和政府对灾区人民生命健康安全的关心。1966 年邢台地震时，周恩来总理亲赴灾区；2008 年汶川地震时，温家宝总理坐镇指挥救灾，看望慰问受灾群众。

（2）赈灾减赋，解决灾民生存生活基本需求。在自然灾害面前，各类矛盾相对集中、交错、尖锐。面对这种情况，政府往往会通过开仓放粮、减免税款等措施来抚慰百姓，以缓和阶级矛盾。宋代名相包拯陈州放粮的故事流传至今。

（3）兴建粮仓，兴修水利。面对频繁发生的自然灾害，统治者们常常会“未雨绸缪，积粟备荒”，设立诸如“常平仓”“义仓”“社仓”等存储粮食的仓库以备救灾之急需。据史料记载，清康熙、雍正就多次过问备荒仓储之事。兴修水利工程如都江堰等是为了灌溉，减少干旱的影响，建河堤、修围堰等也是政府高度重视的抗灾措施。新中国成立以后，兴建了大批水库和水渠，统筹抗灾物资等。

（4）动员引导社会力量。在中国古代社会，统治阶级已经认识到动员、引导社会力量来共同应对自然灾害所带来的破坏与危害的重要性。特别是在政权统治晚期，社会动荡、国家积贫积弱，统治集团已经无力救济灾民、安抚百姓，社会力量就更加受到重视。在中国古代社会中，统治阶级动员社会力量参与救灾的主要措施就是“劝分”。所谓“劝分”，就是统治阶级劝谕、引导、鼓励商贾等富庶之户在灾害发生时无偿赈济灾民，或减价出售所积米谷。“劝分”措施在春秋时就已出现，西汉时期被正式采用，宋朝时开始推广，并逐步制度化。

（5）推广防治农业灾害技术和抗旱涝高产粮食作物。中国古代提倡精耕细作，注意收集刊印官私编撰的农书，推广防治农业灾害的技术和知识。著名的《氾胜之书》《齐民要术》《农政全书》等，都提出了许多抗旱保墒，防御低温、病虫害、盐碱化等灾害及治蝗的对策。宋、辽、金、元、明、清政府还制定了捕治蝗蝻的制度、政策。康熙皇帝亲自到蝗区作调查研究，总结前人治蝗经验和蝗虫生存、危害作物的规律，提出新的捕蝗对策，撰写了著名的《捕蝗说》。与此同时，历代封建政府还把植树造林、禁止滥伐森林、推广种植抗旱涝高产粮食作物作为防灾备荒措施。宋真宗曾推广耐旱的占城稻，“给占城稻种，教民种之”。具有高产、耐旱涝、对土质要求不高等优点的玉米、番薯相继传入我国后，明、清政府大力推广种植，在备荒中发挥了重要作用。

（6）建立气象、灾情、汛情监测。中国古代封建国家一直重视天文、气象观测，在中央设立专门机构，每年刊印颁发包括二十四节气内容的历书，指导农民不误农时，适时播种、耕耘、收获。秦朝把上报农作物生长期的雨泽及受灾程度作为一项法令，要求各地严格执行。汉朝建有“自立春，至立夏，尽立秋，郡国上雨泽”制度，以后为历朝所沿袭。到了宋代，政府又建立了较为完善的报汛制度。金朝《河防令》规定，沿河州县在汛期随时奏报水情、险情。明朝开始建立黄河飞马报汛制度，清代沿袭这一做法，并加大实施力度。如康熙四十八年（1709年）起，延长报汛河道长度，从宁夏开始报汛，并改用皮混饨传递水情。乾隆年间，政府又在黄河支流沁水下游的武陟县木栾店、黄河干流的陕县万锦滩和洛河的巩县（今巩义市）设水志桩，汛期及时向江南河道总督驰报水情，再奏报朝廷。另外还用羊皮筏传递汛情，称为“羊报”。同时在长江、淮河、永定河等建立水志，监报水情。

清代建立了雨雪、收成、粮价奏报制度和晴雨录。晴雨录是一些地方逐日天气现象的记载，内容包括晴、阴、雷、雨、雪、雾和风向。最早开始于康熙十一年（1672年），后来清廷将晴雨录和奏报制度推广到全国各地。每逢雨雪或缺少雨雪，地方官都要向皇帝报告雨水入土深度和积雪厚度及起讫日期。这类奏折称为雨雪分寸。清廷还要求奏报雨雪分寸的同时报告当时当地粮价。同时奏报雨雪分寸和粮价的目的之一，是预先筹划粮食调剂。清朝通过建立全国各省气象观测及晴雨录与雨雪粮价奏报制度，及时掌握全国天气变化和粮价走势，对预测可能发生的农业气象灾害并采取相应措施发挥了重要作用。

（7）惩治腐败官员，平息社会矛盾。受“异灾天谴论”的影响，在中国古代社会，当发生了自然灾害后，统治者常常认为与“吏治不修”有关。为了疏导和化解社会底层对政权统治的不满情绪，防止因自然灾害激化其他社会矛盾，引发社会动荡，统治者也需要对虚报瞒报者、抗灾救灾不力者、贪污私吞抗灾救灾和兴建水利工程款项者进行严厉惩处。

（8）拜天祭祀，从思想上和情感上拉近与灾民的距离。在中国古代社会，包括统治阶级在内的广大民众普遍缺乏自然科学知识，“异灾天谴论”颇为盛行，认为灾害是上天对人类的惩罚。当发生重大自然灾害时，统治者往往采取禳弭祈仙的方式来消解灾难。从科学的角度来说这毫无用处，但不可否认，在中国古代社会百姓普遍缺乏自然科学知识的情况下，统治集团出面组织的禳弭祈仙活动可以稳定民众的不安情绪，使民众在心理上获得慰藉。干旱时求雨、水涝时拜龙的情形在古代几乎年年出现。

练一练

列举题

请列举任意四项我国古代政府的灾害管理措施。

知识点 2 我国古代救灾的体制机制及其主要内容

我国是一个灾害频发的国度，如何救济灾荒、迅速恢复生产是历朝所面临的重要课题，逐步形成了一套相对完善的救灾制度体系。中国农业大学的李军专门进行过这方面的整理和研究。

我国古代的救灾体制机制如下：

（1）历史上的救灾职责主要由政府承担，大致可分为朝赈和官赈两类，民间自愿捐粮捐款赈济灾民的义赈活动作为补充。所谓朝赈，即由朝廷主持，通常对灾害地区拨发粮款、赈粜，并于灾后采取免除、缓征租赋等措施来恢复民生。所谓官赈，即由地方官主持，在地区性自然灾害发生之后，动用地方库藏钱粮赈济救灾的活动。

（2）灾前预防、灾中救助和灾后救济三个阶段的机制相结合。所谓灾前预防，即建立粮食仓储制度，包括官方设立的常平仓、社仓、惠民仓等，以及民间自发集资设立的义仓；政府兴修水利、加强气象监测、建立粮价呈报制度等颇具防灾效能。所谓灾中救助，即在灾害发生的过程中官方所采取的一系列应急救助措施，例如建立严格的报灾制度等。灾后救济是古代救灾机制的核心部分，主要有灾蠲、减征和缓征赋税等措施。

（3）救灾方式和措施丰富多样。古代的救灾方式和措施主要有赈济、以工代赈、移粟就民、移民就粟以及劝奖社会助赈等。所谓“赈济”，即在发生严重灾情后，国家向灾民无偿发放救济钱物，帮助灾民渡过难关。所谓“以工代赈”，即官府让灾民参与国家建设，如兴修水利、修造房屋等工程，从而获得相应的赈济钱物。所谓“移粟就民”，即从外地调运粮食支援灾区，或利用市场调剂手段实现粮食向灾区的流动。所谓“移民就粟”，即指在灾害严重的地区和年份，官府颁布相关政策法令，组织引导灾民有序流动，到粮食丰裕地区就食糊口。

（4）逐步完善的报告及实施程序。该程序可分为报灾、勘灾、审户和发赈几个步骤。所谓报灾，即指灾区地方官逐级向上汇报灾情。所谓勘灾，即地方官吏勘查核实田亩受灾程度，确定成灾分数，为发放救灾物资和减免赋税提供有效依据。所谓审户，即核实灾民户口，划分极贫、次贫等级，以便准确发放救灾物资。所谓发赈，即发放赈票，作为灾民领赈的凭据。

练一练

简答题

简要叙述我国古代救灾体制机制的主要内容。

知识点3　我国历代救灾制度变迁的主要特点

我国历代救灾制度的整个变迁过程有以下几个特点：

（1）救灾制度的形成历史久远，在实践中不断完善。在《周礼·大司徒》中记载了古代荒政制度的雏形，即“荒政十二”：“以荒政十有二聚万民：一曰散利，二曰薄征，三曰缓刑，四曰驰力，五曰舍禁，六曰去几，七曰眚礼，八曰杀哀，九曰蕃乐，十曰多昏，十有一曰索鬼神，十有二曰除盗贼。”这些均是灾后进行的抗灾救荒活动的具体方式，目的是维护社会秩序、保持社会安定，其内容涉及灾民救助（散利、舍禁、去几）、减轻灾民负担（薄征、驰力）、减少政府开支（眚礼、杀哀、蕃乐）、维护社会秩序（缓刑、多昏、索鬼神、除盗贼）等几个方面。这十二项荒政奠定了中国古代荒政制度的基础。在周、秦、两汉长期的救灾过程中，荒政制度不断发展完善，逐步形成由仓储制度、赈济制度、检恤制度和农垦制度组成的古代荒政制度的雏形。历朝在此基础上进行调整，逐渐建立了诸如钱粮赈济、赋税蠲免、移民就粟等救灾减灾制度。

（2）救灾的有关规定越来越具体。随着灾害的频繁发生、国家财政压力的增加以及制度的日益规范，政府的救灾规定越来越具体。例如，减免税赋是古代重要的减灾措施，唐以前并没有固定的标准，只是根据当时的情况颁布诏令。唐以后的规定趋于详细。《大唐六典》规定："凡水、旱、虫、霜为灾害，则有分数：十分损四以上免租，损六以上免租赋，损七以上课役俱免。若桑麻损尽者，各免调，若已役已输者，听免其来年。"明朝弘治三年（1490 年）制定了固定的蠲免比例，受灾 10 分，免 7 分税粮，依此类推至 4 免 1 为止；清朝大体沿用这一规定，但保持了一定的弹性。清朝顺治十年（1653 年）规定州县受灾 8~10 分，免 30%；5~7 分，免 20%；4 分，免 10%。在制度上规定得更加具体，并赋予适当的弹性区间。

（3）经济实力强盛是救灾制度运行与创新的基石。从历史发展来看，经济实力强盛的统一王朝是救灾制度创新的频繁期。例如汉代创建了常平仓制度，隋唐出现了义仓制度，宋代出现了社仓制度。清代由于人口增多，粮食极度匮乏，于是制定了保护农产品的粮食安全制度。从历朝水利工程的兴建分析，前四位分别是唐、宋、明、清，这几个朝代都是经济实力较强的王朝。

（4）救灾制度伴随着朝代的盛衰而呈现出具体的变化特征。每个王朝的中前期，各种救灾制度一般能顺利运行；但到了晚期，赈济措施多沦为虚文。如唐代比较重要的救济旱灾活动共 132 次。减免赋税、罢役赈恤等具有实际意义的救灾措施在穆宗之后变得越来越少，即使有，也往往成为一纸空文。

（5）社会力量在救灾中的作用越来越强。古代社会的民间救灾主要有两条路径：第一是血缘性组织的互助活动，比如宗族，北宋范仲淹创办的范氏义庄模式成为后世家族救济的一个典范，各地的宗族组织一般都建有义庄、族田、社仓等，平时救济贫困，灾时用于族内的自救。唐宋以后，随着乡村社会力量的发展，以富民为代表的民间救济开始发挥越来越重要的作用。第二是个人的捐赠。部分官僚缙绅、富户巨商在灾害发生时，捐出部分救灾物资。政府为鼓励民间富户捐献，往往通过赠匾额、授官衔等措施进行表彰性奖励。宋代富民就已在灾荒救济的各个环节发挥作用，甚至部分取代了政府在灾荒救济中的角色与地位。

（6）救灾制度的基本内容相对稳定。各种基本救灾制度在历史时期长期保持一种不变的稳定状态，只是在种类与数量上略有变化。从实施效果看，古代社会的众多救灾制度成效相对比较显著。它的转变发生在清代道光年间之后，随着西方思想的传入及其引发的科技发展，西方社会的救荒济贫思想与中国传统救荒理论相融合，产生了一些新的救灾制度。比如官方单纯的救济演变为更注重对灾民进行生产技能的培训；对于逃荒者，以往的做法是将其遣返回原籍，但清末却将其视为本地经济发展的动力而予以挽留，机构上也相应产生了一些重大变化。

练一练

论述题

请简要论述我国历代救灾制度的变迁特点。

知识点 4　历代的救灾思想

（1）天命主义禳弭思想：这是最原始的救灾救荒思想，认为各种灾祸皆由上天决定，灾害的降临是上天对人类错误的惩罚，人类社会想要免除灾难的侵袭，保障生存的权利，就必须向天地禳寿，以求宽恕。由此，历代统治者都非常重视祭祀，从设置专门的祭司，发展到设置专门的祭祀机构，形成了一整套的祭祀程序。北京的天坛就是皇家祭天的专用场所。

（2）救助灾民的思想：一方面认为全国所有的人口都是统治者的臣民，“率土之滨，莫非王臣”；另一方面，实行仁政爱民。救助的具体措施包括赈济、调粟、养恤、安辑、蠲缓、节约、除害、放贷、预防等。

赈济就是发放粮食、钱款和实物来救助灾民。

调粟就是从全国其他地方向灾区调集粮食，也包括把灾民调往粮食丰产的地区。

养恤是对灾民实行临时收留、养护等。

安辑就是为了避免灾民无序向外流动，给予一定的安置措施，如给田、减免税赋、遣返等。

蠲缓就是受灾后统一免除税赋、地租甚至徭役。

节约指的是统治者在灾害发生后，要求自己包括各级官员减少支出，厉行节俭，一方面为救灾，另一方面也是“罪己”。

除害是指消除灾害根源或其本身，消除灾害后果。

放贷是指先期为灾民发放粮食种子、牲畜等，恢复生产。

预防的内容比较多，比如建立仓储、兴修水利、提高农业生产水平等。

练一练

1. 多项选择题

我国古代救助灾民的具体措施有许多种，下列属于我国古代救助灾民的具体措施的是：

A. 赈济

B. 调粟

C. 养恤

D. 安辑

E. 放贷

2. 列举说明题

试列举 5 项我国古代救助灾民的具体措施。

知识点 5 我国历史上典型的灾害管理机构

（1）西周的保章氏。西周观察天象、预测年份好坏的专门职官是保章氏，保章氏“以五云之物，辨吉凶、水旱、降丰荒之祲象”（《周礼・春官宗伯・司巫 / 神仕》），有点类似于现代的灾害预报工作。

（2）汉代的太史院。自秦汉时期始，中央政府对报灾工作非常重视，明令各级地方政府要及时上报雨泽。汉代继承了秦国的雨泽报告制度，在中央政府设立了专门的灾害测报机构——太史院，负责管理灾害信息收集工作。

（3）唐代的户部。唐代救灾机构隶属户部，主要职能由度支、仓部、司农卿、太府卿等实施。度支主要负责救灾额度的制定、灾害前的调查测定等。仓部负责救灾物资的调配。司农卿、太府卿负责开仓、拨付救灾款等。

（4）宋代救灾机构。宋代有特定的救荒机构，如转运司、常平司及提刑司。这三司是行使救灾权力的主要机构和常设部门。除此之外还有临时负责救灾的安抚使和廉访使。转运司主要负责国家的财赋，负责官员包括转运使、转运副使和判官等。在灾害发生后，转运司要负责筹措钱粮运往受灾地区。常平司亦称仓司、庾司，主管常平仓、义仓、广惠仓及各路役钱、水利、盐茶等。常平司本属于平衡物价机构，但宋代灾害繁多，因而其更多的职能是救济灾荒。提刑司长官主要负责提点刑狱，在负责区域内司法刑狱和治安巡查的同时也常常参与地方救灾。

（5）元代救灾机构。在元朝，救灾机构的范围较广，囊括了中书省、行中书省及其所属户部，包括监察系统在内的政府机构。当灾情到来时，这些机构都要义不容辞地承担起赈济灾区的责任。元朝对地震等自然灾害的处理程序为：地方把灾情呈报给中央，经审批后才可获得相应的救灾措施。监察使主要负责对灾区情况进行勘察并对赈灾机构进行监督，及时纠正赈灾过程中的失误，使得各级政府更好地履行职责。元代专职性的赈灾机构有惠民药局、养济院、广济提举司、孤老院、宗仁卫、义仓、常平仓等。在受灾地区，这些专职性的赈灾机构通过低价或免费的方式为灾民提供食物、住宿及医疗等方面的服务，使灾民在免受饥饿之苦的同时，还暂时拥有了栖身之地。通常情况下，政府都会出钱设立惠民药局，把买来的药材低价转售给灾民，从而达到救助目的。

（6）清代的民政部。清代前期沿袭了以往由户部管理救灾事宜的做法，并未设立专门的救灾机构。1906 年，清政府在原来巡警部的基础上成立民政部，执掌地方“荒政”事项，下设保息科，负责管理各地的水旱灾害救济、善后赈济以及官绅所办的慈善事业等。

练一练

列举说明题

列举任意 3 个我国古代政府的灾害管理机构并简要说明。

第三节　西方公共安全管理的历程

西方公共安全管理经历了前公共安全管理时期、民防时期和成熟时期三个阶段。

知识点 1 前公共安全管理时期

前公共安全管理时期是指设立专门承担公共安全管理职能的政府机构之前，或者赋予现有机构明确的公共安全管理职责之前，公共安全管理所处的一事一议、一事一个做法的阶段。在这一阶段，没有形成统一的、系统的、具有普遍意义的应对安全事件的制度和措施。

知识点 2 民防时期

由于第一次世界大战和第二次世界大战的爆发，组织和应对战争成为国家的主要任务之一，特别是核武器的发明，使得对战争的恐惧和防范受到国家的高度重视。一些国家借此逐步建立了民防组织，成为后来公共安全管理机构的雏形，为建立公共安全管理体制开了先河。

民防是民事防护的简称。它包括战争空袭的防护、自然灾害的防护和民间人为灾害的防护。随着社会的发展，民防逐步向保护生态环境、人道主义救援等领域拓展和延伸。

民防萌芽于第一次世界大战期间。当时为减少人员伤亡和财产损失，英国在伦敦建立了独立的防空指挥机构和专门的防空部队，并在市区实行灯火管制、构筑防空洞、疏散居民、建立空袭警报系统等，这些防空措施就是民防的萌芽。从第一次世界大战结束至第二次世界大战爆发前的 20 年间，特别是自 1930 年以后，随着军事航空工业和技术的迅猛发展，欧洲许多国家相继建立城市防空体系，民防工程也因此得到了迅速发展。第二次世界大战中，由于敌我双方都把削弱或保护战争潜力作为赢得战争胜利的重要手段，参战各国更加注重城市防空的基础设施尤其是民防工程建设，以有效地保护居民和经济目标，减少空袭造成的损失。

作为美国邻国的加拿大，在民防时期也有着自己的特点和做法。1939 年，加拿大通过了《空袭防范法》，授予负责官员宣布宵禁或疏散的权力。第二次世界大战结束后，民防组织有所削弱，但是苏联核武器的试爆成功，使得加拿大对战时民防体制重新重视起来。1951 年，民防职能由国防部转移到国家健康与福利部。1959 年，加拿大颁布了《民防法令》，规定民防的设施和人力等资源在平时负责灾害的应对等任务。

从总体上来看，民防的任务包括以下几个：

（1）发出警报。

（2）疏散。

（3）避难所的管理。

（4）灯火管制措施的管理。

（5）救助。

（6）医疗服务，包括急救和宗教援助。

（7）救火。

（8）危险地区的查明和标明。

（9）清除污染和类似保护措施。

（10）提供紧急的住宿和用品。

（11）在灾区提供恢复和维持秩序的紧急支助。

（12）紧急修复不可缺少的公用事业。

（13）紧急处理死者。

（14）协助保护生存所必需的物体。

（15）为执行上述任务、包括但不限于计划和组织的补充活动。

第二次世界大战后，美国政府对现代意义上的民防政策有所发展。杜鲁门政府与艾森豪威尔政府都采取措施推动了民防的发展。肯尼迪总统入主白宫后，主张实施积极的民防政策，改组民防动员办公室，将原来的民防动员办公室重组为应急规划办公室，调整民防机构，重新分配人员，重新划分民防责任，调整民防权力，加强了总统对民防权力的控制，大力建设民防掩体设施，政府出资修建公共掩体设施，鼓励个人修建，积极储备民防急救食物和药品等，这是冷战早期民防发展的顶峰时期。

从这个脉络可以看出，民防与公共安全管理、应急管理有着密切的关系，但是又不等同于现在意义上的公共安全管理。应当说，民防兴起之初是因为战争，后来逐步发展到应对突发事件，是政府把权力应用到应急管理领域、保障国民生命财产安全的制度化进程。这个进程为公共安全管理提供了实践经验和理论探索，并使得国民对公共安全的认识逐步得到提高。

民防体系同公共安全管理体系的区别如下：

（1）管理范畴不同。公共安全管理是对公共安全的全方位管理，民防只是或主要是对战争状态造成的危及公共安全的事件的管理。因此，公共安全管理是长期的、永久的；民防是短期的、与战争状态相联系的。

（2）管理目的不同。公共安全管理的实质是政府公权力用于对公共安全的保持、保护和恢复，对社会稳定的追求是第二位的，同样也不是政权稳定和政府统治的主要手段。民防原始的追求目标是保护国民的士气和国家的战争能力，以及以此保障政权稳定和政府统治，后来才逐渐具有其他含义。

（3）管理深度不同。民防注重的是平民的生命安全，公共安全管理既注重人民的生命安全，也对其财产、生活和生产秩序、重大基础设施给予相当的关注，它不仅重视灾难应对，而且重视减灾、灾后恢复和人的精神康复。

练一练

1. 列举题

列举任意 5 个民防的任务。

2. 论述题

试论民防体系与公共安全管理体系的区别。

知识点 3 成熟时期：以美国为例

公共安全管理作为一个成熟的政府管理领域和学科，只不过三四十年的时间，但是其规范化和制度化过程的进展很快，其中美国的公共安全管理是资本主义世界的典范。

美国的公共安全管理走过了以下几个阶段：

（1）新政。美国公共安全管理的制度性建设起源于 1929—1933 年的世界性经济危机时期。罗斯福当选总统后，奉行凯恩斯的经济思想，树立了政府可以而且应该干预公共安全事务的先例。它虽然针对的是经济危机引起的失业问题，但是为美国政府日后干预自然灾害和其他灾难奠定了立法和行政基础。

（2）走向公共安全管理的机构和立法。1950 年，美国国会通过了《灾难救济法》(*Disaster Relief Act*)，这部法律是美国公共安全管理的制度性立法，具有里程碑的意义。它从法律上明确了美国政府的公共安全管理职能。1970 年的《灾难救济法》使政府开始对受灾的人们提供直接的帮助，建立了关于临时住房、法律服务、失业保险和其他个人帮助的计划。1974 年，美国通过了新的《灾难救济法》，将联邦政府职能从应急和恢复拓展到了预防和减灾。

肯尼迪政府于 1961 年设立了专门应对自然灾害的紧急事态准备办公室，这可以说是美国公共安全管理的雏形组织。1979 年，卡特总统发布第 12127 号行政命令，合并诸多分散的紧急事态管理机构，组成统一的联邦紧急事态管理局（Federal Emergency Management Agency，FEMA），其局长直接对总统负责。这标志着美国的公共安全管理机制正式建立。

20 世纪 80 年代里根当选总统后，联邦紧急事态管理局将工作重心和经费使用重点用在了应对核打击上。与此同时，拉夫运河（Love Canal）污染事故、三里岛核电站泄漏事故、古巴难民危机等各种公共安全事件接踵而至。克林顿当选总统之后，把工作重心放在了应对各种灾难，特别是自然灾害上，取得了一定效果，如制定了在全国建立能够抗击灾害的社区的庞大计划——抵御工程，其内容是将全面的风险评估和风险避免手段纳入社区的日常决策程序，建立具有强大抗灾能力的社区。这一工程在全国推行后，收到了显著成效。

20 世纪末，美国的公共安全管理制度发展成为世界上最完善、最有成效的制度，是西方国家模仿的对象。

2001 年“9 · 11 恐怖袭击事件”之后，恐怖主义成了美国公共安全管理需要面对的一种新形式的危机。为应对包括恐怖主义在内的各种危机，美国于 2003 年 3 月 1 日正式成立了国土安全部，紧急事态管理局成为国土安全部的一个组成部分。

练一练

1. 单项选择题

标志美国公共安全管理机制正式建立的是：

A. 新政的实施

B.《灾难救济法》的制定

C. 紧急事态准备办公室的设立

D. 联邦紧急事态管理局的建立

2. 简答题

从美国 20 世纪 30 年代的新政以及关于公共安全管理的机构设立和法律建设，谈谈公共安全管理走向成熟的历程。

第二章

公共安全管理的理论

学习导引

我国古代对于自然灾害的防范和救助，应当视作我国对于公共安全管理的实践探索，只是没有用现代的公共安全理论进行抽象和表达。那么现代公共安全理论包括哪些基本内容？又是如何抽象的呢？

从风险的角度来说，我们现在处于一个充满风险的社会，必须对其进行必要的管理，把灾难学的致灾因子、承灾体和脆弱性概念引入社会管理之中，用以分析和认识对公共安全带来影响的因素。本章从我国的现实出发，根据《突发事件应对法》，对突发事件的定义、特点、分类进行梳理。这些都是公共安全管理中的基础性概念，有区别也有联系。

本章重点学习全面应急管理理论（CEM）。按照公共安全管理的发展，本章主要介绍澳大利亚、新西兰和美国对于紧急事态的不同定义、紧急事态的生命周期理论、美国紧急事态的5阶段理论、澳大利亚的PPRR理论、风险管理理论等，特别是对美国公共安全管理的8个基本原则进行了逐一介绍。

学习目标

（1）掌握公共安全管理的几个基础性概念，如风险、风险社会、致灾因子、脆弱性、突发事件等，并能简单地进行联系和对比。

（2）能够陈述CEM的基本内容。

（3）对比美国、澳大利亚、新西兰对于紧急事态的不同定义。

（4）重点掌握紧急事态的生命周期理论。

（5）学习和理解美国公共安全管理的8个基本原则。

知识结构

这一章的知识系统性相对较强，以风险、风险管理、致灾因子、脆弱性、突发事件等关键概念做铺垫，介绍了澳大利亚、新西兰和美国的公共安全管理的代表性理论，着重介绍了美国公共安全管理的 8 项原则。以下为本章知识结构图示。

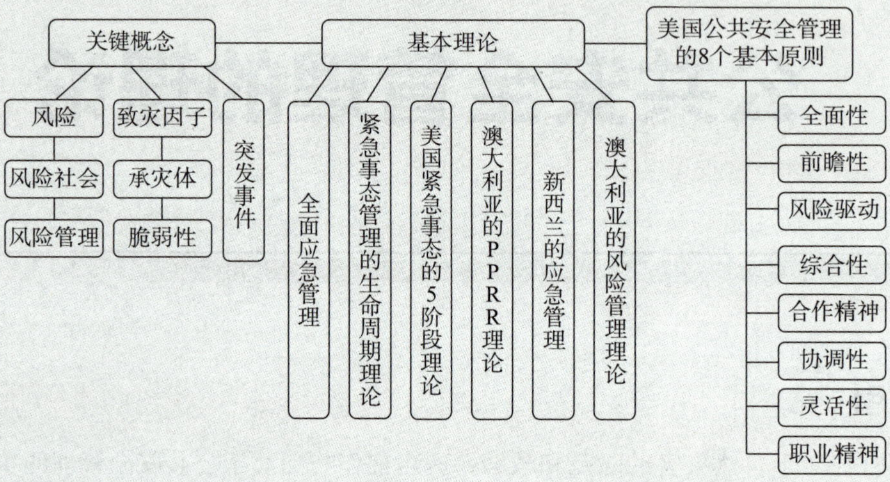

第一节 公共安全管理的几个基本概念

知识点 1 风 险

风险的字面意思是“因为大风而导致的危险”。大家比较接受的观点是渔民出海前进行祈祷，希望海上风平浪静，保证自己的平安，把大海上刮风起浪威胁渔民人身安全视为风险。这应当是“风险”一词的最为原始的含义。

也有学者认为，“风险”一词原是资本主义早期商贸航行的术语，也是指海上出现大风大浪导致商船出现危险的情况。到了20世纪70年代，化工厂和核工业的污染，除去自身泄漏等因素外，大风会将这种污染快速大范围扩散，导致人身安全的灾难性危险，由此，社会学家开始使用“风险”这一词语来指涉及技术和社会发展的灾难性后果。现在，“风险”一词已经广泛应用于社会各个领域，也有着几个层面的不同的含义。

现代汉语词典将其解释为可能发生的危险。

“风险”一词是一个基础性概念，掌握了这一概念，也就能更好地理解安全的含义。那么，我们应如何来理解这一词语呢？

（1）“风险”这一词语的使用，是随着人类社会不断发展的进程，特别是生产技术的进步而逐步丰富变化的。在远古时期及农业社会，大风是一种自然灾难，影响狩猎和庄稼的收成，给海上、湖面上、大江大河中捕鱼的渔民带来翻船的危险；在海上贸易发达起来后，大风直接影响的是商船、是经济利益；在工业化社会，大风除了是一种自然灾害之外，还有可能带来其他地方的有毒的气体、气味、辐射物，威胁生命健康；在现代社会的各个领域，风险代表了危险的可能性、概率等。所以，要准确理解这一词语，需要把它放在人类社会发展的大背景中去思考。

（2）目前，西方学者对于风险的理解，大体上可以分为以下三类：第一类是20纪80年代由玛丽·道格拉斯运用文化人类学的方法研究风险得出的结果，可称为“文化/象征论”，她把人们对风险的认识与文化类型即人类群体联系起来，不同的文化对风险的认知不同。第二类是以德国的社会学家乌尔里希·贝克为代表，认为风险具有以下四个特点：第一，风险造成的灾难不再局限在发生地，而经常产生无法弥补的全球性破坏，因此风险计算中的经济赔偿无法实现；第二，风险的严重程度超出了预警检测和事后处理的能力；第三，由于风险发生的时空界限发生了变化，甚至无法确定，所以风险计算无法操作；第四，灾难性事件产生的结果多样，使得风险计算使用的计算程序、常规标准等无法把握。工业社会的核心问题之一是财富分配以及不平等的改善与合法化。强调以风险和不确定性来审视整个社会，必须把伤害的缓解与分配作为核心问题，形成了“风险社会”理论。第三类是以米歇尔·福柯关于规训的理论为基础，探讨国家和其他国家机器合谋通过风险对话和策略对社会成员进行辖治和规训的方式。与以往相比，现代社会的风险总体上具有全球性和关联性、不可预测性和不可控制性，有着更强的扩散性和更大的危害性。

（3）从社会发展和人类行为的角度来认识风险，需要注意以下几个方面：第一，风险的产生是人类行为不可避免的伴随性结果，永远存在，只能降低和更好地控制，不可能完全消灭。第二，科学技术的发展是风险产生的直接推动力量，随着技术的发展，原来的风险降低了，新的风险会产生，任何新的科学技术都会面临新的风险。第三，知识经济和信息技术是风险社会形成的技术基础，对于不同的人群、阶层来说，知识信息的无限性和人的精力、能力的有限性相冲突，信息技术本身存在的瑕疵和漏洞使得风险无处不在。第四，全球化进一步加速了风险社会的进程，所以有学者认为风险已经成为当代社会的一个主要特征。

总的来看，对于“风险”一词，并没有形成一个公认的、有统治力的说法和定义。有4种有代表性的关于“风险”一词的理解：

（1）风险是面临的伤害或损失的可能性。这一理解强调风险的客观性，就是我们经常所说的“干什么事情都有风险”。但是这一理解没有描述风险的大小、危害程度。《现代汉语词典》中就是这样解释的。

（2）风险是产生损失的不确定性，包括主观的不确定性和客观的不确定性。客观的不确定性是说，我们对事物和预期与现实发展之间经常会存在差异，现实不会完全按照我们的意愿去发展。主观的不确定性来源于不同人的认知与判断不同，各自对风险的预估是不一样的。

（3）风险是损失的概率。我们经常说：损失的可能性越小，那么风险发生的可能性就越小；损失的可能性越大，那么风险发生的可能性就越大。

（4）风险是产生某种程度损失的可能性。这种理解力图包括发生风险的概率和损失的大小程度两个方面。

$$风险 = 可能性 \times 严重性$$

有的人可能会把“风险”与“不确定性”等同或者混淆起来。风险一定是与危害和损失紧密联系的，没有导致损害的不确定性不是风险；风险是客观存在的，但是风险的发生是不确定的，什么时候发生、在什么情况下发生、发生导致的损害大小都是不确定的；事物发展的不确定性可能产生风险，也可能不产生风险，就是没有导致损害。这是需要仔细反复推敲才能理解的。

既然风险存在于社会的各个领域，那么从学习方法上对风险进行必要的分类有助于同学们深入理解风险。不同的目的有不同的分类，不同的标准也有不同的分类，从什么方面、以什么为标准对风险进行分类，主要取决于学习和研究的目的。

下面介绍几种分类方式。

第一种分类是最容易理解的，就是按照风险产生的原因把风险分为自然风险和人为风险。

自然风险是指由于自然界的不可预测的不规则变化导致人员伤亡和财物损坏的风险，如风暴、地震、洪水、干旱等。人为风险是指由于人类自身的行为及各种政治和经济活动导致的风险。人为风险又可分为多种，比如社会风险、经济风险、法律风险、技术风险和政治风险等。

第二种分类是按风险的作用对象即主要影响了谁来分类，具体可以把风险分为宏观风险和微观风险。宏观风险是指国家，或者跨国公司的风险。微观风险是指个人、家庭、社会组织、企业的风险。

第三种分类是按风险损失的种类分类，具体可以把风险分为财产风险、人身风险和责任风险。财产风险是指财产（有形财产和无形财产）发生毁损、灭失或贬值的风险。人身风险主要是指人身安全方面受到的伤害。责任风险是指团体或个人行为对社会和他人造成的影响，特别是违背法律、合同及道义上的规定以及社会的行为基本规范，给他人或其他单位造成人身伤害或财产损失，从而需要承担的责任，这个责任可以表现为行政责任、经济责任、法律责任等。

第四种分类是按风险的承受能力分类，具体可以把风险分为可接受风险和不可接受风险。在研究本身身体状况、承受能力、经济状况的基础上，确认能够接受最大损失的限度，低于这一限度的风险称为可接受风险。在研究本身身体状况、承受能力、经济状况的基础上，确认风险所能承受的最大损失限度，超过这一限度的风险称为不可接受风险。比如，在人们因疾病需要进行外科手术治疗时，就需要进行这样的研判，同一种病，病情基本相同，有的患者可以接受手术治疗而康复，有的患者因为身体的原因不适合进行手术治疗，强行手术可能导致更大的危险甚至死亡。

第五种分类是按风险的时效性分类，具体可将风险分为近期风险、中期风险和远期风险 3 类。所谓时效性，是指风险在特定条件下、特定时期是客观存在的，而在另一时期可能就自动消失或人工化解。

依据不同的标准，我们还可以进行更多的风险分类，是否分类、如何分类取决于学习和研究的目的。

练一练

1. 单项选择题

现代社会的风险的特性不包括：

A. 全球性和关联性

B. 不可预测性和不可控制性

C. 更强的扩散性和更大的危害性

D. 更强的可预测性和可避免性

2. 多项选择题

从社会发展和人类行为的角度来认识风险，以下表述正确的是：

A. 风险的产生是人类行为不可避免的伴随性结果，只能降低和更好地控制，不可能完全消灭

B. 科学技术的发展是风险产生的直接推动力量，任何新的科学技术都会面临新的风险

C. 知识经济和信息技术是风险社会形成的技术基础

D. 全球化进一步加速了风险社会的进程

E. 随着科学技术的发展，人类可以用科技消灭风险

3. 简答题

根据“风险 = 可能性 × 严重性”，谈谈你对风险的认识。

4. 论述题

风险有多种分类方法，试从风险损失的种类这一角度对风险进行分类。

知识点 2 风险社会

一般来说，风险社会是指在现代化进程中，在全球化背景下，人类行为所导致的风险已经超出了自然原因导致的风险，占据了主导地位，在这样的社会里，各种全球性风险对人类的生存和发展形成严重的威胁。

首先，风险社会就是指当代社会，是描述当代社会的一种情形，类似于信息社会这样的描述。

其次，这个概念不是历史意义上、政治意义上的人类社会的分段，不同于原始社会、奴隶社会、封建社会、资本主义社会和社会主义社会的分法。风险社会不是分析人与人、阶级与阶级之间的生产关系，所以它不是人类社会的发展阶段。

最后，风险自古存在，之所以称风险社会，一个关键点是风险的来源不再以大自然为主，即不是以自然灾害为主，而是人自身成为风险的主要来源。

关于风险社会的研究，最具代表性的学者是当代德国著名社会学家乌尔里希·贝克。

贝克于 1986 年出版了《风险社会》一书，首次提出“风险社会”的概念，随后又出版了《风险时代的生态政治》（1988）、《世界风险社会》（1999）、《风险社会理论修正》(2000)等一系列著作和文章，从现代化的角度全新论述了风险与风险社会。

在贝克看来，现代社会中存在某些未被人感知的风险。这些潜在的风险都是人为原因形成的。潜在风险的存在，可能会导致人类生活和个人生命的毁灭。社会中存在这种由人类自己创造的危险，已经成为现代社会的特征之一，贝克称之为“风险社会”。

贝克指出，马克思和韦伯相关理论中的“工业社会”或“阶级社会”的概念围绕的一个中心论题是：在一个匮乏社会中，“社会性地生产出来的财富是怎样以一种社会性的不平等但同时也是‘合法’的方式被分配的”。而“风险社会”则建立在对如下这个问题的解决基础之上：“作为现代化一部分的系统性地生产出来的风险和危害怎样才能被避免、最小化或引导？”这段话不太好理解，说得直白一些，是贝克所研究的对象与马克思、韦伯所研究的对象不同，马克思和韦伯所研究的是人类生产的财富及其分配方式，即在社会中人与人、阶级与阶级之间的关系，而贝克研究的是社会中普遍存在的一种现象即风险，它也是人类社会发展的结果，而且将伴随着人类的发展而变化。贝克认为，“风险社会”的概念指现代性一个阶段。在这个阶段，人们的行为、工业化道路上所产生的风险超过了自然原因的风险，开始占主导地位。

贝克认为，风险社会的突出特征有两个：一是具有不断扩散的人为不确定性的逻辑，就是人类的实践范围不断扩大(奔向月球、火星)、科学技术不断创新，所以新的风险不断涌现；二是导致了现有社会结构、制度以及关系向更加复杂、偶然和分裂状态转变，在人们对风险的认知得到强化以后，在工业时代所形成的文化、制度、关系可能会引发人们的重新审视和思考。所以，现在的风险与古代的风险不同，是人类社会走向现代化本身的结果。古代的风险主要是自然原因形成的自然灾害。风险社会的风险包括经济的、政治的、生态的和技术的，如核技术的、化学的、生物的风险。

贝克指出，现代社会这种人为的风险与以前的自然风险有着明显的不同：

(1)它们是人类知觉系统感觉不到的，风险的严重程度超出了人类的预警检测和事后处理的能力，有的风险人类还根本没有认识到。

(2)它们具有全球性，能够全球传播，甚至传给下一代，并且与人的身份无关，不分贫富。

(3)它们阻止对风险原因的探寻和对受害者的赔偿，风险计算无法操作，导致保险失灵。

(4)灾难性事件产生的结果多样，使人对风险计算使用的程序、常规标准等无法把握，它们超出了现代社会的控制能力，风险的排除不再是可能的。

(5)从根源上讲，风险是内生的，伴随着人类的行为，是各种社会制度，尤其是工业制度、法律制度、技术和应用科学等正常运行的共同结果。

(6)它们是广泛存在的，成为现代社会的基本特征，成为后工业社会的内在品性。

贝克指出，风险是永远存在的，风险社会产生两个直接的后果：生态环境的破坏与人类生存资源的掠夺；人的异化和道德失范，民主情绪与社会价值的冲突。

研究风险社会的代表性学者还有吉登斯、凡·普里特威茨等，在理论上也可以分为现实主义、文化主义、制度主义等。他们的风险社会理论逐渐为我国学者所了解和认知，在国内也形成了一定的研究潮流。我们抛开其他因素，对于公共安全管理而言，学习和掌握风险社会的基本理论是有益而且必要的，所以我们以风险社会的视角来尝试认识一下我国的情况。

中国社会科学院2005年的一项研究认为，我国主要面临三大社会风险，即贫富悬殊、金融风险和高失业率。有学者认为，我国现代化进程不断加速、社会转型深入推进、融入经济全球化程度不断加深，在这个过程中出现了严重利益失衡，是当前中国社会风险不断累积的主要原因。所谓的“新三贵”，即买房贵、上学贵、看病贵已成为新的民生三大问题。同时，“三农”问题、腐败问题、国有资产流失、安全生产问题、犯罪猖獗问题、诚信危机等，也都潜伏着巨大的社会风险，这些问题如果得不到疏导和治理，累积到一定程度，必然会引发更大程度、更大范围的冲突。

（1）技术风险和生态风险。日新月异的新技术，以及由此引发的对自然资源的开发和利用，不可避免地给人们的生存环境带来了一定程度的副作用，打破了自然界和人类社会的原有平衡，从而形成程度各异的风险。比如高铁、高速公路的建设，必然会给一些山体、丘陵、植被带来影响；水力、风力发电设备的安装，也必将改变一个地区的小范围的气候环境。

（2）社会转型和体制转轨带来的风险。从一般意义上讲，中国社会风险的累积与中国社会由传统社会向现代社会的转变过程也是密切相关的。从计划经济向市场经济的转型，“允许一部分人先富起来”“先富带动后富”，经济特区和沿海开放地区与中西部以资源输出为主的地区在理念及实践等方面都形成了自然的冲突。这样必然造成不同人和社会群体之间的利益分化加剧，出现了不同的特征类型，从利益平均化到利益多极化、从利益依赖性到利益独立性、从利益稳定性到利益多变性，整个社会的利益阶层和结构发生着改变，而新的成熟的、稳定的、高效的利益分配和协调机制尚未建立，必然会造成矛盾冲突大量涌现、多种风险复合的局面。

（3）经济全球化带来的风险。西方对于经济全球化的想法和目的与我们是不同的。有美国学者认为，通过全球化可以固定现有的所谓的世界秩序，给不同的国家以不同的分工，借此固化西方国家既有的利益并不断使之得到扩大。不仅如此，经济全球化条件下发展中国家与发达国家之间权利的不对称性，使发展中国家相互依赖的敏感性和脆弱性更强，发展中国家所遇到的风险或遭遇危机的可能性更加不可预测和不可控制，这样，在全球化过程中，发展中国家无疑面临着比发达国家更大的风险。经济全球化本身具有风险生成机制和风险传递机制，我国在融入经济全球化的同时，也融入了世界风险社会，由此加剧了中国面临的社会风险。对于这一点，美国发动的贸易战就是非常有力的佐证。美国毫不掩饰地要求中国停止“中国制造2025”计划，打击我国的产业升级，妄称在中美贸易中我国占了美国的便宜，这种国际贸易的霸凌做法和单边主义当然给我国带来了巨大的风险，虽然我们不惧怕贸易战，并采取了针锋相对的措施，但是损失是不可避免的。

中国社会正处在一个历史转型期，面对社会风险，从宏观角度来考虑，要逐步建立和完善社会利益分配和协调机制，有序实现利益均衡，遏制社会风险，具体包括以下几点：强化复合公共责任，社会主体不仅需要对自己负责，也需要对其他利益相关主体负责；在强化国家主导的基础上，培育并壮大市场与公民社会，健全利益协调分配机制；坚持预防与应急相结合，常态与非常态相结合，构筑社会风险应对机制；进一步完善法律法规，提供有效的产权制度安排；扩大开放，加强国际合作，积极参与并审慎应对经济全球化进程。

练一练

1. 单项选择题

下列关于风险社会的理解，正确的是：

A. 风险社会是原始社会、奴隶社会、封建社会、资本主义社会一样的人类社会发展阶段

B. 随着人类探索太空的活动，风险社会正在向我们走来

C. 得益于美国等发达国家的努力，风险社会已经成为过去

D. 人类自身的原因已经超越大自然成为风险的主要原因

2. 简答题

你认为我国应当从哪些方面着手遏制社会风险？（要求必须政治正确，这是学好这门课程的前提）

3. 论述题

你认为我国当前面临的主要风险是什么？（要求从不少于两个角度论述）

知识点3 风险管理

我们学习了风险和风险社会，目的就是在认识风险的基础上进行管理，那么，什么是风险管理呢？它包括哪些内容呢？

从风险、风险社会概念的分析过程我们能够知道，现代社会的各个领域都存在不同程度的风险因素，所以风险管理也已经不再局限于最初的企业经营、经济生产、投资等领域，而是渗入各种管理事务之中，成为管理工作的一部分。

简而言之，风险管理就是人们或组织对风险的预测、分析、控制、决策、解决并评估学习的整个过程，选择最优的方式方法，有计划有目的地减少风险、降低风险损失，获得最大安全和利益的管理方法。

在这里面，有以下几个关键点需要把握：

（1）风险是客观存在的，不可能完全消灭，但是风险是可以管理的，可以通过消减风险发生的基础来降低风险发生的可能，可以通过不断地调整决策来降低风险造成的损失。所以，不能以风险不可避免为借口消极对待，特别是在公共事务管理中，应当积极采取各种措施对风险进行管理，以维护社会公共利益。

（2）风险管理是主动的、目的明确的管理活动。因为风险必然造成损失，管理风险的目的就是减少风险、降低损失，而不是放任自流，听之任之。任何一项决策、一个项目都存在风险，从启动的那一刻起，就应当以风险管理的理念进行跟踪、评估、调整和完善，风险一旦发生，立即控制并处理，以减少损失。

（3）风险管理是一个过程，包括多个方面，是一个周期，而不是一个点，可能会涉及职能、信息、决策、资金、物资、人力等各有关方面，是一个全面的、协调的、有序的体系。

风险管理对于公共管理、城市管理有什么意义呢？

公共管理的风险是以政府或公共组织负有责任为前提的，这与政府职能紧密关联，有些领域虽然以企业、事业单位的方式出现，但是承担的依然是公共管理的职能，如城市供水等。公共管理的风险主要包括三大类风险：第一类是造成重大人员伤亡和经济损失的风险；第二类是造成社会混乱和社会恐慌的风险；第三类是造成信任危机的风险。这三类公共管理的风险有时会交织在一起。

中国人民大学唐钧总结认为，对于具体的公共事务管理活动而言，良好的风险管理着眼于全程化治理，能够维护公共事务管理的系统性和连续性，具体表现在：第一，风险管理有利于减少决策失误。公共事务决策过程包括四大基本程序：决策问题的发现和诊断，决策目标的确立，决策方案的制定、评估与选择，决策的实施与完善。影响科学决策的最大因素是信息不对称。风险管理通过风险预警和风险识别，能够提高输入信息的广泛性、判断信息的准确性、处理信息的有效性、输出信息的可靠性，从源头上预防风险。第二，风险管理有利于提升执行的能力和有效性，优化公共事务管理策略。风险管理通过系统的风险评估生成风险处置方案，对造成人员死伤和经济损失的风险采取综合防灾减灾、救援救助行动，对造成社会负面影响和社会恐慌的风险采取积极疏导社会矛盾、畅通维权渠道的举措，对造成信任危机的风险通过媒体引导舆论、加强政府与公众的沟通互动。第三，风险管理有利于为政府赢得好评，获取公众信任。风险管理通过提高政府危机管理能力和综合服务水平，及时消除损害公众切身利益的风险，能够使政府赢得公众的认可和支持，提升政府的公信力。

练一练

1. 单项选择题

政府对公共事务负责直接的管理责任。下列选项中不属于公共管理风险的是：

A. 造成重大人员伤亡和经济损失的风险

B. 造成社会混乱和社会恐慌的风险

C. 造成家庭收支不平衡的风险

D. 造成信任危机的风险

2. 简答题

什么是风险管理?

3. 论述题

试述你对风险管理的理解。

知识点 4 致灾因子、承灾体和脆弱性

（1）致灾因子。

我们经常谈及灾害，但是实际上我们讨论的都是灾害现象。例如地震，发生在有人的地区并造成了人员财产损失，这是地震灾害；如果发生在荒漠无人区，也没有影响到人们的正常生活，那它就只是一种自然现象。在灾害研究中，人们把可能造成人员伤亡和财产损失的自然现象和社会现象称为致灾因子。

联合国国际减灾战略（United Nations International Strategy for Disaster Reduction，UNISDR）是联合国系统中唯一完全专注于减灾相关事务的实体，它由联合国管理减灾事务秘书长的特别代表领导，确保减灾战略行动计划的执行，承担协调联合国系统、区域组织以及有关国家在减轻灾害风险、社会经济与人道主义事务等领域的活动。该机构 2004 年对致灾因子给出了这样的定义："可能带来人员伤亡、财产损失、社会和经济破坏或者环境退化的，具有潜在破坏性的物理事件、现象或人类活动。" 2009 年该定义又修改为："可能带来人员伤亡或影响健康、财产损失、生计和服务设施丧失、社会和经济混乱或环境破坏的危险的现象、物质、人类活动或局面。"

我们理解致灾因子，就是要分清因与果，不能把因与果混在一起。比如严重违犯道路交通安全法，驾车超速蛇行，不顾其他车辆，极易造成严重的交通安全事故，这就是因；有因不一定就有果，只是导致交通事故的可能性大大加强了，一旦发生事故，造成人员伤亡和车辆道路损失，这就是果，那么危险驾驶就是致灾因子。

通俗来说，致灾因子是一个自然、技术或社会现象，它对人们及其周围的环境构成了威胁，有可能导致突发事件。它是会潜在地影响人们的健康与安全、个人财产和自然环境的危险源。

致灾因子多种多样，每一种致灾因子都有自身的特点，产生的原因不同，导致的灾害性结果也不同。致灾因子可分为自然致灾因子和人为致灾因子，俗称自然因素和人为因素。但是现实中灾害往往由多种致灾因子造成，可能其中一种起主要作用。同时，致灾因子的存在并不一定导致灾害发生，比如三级以下的地震、一定程度的过境洪水、技术的不完善、人群的聚集等。

（2）承灾体。

承灾体是指直接受到灾害影响和损害的人类社会主体。它主要包括人类本身和社会发展的各个方面，如工业、农业、能源、建筑业、交通、通信、教育、文化、娱乐、各种减灾工程设施和生产生活服务设施，以及人们所积累起来的各类财富等。

应当说，我们自身以及生活生产的每一个方面都是承灾体，包括过去人们不太重视的环境。城市是一个复合的超大承灾体，其中最主要的是人口本身与工程系统，包括各类建筑物及生命线系统，并且由于社会经济系统的复杂联系，城市中还存在非实体的承灾体，如城市经济系统和环境系统、社会系统等。这些非实体的承灾体是通过客观实体之间的关联构成的承灾体。

与致灾因子一样，同一种致灾因子，在不同的时间、不同的地点，甚至同一时间和地点，造成的灾害或者有无造成灾害都不相同。例如，同样一次地震，有的房屋倒塌并导致了人员伤亡，而同处一个区域的房屋却只是轻微毁坏或基本完好。这种现象如何理解呢？我们可以直观地理解为房屋的坚固程度不同、建筑质量不一等。这就是说，是否发生灾害，或者灾害造成的损失的大小，不仅取决于致灾因子的强度，也取决于承灾体本身的情况和特点。我们探究承灾体本身对致灾因子冲击的反应时会用到“脆弱性”这个概念。

（3）脆弱性。

承灾体的脆弱性又称易损性，是指一个区域财产、社会、经济面临灾害时的脆弱或者易损程度，或者是面临灾害时将会出现损失的可能性或概率。

脆弱性是从 Vulnerability 一词翻译而来的，并不能完全表达英文的原意。将脆弱性概念引入应急管理领域的是澳大利亚紧急事态管理署。该署提出，脆弱性包括两个方面：“第一，社区与环境对危险的易感性和康复力的程度；第二，风险中的特定元素的损失度，或者设定在一个规定量级的现象发生时产生的这样元素的损失度，用从 0（没有损失）到 1（全部损失）的数值来表示。”在美国的教科书中，脆弱性是“关于社区对危险的暴露程度或易感性和康复能力的描述或衡量”。“脆弱性是一个社区招致损失的倾向性的尺度……换句话说，脆弱性是对危险的易感性。脆弱性也是康复力的尺度。”新西兰民防部对于脆弱性的定义是：“社区或社会团体对其面临的危险的后果在预测、避免或减轻、应对及从中恢复的能力和暴露度。”

从上述定义来看，“脆弱性”的含义基本没有歧义。通俗来讲，脆弱性就是在面对各种灾难的时候，承灾体从自身方面寻找的遭受损失的原因。美国紧急事态管理学院专门开设了“灾难的社会脆弱性方法研究”课程。目前，对社会脆弱性的研究已经成为应急管理学科和社会学的一个重要分支。

我们先静态地分析一个例子。大家知道，地震是一种致灾因子，房屋是地震的一种承灾体，地震的强度越大，造成的损失就越大；而房屋的抗震能力越强，则受到的损失就越小。灾害造成的损失由地震本身的强度和房屋本身的抗震性能共同决定。这种房屋的抗震性能就是它的脆弱性。以下这个公式解释了风险形成的机理：

风险 = 致灾因子 × 承灾体的脆弱性

人类本身也是一样，瘟疫是致灾因子，人体生命健康是承灾体，除去瘟疫病菌自身的特点之外，是否受到感染也取决于人体自身的抗感染力或免疫力，有的人很容易被传染，有的人则能够安全度过危险期，就是体现了不同的人在瘟疫面前不同的脆弱性。

这里需要说明的是，有的学者认为承灾体的脆弱性与承灾体的易损性不同。同样的病菌，在人口密集的地方或空间造成的传播与人口稀少的地区造成的传播是完全不同的；同样的洪水，对城市的冲击和在乡村造成的损失也是不同的。承灾体的易损性是承灾体在一定外力作用下可能发生的灾害损失程度或情况。承灾体的脆弱性是承灾体自身的属性和特征以及体现出来的缺陷，易损性是承灾体自身的价值在面对致灾因子时可能造成的损失大小程度。

承灾体的脆弱性是可以测量和评估的。针对一定的致灾因子，利用科学的方法对承灾体的损失程度进行预测和评价，从而先期进行调整和完善，可以达到防灾和减灾的目的。

房屋安全测定就有这样的功能，鉴定为危房的必须尽快拆除改造，并且不得在危房中居住或经营。城市下水管网在暴雨情况下可能导致城市内涝，通过对城市下水管网的密度、口径等方面的测定，可以得知该城市下水管网在一定时间内最大的排水量，将排水量折算为一定时间内一定区域的降水量，从而对该城市下水管网相对于暴雨这一致灾因子的脆弱性作出评估。

练一练

1. 简答题

什么是致灾因子？如何理解致灾因子与灾害的关系？

2. 论述题

试论述致灾因子、承灾体的脆弱性与灾害之间的关系。

知识点 5 突发事件

2007 年，国家公布了《突发事件应对法》，其中明确给出了突发事件的定义：“突然发生，造成或者可能造成严重社会危害，需要采取应急处置措施予以应对的自然灾害、事故灾难、公共卫生事件和社会安全事件。”按照社会危害程度、影响范围等因素，自然灾害、事故灾难、公共卫生事件分为特别重大、重大、较大和一般四级。

要构成突发事件，需要具备以下几个条件：一是突然发生；二是已经造成或者可能造成严重的社会危害；三是需要采取应急措施予以应对，否则可能会蔓延或更加严重。

一般来说，突发事件具有以下几个特点：

（1）突然性。突发事件的发生很难预测，带有很强的随机性，爆发突然，蔓延迅速，而且始终处于不断变化之中，容易引发连锁反应。

（2）不确定性。这种不确定性包括：事件的发生不确定、事件发生的时间不确定、事件发生的状况不确定、事件的后果及其严重程度不确定。事件本身的发展方向和影响不能准确完整地判定，随时都会发生变化，很难对某一个事件的形成、发展、演变给出一个明确的客观判断。

（3）社会性。任何一类突发事件，都必然要涉及一部分人的切身利益，使其产生心理压力和变化，引起人们的关注和不安。突发事件影响的是不特定多数人，而不是具体的某个社会成员，其损害的也是不特定人群的利益和公共利益，具有社会影响并在社会上蔓延。

（4）危害性。一旦有了突发事件，就会给或可能会给事发地人民的生命财产安全带来严重损失。这一点不同于我们日常生活中的偶然事件。有人骑自行车自己摔了跟头，肯定有损失，也是突然发生的，但是这不能成为法律上所称的突发事件。另外，突发事件定义中有一个“可能”性，就是指有些事件发生后，暂时没有造成可以看到、认知到的损失，但是极有可能造成危害。例如洪水来了，如果处理管控得当，可能能够使它平稳过境，但是若放任不管，极有可能造成人员和财产损失。

《突发事件应对法》中把突发事件分为四个类型，即自然灾害、事故灾难、公共卫生事件、社会安全事件。需要特别指出的是，这里的社会安全事件指的是事件的起因，是排除掉前面三种突发事件之后的，因为前面三种突发事件肯定也会影响社会安全，主要包括恐怖袭击事件、经济安全事件和涉外突发事件等。

2007 年我国《突发事件应对法》将突发事件分为如表 2－1 所示的四级并以此建立四级预警。

表 2－1　突发事件的分级

突发事件等级	威胁程度	预警颜色
Ⅰ级（特别重大）	Ⅰ级（特别严重）	红
Ⅱ级（重大）	Ⅱ级（严重）	橙
Ⅲ级（较大）	Ⅲ级（较重）	黄
Ⅳ级（一般）	Ⅳ级（一般）	蓝

为了加深大家对这些概念的理解，我们把它们结合在一起进行分析。它们是既有区别又有联系的。

（1）突发事件与风险。

在人们的认识中，风险的概念具有主动性的含义。突发事件侧重于表征来自社会或人为因素所造成的灾害危险，比如金融危机、核危机、疯牛病、SARS 病毒等。风险则强调一种潜在的威胁，一种正处于酝酿过程之中有可能产生危害的征兆，是一种可能性。突发事件和风险事件都具有不确定性，但风险更加强调的是未来危险发生的可能性。突发事件强调的是当前已经发生了的危险事件。风险一定程度上由人的认识和决断所决定，是人们有意识地探索未来，并对未来加以控制，使不可预见的后果可以预见，使我们本来无法控制的事情变得可以控制。

（2）突发事件与灾难

灾难主要来自自然界或人为的事故（如空难、海难事故等），其发生具有不可预测与不可抗拒的含义，强调的是事件具有的悲惨性的后果，并没有强调时间上的紧迫性。突发事件比灾难的外延要宽广，突发事件除了突出时间的短暂性外，还有事件发生原因与类型的多样性，除了发生在人们的生产、生活之中，还涉及政治、经济、文化、军事、外交等领域，发生的领域更加宽广。灾难是由外在因素决定的，先于人为决断所给定的损害，与人的意志抉择无关，人们在灾难面前往往表现得被动、无助。灾难对人类来说是一个被动性的概念，比突发事件的内涵狭窄。有些致灾因子就是突发事件。

我们用图 2－1 来把有关的概念联系起来。

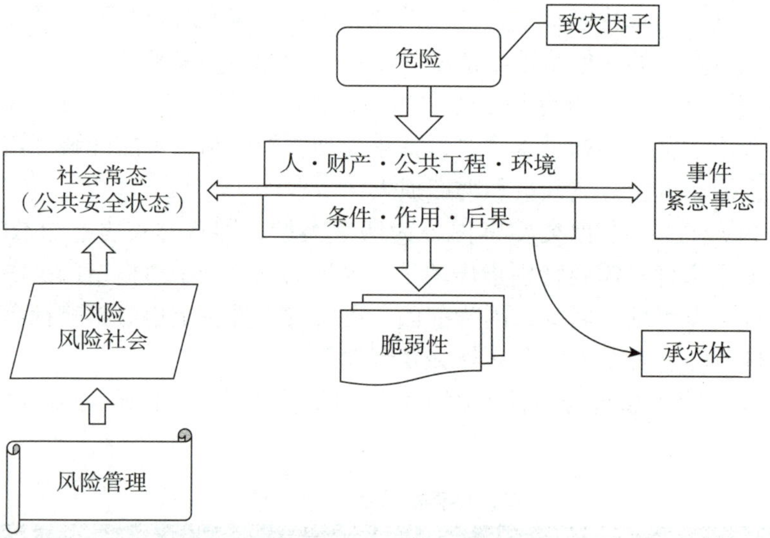

图 2－1 突发事件的有关概念

练一练

1. 单项选择题

下面关于突发事件的表述，不正确的是：

A. 突发事件的发生具有突然性

B. 突发事件会给社会带来损失

C. 突发事件具有不确定性，其发展趋势并不固定

D. 突发事件强调后果，灾难强调突然性

2. 多项选择题

我国法律规定的突发事件有四大类，它们是：

A. 交通事故

B. 自然灾害

C. 生产事故
D. 公共卫生事件
E. 社会安全事件

3. 简答题

简要回答我国突发事件的四个基本类型。

4. 论述题

试论述突发事件的含义及特点。

第二节　公共安全管理的基本理论

知识点 1 CEM

CEM 是英文 Comprehensive Emergency Management 的简写，概括了现代西方国家公共安全管理的全貌，我们称之为全面应急管理。所谓“全面”，包括以下几层意思：

（1）对所有类型的突发事件及其影响或者说造成的后果进行管理（对所有的事，对应风险的普遍性和永久性）。利用统一的应急管理制度和体制安排，可以高效率地处置各类的突发事件，既分类管理又统一协调，实现在紧急事态前的快速高效反应，降低公共应急管理的成本。

（2）对所有参与突发事件或紧急事态的人员、组织等主体实行统一的协调和管理（对所有的人，对应应急管理的组织体系）。美国建立了综合应急管理系统，即把来自不同机构、不同方面的力量统一组织、统一计划和协调，以便能够快速地、有效地决策并执行，提高应急处置的速度和力度。

（3）对管控事态的整个过程实行全程管理（对所有的决策，对应应急管理的阶段性、周期性）。突发事件或者说危机事件都有其发生、发展、变化的周期或者阶段，在处置过程中需要进行非程序化决策，在每个阶段都需要决策—执行—反馈—修改—决策等多次的管理过程。

（4）对管控突发事件所需要的资源实施统一调配（对所有的物资）。保证资源的使用率和发挥作用，避免混乱和浪费，也是降低应急管理公共成本的有效手段。

练一练

简答题

简述 CEM 的主要内容。

知识点 2 紧急事态管理的生命周期理论

依据灾难的发生发展周期，可以将紧急事态管理的活动、政策和项目分为四个阶段：减除 (Mitigation) 、准备 (Preparedness) 、应对 (Response) 和恢复 (Recovery)，具体见图 2－2。

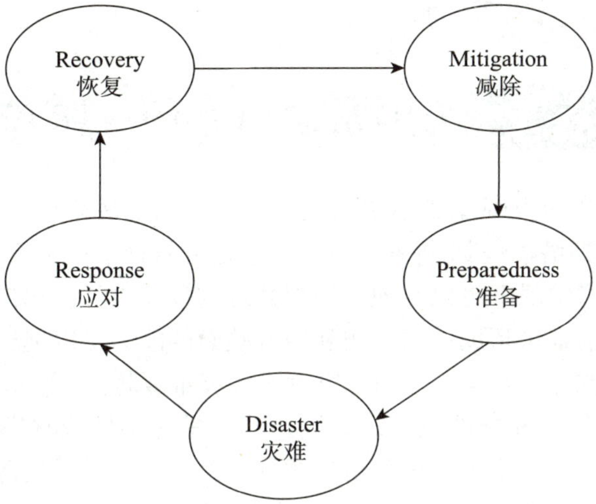

图 2－2　紧急事态管理的四个阶段

减除：消除或减轻危险的效果。其主要措施包括：区划与土地使用管理、制定建筑法规、重新设置安全改进措施、为公共信息立法等。

准备：在社区内的准备。其主要措施包括：社区须知、灾难预案、紧急事态通信、资源存货等。

应对：针对任何危险提供有效的应对措施。其主要措施包括：实施预案、实施紧急事态立法、激活紧急事态行动中心、通报公共权力部门、提供紧急救济、搜寻和救援等。

恢复：为受影响的社区提供恢复手段。其主要措施包括：修复基础设施、社区康复、临时住处、财政支持与帮助、卫生与安全情报、物资恢复、实施经济影响研究等。

在实际操作过程中，这四个阶段并没有明显的界限，各个阶段之间不仅在内容上是相互关联的，而且相互渗透，常常有交叉和重叠。

练一练

简答题

简述紧急事态管理的生命周期理论的主要内容。

知识点 3 美国紧急事态的 5 阶段理论

“紧急事态”一词在美国应急管理领域的含义有严格的法律限定。美国 2000 年的《灾难减除法》(修正的《斯塔福法》)将紧急事态分为地方管理层次和需要联邦介入层次两类。第一类紧急事态是正常情况下可以在地方得到处理的危险事件。第二类紧急事态意味着需要总统决定、联邦政府提供帮助，增强州和地方政府的能力，以拯救生命、保护财产和公共卫生与安全，减少或防止在美国任何地方发生大灾难威胁。

可见，紧急事态是一种事件或状态，应急管理是对事件或状态的管理。美国联邦紧急事态管理局将应急管理规定为组织分析、规划、决策和对可用资源的分配，以实施对灾难影响的预防、准备、应对、恢复、减除（5 阶段理论，见图 2－3），其目标是拯救生命，防止伤亡，保护财产和环境。

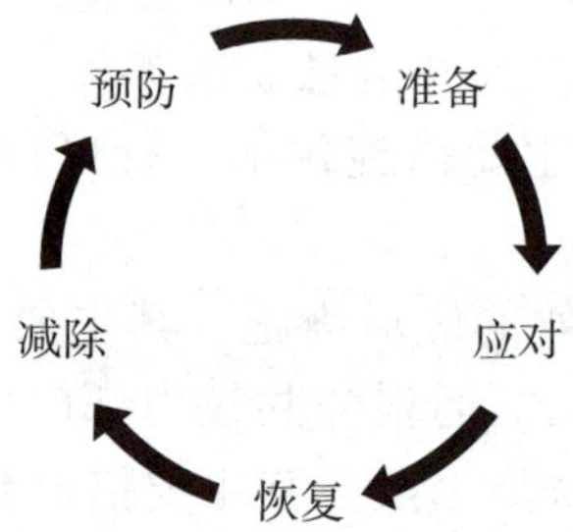

图 2－3　紧急事态 5 阶段理论

练一练

多项选择题

美国紧急事态的 5 阶段理论把紧急事态的管理分为 5 个阶段，即：

A. 减除

B. 预防

C. 准备

D. 应对

E. 恢复

知识点 4　澳大利亚的 PPRR 理论

澳大利亚对紧急事态的界定包括 4 个方面：

（1）一个已经发生的或迫近的，将危及或可能危及生命、财产或环境，需要郑重地和相互配合地应对的事件。

（2）由内部或外部根源引起的、通常能对建筑物中和社区中的人们的安全造成负面影响的、要求居民立即采取应对措施的任何事件。

（3）由事故或错误引起的意外情势，使人身和财产暴露在危险物质的潜在威胁之下。这种紧急事态通常由卡车交通事故、危险材料溢出或泄漏以及火灾引起。

（4）在大坝运营方面，任何导致意外的、危及大坝的完整性或下游的生命和财产安全，要求立即采取行动的情况。

澳大利亚紧急事态管理署对应急管理的定义是："应急管理是处理社区和环境危险的一系列措施。它包括建立的预案、机构和安排，将政府、志愿者和私人部门的努力结合到一起，以综合的、协调的方法满足对付全部类型的紧急事态需求，包括预防、准备、应对和恢复。"对应急管理的这一界定简称 PPRR 理论。

练一练

简答题

简单对比一下澳大利亚关于紧急事态的界定与我国对突发事件定义的异同。

知识点 5 新西兰的应急管理

新西兰对“民防紧急事态”的定义是：“引起或可能引起生命损失、伤害或灾难，或在任何情况下危及公共安全，并且如不采取民防措施，警察局、新西兰消防署或其他部门应付不了的情形。”

对于应急管理，新西兰民防部在《全国民防预案》和《民防部与紧急事态管理术语表》中给出的定义是：“民防应急管理意味着使用用于以下目标的知识、手段和实践：是保护公众和财产的安全所必需的和人们所急切盼望的；是设计用来对付、避免、克服与任何紧急事态相关的所有危险、伤害或损失的；没有任何限制地包括规划、组织、协调以及对这些手段、措施和实践的运用。”

知识点 6 澳大利亚的风险管理理论

应急管理中最重要的是预防环节，即立足于不发生突发事件的管理或对安全的管理，一般称为紧急事态风险管理。紧急事态风险管理的概念最早出现在澳大利亚和新西兰，现在已被西方国家广泛接受，成为紧急事态管理的重要内容。

澳大利亚将风险管理分为 7 个步骤：问题解释、研究、分析、决策、执行、监督与检查、交流和协商。由此来看，紧急事态风险管理与风险管理的原理是相同的，紧急事态风险管理只是作为一般风险管理理论在应急管理方面的应用，在实际内容上更具体化了，但在原理上并没有更多的创新之处。尽管如此，紧急事态风险管理在日益形成“预防为主”方针的应急管理中，占据着越来越重要的地位。

西方国家将对危险的风险管理作为其应急管理的重要组成部分，从而引出了风险、脆弱性和风险管理等概念。

第三节 美国公共安全管理的 8 个基本原则

2007 年，美国紧急事态管理学院院长劳伦斯博士组织了一个研究团队，由联邦紧急事态管理局应急管理高等教育项目主任布兰查博士负责。该团队做了大量调查和研究工作，总结出全美国紧急事态管理学术界和实践工作者基本认可的应急管理的定义和 8 个基本原则。其对应急管理的定义是：创立一个架构，用以减少社区对危险的脆弱性，具有应对灾难的管理功能。

公共安全管理的 8 个基本原则如下：

（1）全面性。紧急事态管理者应该考虑所有危险、所有阶段、所有利益相关者和灾难的所有影响。

（2）前瞻性。紧急事态管理者要预见未来的灾难，采取预防性和准备性措施，建设对灾难有抵御力和恢复力的社区。

（3）风险驱动。紧急事态管理者在确定优先权和分派资源时要使用可靠的风险管理方法。

（4）综合性。紧急事态管理者要确保将各级政府和所有社区的力量联合起来。

（5）合作精神。紧急事态管理者要在个人和组织之间建立和维持一种广泛而真诚的合作关系，推动信任，促进团队氛围，建立共识，加强沟通。

（6）协调性。紧急事态管理者要协调所有利益相关者的行动，以实现共同的目标。

（7）灵活性。紧急事态管理者在应对灾难挑战的时候应该采用创造性的方法。

（8）职业精神。紧急事态管理者应该重视通过教育、培训、经历、伦理实践、公共服务不断提高，获得科学和知识技能。

应急管理在国际上是一个年轻的学科，在我国更是刚刚起步。因此，借鉴西方应急管理的学科内涵，确定我国应急管理学科的内容和方法，尽快建立我国自己的应急管理学科，是实现我国应急管理与国际接轨的必要条件。

练一练

列举题

试列举任意 5 个美国公共安全管理的原则并简要说明其内容。

第三章

公共安全权益人

学习导引

权益人最早是经济学上的概念，在公共安全管理中，如果简单地、笼统地认为全体公民都与公共安全有关，就会失去研究公共安全管理的具体对象；应以应急处置为中心，以政策目标为坐标，对具体的事件、政策的相关者进行分类，明确其不同的、具体的利益，以使公共安全管理的总体目标得到更多的支持，减少政策执行的阻力，平衡各方的利益，实现最好的管理效果。

学习目标

（1）针对一项公共安全管理的政策，或者一个突发事件，能够明确利益相关者。

（2）掌握几种权益相关者分析理论和方法，能够制定具体的权益人分析工作方案。

（3）能够对这些利益相关者进行权益人分析，找出受益者与损失者、资源多者与力量少者，从而找出政策的支持者和可能的反对者。

（4）把握公共安全管理的总体目标，平衡各权益人的具体利益，为制定相对最优的应急处置政策奠定基础。

知识结构

公共安全管理的任何一项政策、一个突发事件，都有具体的利益相关者，即这件事或者这项政策会影响到哪些主体，受哪些主体影响。通过分类和比较，在公共安全整体利益具体化的基础上，以权益主体为主轴，分析不同的权益人享有的具体权益。这些具体权益在公共安全管理中如何才能得到实现、受到保护、减少损失呢？就是通过制定公共安全政策这一路径实现。不同权益人的自身特质不同、利益重心不同、掌握的资源和影响力不同，对同一政策或者事件的态度（支持、反对）也就不同。政府作为应急管理政策的制定者，在政策制定过程中要充分听取各利益相关者的不同意见，平衡不同权益人的利益，争取最大可能的支持，选择最优的政策，才能实现公共安全管理的总体目标。

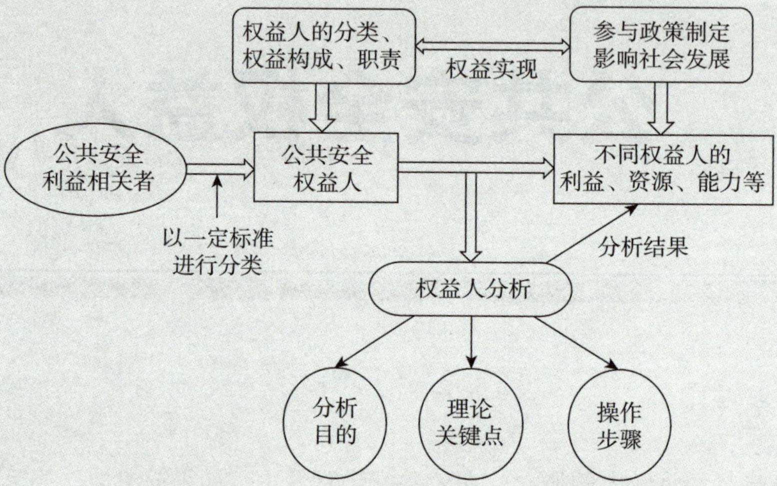

第一节 公共安全权益人的概念和由来

知识点 1 权益人

要理解什么是权益人，首先必须明白什么是权益。权益就是权利和利益，我们经常讲“公民的合法权益不受侵犯”，这说明：第一，权益是由法律规定并保护的；第二，侵犯他人的权益会受到法律的惩罚；第三，权益的内容可以是人身权益，如生命权和健康权，也可以是财产（包括有形资产和知识产权）；第四，无法律依据的权益不受法律保护；第五，在所有的权益种类中，有一些是人人享有的，没有区别的，如生命权，另一些不是人人享有的。在一定条件下，权益是可以度量和交易的，如某人在某公司有股份，那他就享有该公司的收益，投资的额度不同，则享有的收益就不同，不想投资了可以转让自己的股份，相应也就转让了对该公司的权益。

权益人就是按照法律规定享有特定权益的法律主体。

这里需要特别指出的是，权益人可以是自然人，也可以是法人，因为法人本身就是法律规定的享有特定权益的主体。

练一练

单项选择题

一个封闭式社区的供水主管道发生了爆裂，请问该事件中的权益人是：

A. 物业管理公司

B. 社区居民

C. 红十字会

D. 当地政府

知识点 2 公共安全权益人

通过对权益人的分析，我们可以得出相应的结论，在理解了公共安全内容的基础上，享有公共安全权益的人（法人）就是公共安全权益人。我们知道，各个国家的公共安全政策和保护程度都是不同的，每一项政策的变化都会对权益人造成影响。例如，在地震发生后，积极救援和消极等待必然导致不同的结果，甚至有人可能因此获救或丧命。

根据美国联邦应急事态局的应急管理理论，公共安全权益人是指受公共安全政策及其管理人员抉择所影响的任何个人或社会团体。

这个说法的视角较为特殊，它是把公共安全与应急管理放在一起的，只有紧急事态和灾难发生才会涉及公共安全，这是认识这一说法的前提。

我们常识性地推导一下，既然是公共安全，那么所有的、全体的社会成员都与公共安全相关，都是公共安全的权益人。这听起来有一定的道理，但这样就会把公共安全的外延泛化，把政府的日常工作泛化，政府所做的一切都与公共安全有关，从而把公共安全管理等同于公共行政管理，也就失去了公共安全涉及特殊的重大利益的条件和作用，进而影响了政府对公共安全的重视和投入。

练一练

简答题

公共安全就是大家的人身和财产安全，所以我们每一个人都是公共安全的权益人。这种说法是否准确？为什么？

知识点3 利益相关者

20世纪60年代左右，利益相关者理论 (Stakeholder Theory) 在美国、英国等长期奉行外部控制型公司治理模式的国家中逐步发展起来，其影响日渐扩大。该理论认为，企业不仅仅要服务于股东，还要考虑它的所有的利益相关者。

1708年的《牛津词典》中有一个词——stakeholder，其最初的含义是在企业或活动中下注，从而能够从中抽头，当然也可能赔钱。现在一般把其翻译为“利益相关者”。

1963年，美国有一场名为“股东”(Shareholder) 的演出。斯坦福研究院的一些学者受此启发，利用另外一个与之对应的词“利益相关者”(Stakeholder) 来表示与企业有密切关系的所有人，提出了利益相关者的定义：“利益相关者是这样一些团体，没有其支持，组织就不可能生存。”它使人们认识到，企业存在的目的并非仅为股东服务，在企业的周围还存在许多关乎企业生存的利益群体。

安索夫被认为是最早正式使用“利益相关者”一词的经济学家。他认为：“要制定理想的企业目标，就必须综合平衡考虑企业的诸多利益相关者之间相互冲突的索取权，这些利益相关者可能包括管理人员、工人、股东、供应商以及顾客。”

1984年，美国经济学家弗里曼(Freeman)给出了一个广义的利益相关者定义。他认为：“利益相关者是那些能够影响企业目标实现，或者能够被企业实现目标的过程影响的任何个人和群体。”这个定义不仅将影响企业目标的个人和群体也视为利益相关者，同时还将受企业目标实现过程中所采取的行动影响的个人和群体看作利益相关者，正式将当地社区、政府部门、环境保护主义者等实体纳入利益相关者管理的研究范畴，大大扩展了利益相关者的内涵。这种广义上的利益相关者定义笼统地将所有利益相关者放在同一层面进行整体研究，给后来的实证研究和实践操作带来了很大的局限性，经济学家们发现采用弗里曼的界定方法在进行利益相关者理论的实证研究和应用推广时几乎寸步难行，将所有广义的利益相关者看成一个整体进行研究也无法得出令人信服的结论。

这与公共安全权益人的理解有相似之处。从广义的角度来说，任何人、家庭、社会组织都是公共安全的相关者，任何公共事务或者个人的行为都可能给公共安全造成影响，这样的理解很容易让其泛化，无法进行具体深入的研究，与公共管理等同起来，失去了公共安全研究的特殊意义。所以，必须对公共安全的权益人进行一定的界定。美国的做法值得我们借鉴和思考，比如把公共安全权益人分级、分类等。

练一练

简答题

试述广义的利益相关者与狭义的利益相关者的区别。

第二节 公共安全权益人的分类

知识点 1 为什么要进行分类

公共安全与大家都相关，但是在一个突发事件爆发后，受事件性质和地域等因素的影响，有的人（法人）与这个突发事件直接相关，有的稍微受点影响，有的根本不受影响。比如 2004 年重庆的氯气泄露事件无疑是一个生产事故型的公共安全突发事件，造成了严重的影响，它直接威胁了当地居民的生命安全，有人受到了间接影响，据媒体报道，当时的一些考试都因此而延期了，全国其他地方的一般居民基本不受其影响。

2008 年的汶川地震是自然灾害，当然是公共安全事件。全国上下都与之相关，甚至国际社会都参与了救援，但是我们从不同的视角依然可以对其进行分类。对社会影响较大的是当年的四川高考，四川省政府划分震区和非震区，震区的考生推迟了高考时间，单独进行了考试。

从公共安全管理的方法和程序出发对权益人进行科学的分类，有助于我们厘清利益的大小、远近、轻重，明确责任，找准路径和渠道，提升公共安全管理的水平。

练一练

简答题

举例说明对公共安全权益人进行分类的必要性。

知识点 2 利益相关者的分类

我们借鉴一下利益相关者的分类研究，目的是对公共安全权益人进行分类。

美国经济学家马科思·克拉克逊于 1993 年在加拿大多伦多大学专门组织了关于利益相关者管理问题的国际学术会议，与会学者普遍赞同这样的观点："企业的目标是为其所有利益相关者创造财富和价值……企业是由利益相关者组成的系统，它与给企业活动提供法律和市场基础的社会大系统一起运作"，同时，企业的生存和繁荣离不开利益相关者的支持，但利益相关者可以从多个角度进行细分，不同类型的利益相关者对于企业管理决策的影响以及被企业活动影响的程度是不一样的。20 世纪 90 年代中期，多维细分法在利益相关者界定中逐渐成为最常用的分析工具。代表性的学者有克拉克逊、查克汉姆、威勒、米切尔等。

一、克拉克逊的分类

克拉克逊提出了两种有代表性的分类方法：

（1）根据相关群体在企业经营活动中承担的风险种类，利益相关者可以分为自愿利益相关者 (Voluntary Stakeholders) 和非自愿利益相关者 (Involuntary Stakeholders)。前者是指在企业中主动进行物质资本或人力资本投资的个人或群体，他们自愿承担企业经营活动给自己带来的风险；后者是指由于企业活动而被动地承担了风险的个人或群体。

（2）根据相关者群体与企业联系的紧密性，利益相关者可以分为首要的利益相关者 (Primary Stakeholders) 和次要的利益相关者 (Secondary Stakeholders)。前者是指这样一些个人和群体：倘若没有他们的连续参与，公司就不可能持续生存，这类个人和群体包括股东、投资者、雇员、顾客、供应商等；后者是指这样一些个人和群体：他们间接地影响企业的运作或者受到企业运作的间接影响，但他们并不与企业交易，对企业的生存也没有根本性的作用，比如媒体和众多的特定利益集团。

二、查克汉姆的分类

查克汉姆按照相关群体与企业是否存在交易性合同关系，将利益相关者分为契约型利益相关者 (Contractual Stakeholders) 和公众型利益相关者 (Community Stakeholders)。前者包括股东、雇员、顾客、分销商、供应商、贷款人；后者包括全体消费者、监管者、政府部门、压力集团、媒体、当地社区。

三、威勒的分类

威勒将社会性维度引入利益相关者的界定中。他认为，有些利益相关者是有社会性的，即他们与企业的关系直接通过人的参与而形成；有些利益相关者却不具有社会性，即他们并不是通过“实际存在的具体人”和企业发生联系，比如自然环境、人类后代、非人物种等。结合克拉克逊提出的紧密性维度，威勒将所有的利益相关者分为以下四种：

（1）首要的社会性利益相关者，其与企业有直接的关系，并且有人的参加，如顾客、投资者、雇员、当地社区、供应商、其他商业合伙人等。

（2）次要的社会性利益相关者，其通过社会性活动与企业形成间接联系，如居民团体、相关企业、众多的利益集团等。

（3）首要的非社会利益相关者，其对企业有直接的影响，但不与具体的人发生联系，如自然环境、人类后代等。

（4）次要的非社会性利益相关者，其对企业有间接的影响，也不包括与人的联系，如非人物种等。

四、米切尔的分类

米切尔明确指出，有两个问题居于利益相关者理论的核心：一是利益相关者的认定，即谁是企业的利益相关者；二是利益相关者的特征，即依据什么来给予特定群体以关注。由此可以从三个属性上对可能的利益相关者进行评分，然后根据分值的高低确定某一个人或者群体是不是企业的利益相关者，是哪一类型的利益相关者。这三个属性是：

（1）合法性，即某一群体是否被赋予法律和道义上的或者特定的对于企业的索取权。

（2）权力性，即某一群体是否拥有影响企业决策的地位、能力和相应的手段。

（3）紧急性，即某一群体的要求能否立即引起企业管理层的关注。

米切尔认为，要成为一家企业的利益相关者，至少要符合一条属性，即要么对企业拥有合法的索取权，要么能够紧急地引起企业管理层的关注，要么能够对企业决策施加压力，否则不能成为企业的利益相关者。

根据企业的具体情况，对上述三个特性进行评分后，企业的利益相关者又可以被细分为以下三类：

（1）确定型利益相关者，他们同时拥有对企业问题的合法性、权力性和紧急性。为了企业的生存和发展，企业管理层必须十分关注他们的愿望和要求，并设法加以满足。典型的确定型利益相关者包括股东、雇员和顾客。

（2）预期型利益相关者，他们与企业保持较密切的联系，拥有上述三项属性中的两项。这种利益相关者又分为以下三种情况：第一，同时拥有合法性和权力性的群体，他们希望受到管理层的关注，也往往能够达到目的，在有些情况下还会正式地参与到企业决策过程中。这些群体可能包括投资者、雇员和政府部门。第二，对企业拥有合法性和紧急性的群体，但却没有相应的权力来实施他们的要求。这种群体要想达到目的，需要赢得另外的更强有力的利益相关者的拥护，或者寄希望于管理层的善行。他们通常采取的办法是结盟、参与政治活动、唤醒管理层的良知等。第三，对企业拥有紧急性和权力性，但没有合法性的群体。这种人对企业而言是非常危险的，他们常常通过暴力来满足他们的要求。比如，在矛盾激化时不满意的员工会发动鲁莽的罢工，环保主义者采取示威游行等抗议的行动，政治和宗教极端主义者甚至还会发起恐怖主义活动。

（3）潜在的利益相关者，是指只拥有合法性、权力性、紧急性三项特性中的一项的群体。只拥有合法性但缺乏权力性和紧急性的群体，随企业的运作情况而决定是否发挥其利益相关者的作用。只有权力性但没有合法性和紧急性的群体，处于一种蛰伏状态，当他们实际使用权力，或者是威胁将要使用这种权力时，被激活成一个值得关注的利益相关者。只拥有紧急性，但缺乏合法性和权力性的群体，在米切尔看来就像是“在管理者耳边嗡嗡作响的蚊子”，令人烦躁但不危险，麻烦不断但无须太多关注，除非他们能够展现出其要求具有一定的合法性，或者获得了某种权力，否则管理层并不需要、也很少有积极性去关注他们。

练一练

论述题

简要论述米切尔关于确定型利益相关者、预期型利益相关者、潜在的利益相关者分类的基本内容。

知识点3 社会群体、经济群体和政治群体

我们从上面的代表性学者关于利益相关者的分类的研究可以看出，他们都是以企业为核心，以利益相关者与企业之间的关系为主要考虑因素进行分类的；或者说他们的视角主要以企业经营为核心，以企业营利为目标。

公共安全本身与企业经营有巨大的不同，公共安全首先强调人身安全，企业经营主要考虑利润；企业经营在西方主要表现为市场主体地位，受政府（受公权力）的影响并不大，而公共安全主要是公权力的使用；企业经营是常态，而公共安全是紧急事态。

为了研究和进行制度设计，我们从社会治理的视角，依据各权益人自身的属性，把公共安全利益相关者分成以下三类：社会群体、经济群体和政治群体。

（1）社会群体包括家庭、社区、社会部门。家庭无论人口多少，无论贫富，都是公共安全的最基本的组织，都是社区公共安全政策的参与者和受影响者。不同的家庭对公共安全管理的态度和动机可能不同，高层住户与底层住户、房屋产权所有者与承租者、富裕或者财富较多者与相对贫穷者等对同一公共安全政策可能会表现出不同的态度。社会组织是重要的公共安全管理的参与者，有的社会组织直接与灾难救助相关，如红十字会。

（2）经济群体包括企业、媒体、公用事业公司。处于一定社区和紧急事态中的企业是极其重要的权益人，这是因为企业本身就是员工的集合，拥有一定的财产，掌握一定的资源，有的企业本身就是公共安全的重要因子，如电力公司、自来水公司、燃气公司、银行等，它们的安全生产本身就构成了减灾防灾，同时一旦发生责任事故又直接成为公共安全事件（如管道爆炸）。媒体是泛指。这里要特别提到广播电视，在我国《刑法》第二章中专门规定破坏广播电视设施设备为破坏公共安全罪，学者研究其中原因并不是因为其设备设施的经济价值高，而是它们是处置紧急事态时信息传播的主要渠道，一旦它们受到破坏，应急处置信息的传播、决策的传达、资源的调配、人力的动员都会受到严重影响。媒体也是权益人知情、建议、参与的渠道之一。

（3）政治群体主要是各级政府，可以扩大到承担公共管理职能的企事业单位（法人）。它们是公共安全管理的主权责任人，是应急政策的制定者，也是紧急事态处置中的决策者，在预防阶段，它们根据不同的权限和职责履行减灾和防灾责任。

这三类利益相关者的权益有交叉，并不能完全地、清楚地截然分开。

练一练

论述题

从社会群体、经济群体和政治群体的社会治理视角，谈谈这三个群体在公共安全管理中的利益相关性。

第三节 公共安全权益人的权益和职责

知识点 1 公共安全权益人的权益

公共安全的权益人享有以下权益：

（1）生命健康保障权。这是权益中的自然人的必然权益，也是公共安全的首要内容。

（2）知情权。权益人有权知道紧急事态的原因、发展、危害、所采取的措施、紧急程度、下一步可能的态势等，这就要求责任方建立信息公开机制。

（3）参与权。在力所能及的范围内参与紧急事态的处置，在一定情况下表现为既是权益也是义务。

（4）建议权。由于紧急事态的处置是非程序性决策，且处置过程本身处于不断变化之中，权益人有权根据自身所掌握的情况和自身的利益向决策者和执行者提出合法合理的建议和意见，目的是更好地管控事态。在紧急事态的预防阶段，建议和意见的价值更高。

（5）监督权。这是指对事态的发展和决策及决策的执行进行监督，对紧急事态应急处置中的不当、不法之处提出意见和批评，并要求纠正。

（6）重大设备设施、财产受保护权。这是指公民、社区、企事业法人和社会组织的重大设备设施和财产在紧急事态中需要得到公权力的保护，特别是紧急事态处置过程中需要进行取舍抉择时，应当按照重要性和财产损失的规模作出判断。例如在建设堤防时，需要考虑重点应当保护城市还是农田；在水库临近危险库容时，需要考虑是加固大坝还是开闸泄洪？

（7）索赔权。对于人为因素、生产事故造成的损失，权益人有权向责任方提出索赔，但是对于自然灾难造成的损失，因为没有责任方，自然就失去了索赔对象。例如，由于企业违法生产导致安全事故，无论是人身生命健康还是财产损失，权益人都有权向责任企业提出赔偿的要求，但是对于地震造成的伤亡和财产损失，就不能索赔（注意，这与保险的索赔不是同一概念）。

（8）受救助权。紧急事态或突发事件肯定会造成损失，只是大小可能不同。受救助权是所有的权益人都享有的权益，在紧急事态处置中，既包括生命的救助、受伤后的抢救和治疗，也包括财产损失后必要的救助。例如地震后房屋倒塌，政府和救助组织应当帮助受灾地区进行重建。但是，因企业违法生产导致安全事故，作为事故的责任者，涉事企业不仅没有权利接受救助，还要承担赔偿的义务。

（9）决策权。这是各级政府或其授权的法人、社会组织所享有的权益，这项权益的法律渊源就是公共安全公共性，其他权益人不能享有、不能侵犯。

练一练

简答题

简要回答公共安全权益人权益的主要内容。

知识点2 公共安全权益人的职责

在处置公共安全事件的过程中，权益人并不是仅仅享有权益，也需要承担一定的职责，或者说有些权益本身也是职责。例如权益人的参与权，同时也是职责和义务。

各类公共安全权益人的职责如下：

（1）自然人：对自己的人身安全、财产安全履行必要的关注责任；在知悉危险时尽可能向其他人警示；在可能的情况下为处于紧急事态的其他人提供帮助；向决策者提供自己掌握的信息；服从应急处置决策者的统一指挥和调配。

（2）家庭：家庭成员的互助责任；共同维护重要财产安全的责任。

（3）社区：动员和组织本社区的成员参加公共安全突发事件的预防；负责日常的减灾和除灾；在紧急事态处置中，为社区成员提供基本的生存保障条件；为决策者如实提供本社区的基本信息；负责灾后救助救济的组织和物品的发放等。

（4）企业：企业首先是安全生产的责任，并不是说必须保证不出事故，而是必须尽到法定的注意义务和管理责任，简单来说就是减少和避免责任事故的发生；对于自然灾害，要积极减灾防灾，特别是能源、供水、食品、交通、广播电视电信等企业，其企业本身的产品就与公共安全紧密相关；服从决策者的统一安排和调配，特别是遇到调用人员和物资时，应当积极配合；救助相关人员和重大财产。

（5）志愿者：志愿者是紧急事态的利益相关者，在志愿参与紧急事态处置时，其目的是无偿为他人和组织提供自己力所能及的帮助，根据全面统一协调原则，志愿者应服从决策者的统一指挥和调度，而不能自行其是。

练一练

简答题

自然人在公共安全管理中的权利和义务有哪些？

知识点 3 研究权益人权益和职责的目的

为什么要探讨公共安全管理的权益人，并深入具体地研究权益人的权益和职责呢？

（1）使得公共安全管理的对象具体化，避免空洞、泛化，即避免那种理论上谁都有关而实践上谁都无关的现象，把权益明确、具体，有利于实现其权益最大化。

（2）提高公共安全管理的效率和决策的科学化，在明确各权益主体职责的背景下，制定突发事件应急预案，建立高效运转的应急管理机制，提高非程序决策的执行力，实现应急处置的统一指挥，最大限度地管控突发事件。

（3）在各方的权益中进行协调和平衡，实现国家、社会、企事业组织、个人权益的统筹，降低公共安全管理的成本。例如，泄洪区的选择和取舍就是典型的利益平衡的结果。

练一练

论述题

简要论述研究权益人权益和职责的目的。

第四节 公共安全权益人权益和职责的实现

知识点 1 影响权益人权益实现的因素

公共安全权益人的权益并不能自然地实现，而是受到各种因素的制约。

（1）自然条件。一个国家、一个地区、一个社区，其自然条件一般在一定的时期内是稳定不变的，如地形地质、台风和暴雨等，自然条件本身决定了自然灾害发生的频率和强度，同时影响着自然灾害发生后灾难救助措施的实施，也决定着减灾防灾政策的制定。

（2）国家所处的国际环境。处于战乱频仍的国家，其公共安全的权益必将受到极大的伤害。经济全球化也带来了经济安全问题。美国发动的贸易战使多个国家陷入货币危机，大量企业也陷入突发的困境，对世界范围的股市造成负面影响。

（3）一个国家或地区的经济社会发展水平。这与人的发展需求具有层次性是基本一致的，同时也决定了这个国家或地区的脆弱性。例如，一个地区发生了瘟疫，能否较好地控制事态、进行救助不仅仅取决于意愿，更取决于“能力”，即有没有经济能力、卫生医疗条件、交通运输条件等。

（4）政府组织的管理能力和政策意愿。各级政府是公共安全的责任主体，应急管理能力和水平既取决于各级政府的组织结构、运行程序、决策水平、执行决心、资源保障等，也取决于政府对公共安全的总体判断和政策取向。

（5）公众的减灾防灾意识和应急技能。只有社会成员都不断强化减灾防灾意识，在紧急状态时自觉配合、服从统一指挥，才能使得各权益人的总体权益得到有效维护。

例如，2018 年 8 月 11 日，北京房山突发山体滑坡，巨大的石块直接滚落在道路上，而道路上正有公交车、私家车等要通过，因为安全员发现及时、报警及时、拦截及时，才避免了人员伤亡。再如，2018 年 5 月 14 日，四川航空公司 3U8633 航班飞机在万米高空突发驾驶舱右侧风挡玻璃爆裂脱落、座舱失压的紧急状况。在此紧急关头，机组临危不乱、沉着应对、正确处置，创造了成功处置险情的奇迹，避免了一场灾难的发生，确保了机上 119 名旅客和 9 名机组人员的安全，引起极大的社会反响。这都是公共安全权益得以有效实现的例子。

练一练

1. 多项选择题

影响公共安全权益人权益实现的因素包括：

A. 自然条件

B. 国际环境

C. 经济社会发展水平

D. 政府组织的管理能力和政策意愿

E. 公众的减灾防灾意识和应急技能

2. 开放式论述题

试举一例，说明影响公共安全权益人权益实现的因素。

知识点 2 公共安全的政策制定

权益人权益实现的主要途径就是公共安全政策的制定。政策制定本身是各级政府的职责，在履行这一职责的过程中，如何保障其他权益人的知情权、参与权和建议权呢？

（1）确定积极的政策价值取向。各级政府应当给予减灾防灾、应急处置以足够的重视，建立高效的运转体系，配备有力的队伍，准备充足的物资，把公共安全作为政府治理能力建设的重要方面。

（2）规范公共安全政策制定流程。在政策制定的不同阶段，主动听取、吸收和采纳其他权益人的意见和建议。

一般政策制定包括议题设定、政策起草讨论、意见采纳、政策执行、政策评估、政策反馈、政策修订等过程。常态下公共安全管理政策的制定主要包括总体原则、重点工程、资金投入、体制建设等内容。紧急事态中的政策制定是非程序决策，往往没有时间和机制进行过多的讨论，但是这并不意味着其他权益人不能参与，其他权益人不仅要参与制定，还要监督其执行，并在执行中提出完善的建议。

需要讨论的是，公共安全管理的议题如何才能在政府的议事日程中得以确定呢？一般情况下都是发生了突发事件，有关政府才去研究、处置，这只是政策制定的一条路径。公共安全管理的政策制定有三条路径：

第一，主动研究、防范为主、减灾防灾。政府公共安全意识比较强，对本地区影响公共安全的致灾因子有分析和预判，积极主动地研究有关工程建设、制度建设、应急预案等。相关权益人要通过一定的程序积极参与政府的决策。

第二，公众呼吁、专家建议，要求政府安排专门议题研究当地公共安全政策。比如，在看到、听到 2018 年 8 月山东寿光因水库泄洪导致的重大灾难时，全国许多处于城市下游泄洪区的群众因此而意识到当地的洪水风险，有识之士主动分析本地的水文、水库、降雨、堤防等情况，要求政府制定预案和政策，进行有效的减灾防灾。

第三，发生重大安全事件，政府应急处置、研究对策。这是极其被动的情况，而且在应急处置的情形下，对于相关权益人的意见、建议需要建立相应的渠道，往往以“灭火”为主，先控制事态，避免事态向恶性方向发展，但是，越是这样，越需要建立听证机制，必须听取、平衡其他权益人的意见。

所以，权益人参与政策制定，不能仅仅在发生紧急事态之时，更要在预防阶段。

练一练

简答题

简要回答公共安全政策制定的三条路径。

知识点 3 权益人参与的应急管理

应急管理既然是为了保护权益人的权益，那么权益人参与就是理所应当的。

首先，我们前面分析过，不同的权益人对应急管理、公共安全管理的态度是不同的。无论政策如何制定、利益如何取舍，都只能是从公共安全利益出发，维护公共利益，或者选取损失最小的方案，所以，必然会有权益人不赞同或者反对。如何听取更多的意见，让权益人的权益实现最大化，路径之一就是吸收更多其他权益人共同决策，开放决策，取得最大公约数。

其次，制定的政策要具备可行性。要实现这个目标，就要把利益相关方的有关诉求、关注点、重大利益讨论清楚，考虑周全；有取舍就会有损失，而对损失方如何进行赔偿、救助，对受益方如何进行收费，是一个地区、一个社区在制定应急政策时要考虑的关键因素。

下面我们以权益人参与应急预案制定为例进行说明。

（1）向权益人公布制定预案的主要指向、谁负责、什么时间、包括哪些方面、与不同类别的权益人的关联性等内容，让权益人知晓，并引起其关注。

（2）把本地区、本社区面临的公共安全风险、致灾因子、脆弱程度、可能的措施等用权益人听得懂、看得懂的方式进行告知，可以使用图表等方式。

（3）希望、要求有关权益人对此预案的制定、预案中方式方法的取舍和利益的选择提出意见和建议。

（4）就预案本身、权益人所提的意见和建议进行沟通，对合理的意见和建议要采纳，对有不同意见者要反复交流和说服。

在许多情况下，决策者会处于尴尬的境地，就是发出了征求意见的邀请，却没人有反应，没人反馈，既不表示同意，也不表示反对。那么，如何才能让权益人参与应急管理呢？

（1）主动联系，主动问询，找到权益人对于公共安全权益的关注点。因为不同的权益人的关注点不同、知识背景不同、表达和归纳能力不同，需要政府部门进行有针对性的引导，让权益人明白应急管理与大家的切身利益紧密相关，需要大家共同努力应对。

（2）设立常设的权益人意见征集手段，如专门的电话、电子信箱、紧急报警处等，并对权益人的意见高度重视，尽可能做到件件有反馈，不要让权益人感到“不提白不提，提了也白提”。

（3）积极宣传减灾防灾知识，提高本地区、本社区对公共安全的理解和认识。

（4）吸收有影响力、有代表性的权益人共同组成专题工作组，定期对本地区、本社区的公共安全问题，以及其他地区的经验教训进行讨论。

（5）树立典型，发挥示范作用。

（6）分类指导，分类参与，以不同利益为主线，吸引关注该利益的权益人参与，避免“鸡同鸭讲”的情况。

（7）上级部门或专家组织的参与。

权益人参与应急管理，可以使得决策更加注意利益的平衡，可执行力得到加强，但是需要强调的是，政府是应急管理的责任主体，代表和维护公共利益，必须发挥主导作用。

练一练

案例题

根据需要，某社区拟制定本社区总体应急预案。你作为预案制定的工作人员，请设计一个征求本社区居民意见的工作方案。

第五节　权益人分析方法及其应用

经过前面的讨论，我们把经济学上的权益概念引入公共安全管理之中，使得其不再笼统、抽象，变得具体化，使公共安全更加体现公共利益，更加兼顾各方利益，应急处置更加得到相关各方的支持，从而收到良好的减灾防灾效果。

知识点 1　为什么要进行权益人分析？

进行权益人分析的原因，主要包括以下几个方面：

（1）确认应急管理政策可能影响的主体及其所有相关者利益，即确认应急管理的一项具体事件、具体政策可能影响谁，在其中涉及哪些利益。

（2）识别潜在的冲突和风险，在分析各权益者具体权益的基础上，搞清楚突发事件中的具体损失是什么，涉及哪些权益人，进行预期判断，找出潜在风险。

（3）找出能帮助实现目标的机会和需要建立的联系，与（2）不同的是，权益人分析同时会明确事件处置和政策出台的受益者，这些主体是潜在的支持、执行、热情参与的权益人。

（4）尽力平衡各方利益，既要坚定维护公共利益、多数人利益、经济价值高的方面，也必须尽可能考虑到受损者的利益，减少损失，及早制定救助或赔偿方案。

（5）在分析过程中不断进行政策修正和完善，改进方法，减少或消除负面影响。

（6）根据利益相关者理论，利益相关者反过来也能对应急管理造成影响，在分析的基础上，可以更好地制定应急政策。

练一练

论述题

试论进行权益人分析对公共安全管理的意义。

知识点 2 权益人分析的几个关键点

既然权益人分析如此重要，那么就需要对权益人分析的理论或依据有较好的把握。我们认为有以下几个关键点：

（1）公共安全管理都离不开利益相关者的投入和参与，动员更多的力量和资源、得到更多权益人的支持是非常必要的。

（2）公共安全管理中，一切政策的出发点都应当追求最大的社会整体利益，而不仅仅是某些主体的利益，所以有些权益人的权益无法实现或遭受损失在所难免。

（3）在具体的应急处置中，某些权益人处于相对强势、有利的位置，甚至在特定情况下会对决策的方向造成影响。

（4）根据利益相关者理论，利益相关者与一个地区、一个社区的发展密切相关，他们为应急处置分担政策风险、付出利益代价。

（5）权益人的权益之一就是监督权，公共安全管理的政策及其执行必须接受其利益相关者的监督。

练一练

简答题

举例说明进行权益人分析需要注意的方面。

知识点 3 权益人分析的操作步骤

如何进行权益人分析？程序和步骤如何安排？

（1）找出事件中的所有利益相关者，分析某个政策目标可能对哪些人产生影响，具体包括：谁可能从中得到好处，谁可能受到负面影响，是否找到了容易受到伤害的群体，是否找到了支持者和反对者，这些利益相关者之间的关系如何，等等。

（2）明确权益人的具体利益，预估政策目标对其利益的可能影响。例如，某权益人在政策目标实现后可能得到什么好处，哪些权益人的利益与政策目标相冲突，这些权益人拥有的资源是什么，影响力如何，等等。

（3）按在事件中的重要性来对权益人进行由强到弱的排序，这里的重要性不一定是一个维度。

1）可能是利益（好处），谁享有的利益最多、最大，谁排在前面，这样可以获得政策的支持。

2）可能是损失，谁的损失最大，谁就排在最前面，这样可以明确需要赔偿、安抚的对象。

3）可能是权益者本身的能力和影响力。

（4）对权益者利用资源的能力进行评估。各利益相关者都可能动用其资源来支持或者反对政策目标的实现。这些资源可以分为 5 类：经济或者物质资源、社会地位或者威望、信息或获得信息的渠道、合法性和影响力等。

在进行权益人分析过程中，必须注意以下两点：

第一，事情是动态发展的，在动态发展的过程中，利益相关者在事件中的重要性、影响力或支持度并不是一成不变的，因此在进行分析的过程中，要及时调整、分析并修正各利益相关者的重要性、影响力或支持度，以便得到更正确的分析，为提出解决方案打下基础。

第二，分析是为了更好地解决问题，这时就需要充分了解影响力大或支持度高的方面，积极寻求中坚力量的支持，想方设法让影响力小或反对者的反作用降到最低。

练一练

1. 简答题

如何对突发事件中的权益人进行排序？（采用一个维度即可）

2. 论述题

试述进行权益人分析的四个操作步骤。

知识点 4 权益人分析的优缺点

所谓优点，就是重要性，我们在前面已经进行过讨论，诸如能够让决策者更好地了解哪些人、哪些团体可能影响决策，他们的利益和他们所拥有的资源如何，以估计这些利益相关者影响力的大小，从而使决策者心中有数，对重要的群体加以关注，保证政策目标的实现等。

所谓缺点，就是不足，由于权益者分析更多地关注了各个利益相关者本身，容易导致对整体目标的迷失，容易受到其中负面的但是可能是资源、力量较强的权益者的政策绑架，导致政策走偏。

第四章

公共安全管理的组织运作

学习导引

这一章的内容很重要，是从宏观的角度去考察一个国家关于公共安全管理的主要的机构和职能问题。首先是从整体上让大家知道政府是公共安全管理的责任主体，在突发事件应急管理中会有大量的利益相关者和大量的应急管理参与者，但是只有政府是领导、协调和指挥、决策者，并要承担管理不利的相应责任。其次是分单一制政体和联邦制政体，分别以我国和美国为例进行比较性研究，目的是让大家明白在突发事件的应急管理中，影响政府处置和决策的因素有很多，其中一个因素是国家政体决定的政府的权限和职能问题，单一制国家和联邦制国家在应急管理中各有特点，无所谓好与坏，各有优势，如单一制国家的整体性、高效率，但是也容易产生地方政府的“等、靠、要”思想及瞒报等不足。最后介绍了非政府组织在现代应急管理中的作用，即它是公民参与国家应急管理的有效渠道（不是唯一渠道）。

学习目标

（1）明确政府是公共安全管理的责任主体。

（2）掌握政府公共安全管理的组织体系构架。

（3）了解应急管理体制和应急管理机制的区别与联系。

（4）掌握我国应急管理的组织体系，特别是应急管理部的设立与职能。

（5）掌握美国总统、国土安全部及其整体的应急管理组织体系。

（6）能够简要对比单一制国家和联邦制国家的应急管理组织体系。

（7）了解红十字会等非政府组织在应急管理中的作用，特别是要对我国青年志愿者组织给予关注。

知识结构

在内容结构上，这一章分成四节，第一节是公共安全管理组织运作功能的讨论，第二节以我国为例研究单一制国家公共安全管理的组织运作模式，第三节以美国为例研究联邦制国家公共安全管理的组织运作模式，第四节介绍了三个典型的志愿者组织的组织运作模式。第一节是铺陈，第二节、第三节是重点，第四节是参阅。全章整体内容存在内在的联系，但是又没有特别明朗的逻辑关系，放在一起学习和研究，方便读者比较和深入思考。

下面这张图展现的是本章前三节内容的内在联系和知识结构。

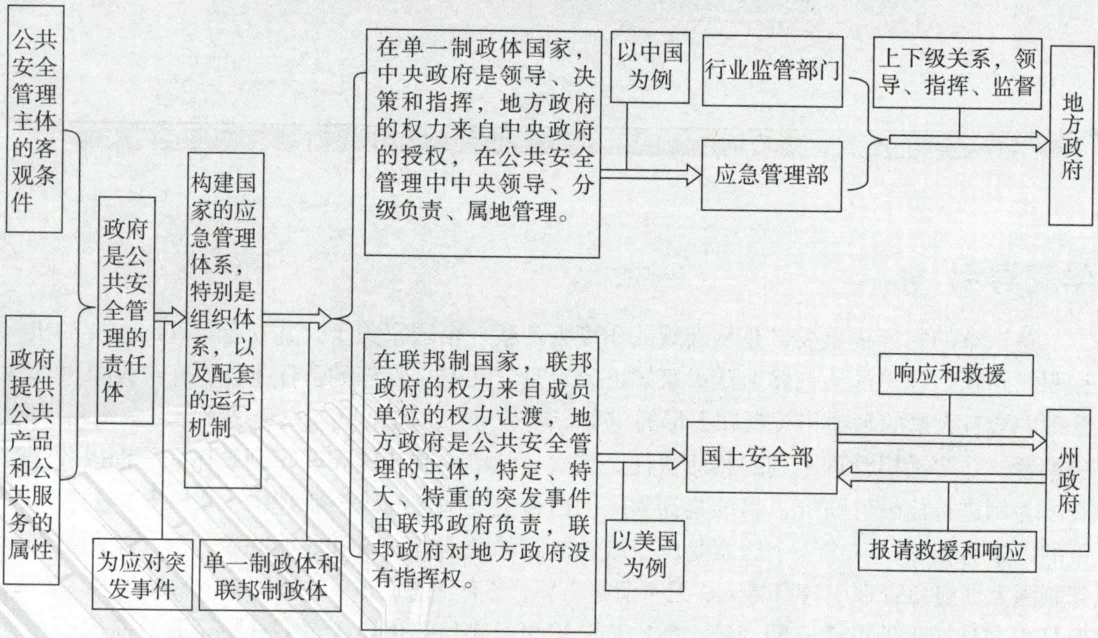

第一节　公共安全管理组织运作的功能

知识点 1　公共安全管理的责任主体

公共安全管理是公共管理的重要组成部分，也是一个特殊的领域。

公共管理主体是指在公共事务管理的过程中，以实现公共利益为目的，按照一定程序，运用公共权力，提供公共物品和公共服务的公共组织和个人。公共管理的主体具有以下几个明显的特征：

（1）公共性。无论是从其行为的性质还是从其目的分析，公共管理主体从事的都是社会公共事务，目的是实现公共利益，提供公共服务，创造公共产品。

（2）合法性。公共管理主体依法设置，按法律规定的职责和程序开展工作。

（3）层次性。公共管理主体依据公共事务的不同范围、轻重，按照层级分工负责。

（4）合作性。公共管理主体的目的相同、职责不一，在统一的目标下互相配合、互相监督。

（5）开放性。目前社会治理手段和技术多样化，管理由层级制走向网络化，公共管理的主体已经打破了政府垄断，在结构上从相对封闭走向开放。

公共安全不同于常态下的公共事务，我们前面分析过它的特殊性。公共安全管理的主体是政策的制定者、指令的发出者和行动的组织实施者。基于公共安全的特殊性，我们认为，公共安全管理的责任主体是政府，其他组织和个人都可以在政府的主导下参与公共安全管理事务，但是责任都由政府承担。政府包括参与公共安全管理的各级政府及其部门和机构，是权力部门，也是主要的实施部门。

（1）政府的核心职能就是公共管理，也是政府作为公共组织诞生、发展、完善的依据，人类社会建立政府的目的就是管理公共事务，维护公共利益。

（2）公共安全管理是公权力的运用，而政府是法律确立的公权力的掌握者。

（3）公共安全管理是全面的应急管理，其他任何组织都不具备这样的条件和能力。

（4）公共安全管理需要动用和调配大量的人力、物力、财力资源，这些资源本身并非经济因素所能决定，在紧急状态下需要管理者的行政指挥。

在世界范围内，各有关国家在讨论公共安全管理的责任主体时，都通过法律或法定其他程序，明确由政府作为责任主体。我国明确规定国务院是突发公共事件应急管理的最高行政领导机构。

那么，是不是其他组织就不参与公共安全事务的管理呢？答案显然是否定的。随着公共治理理论和公共安全理论本身的发展，公共安全管理主体多元化已经成为共识。在多元主体结构中，政府不是唯一的行为主体，但是它居于核心的地位，是公共安全管理的主导者，也是其他参与主体的指挥者、管理者和监督者。

练一练

1. 单项选择题

在下列四个选项中，属于公共安全管理的责任主体的是：

A. 公益组织

B. 政府

C. 企业

D. 居民

2. 简答题

如何理解公共安全管理的责任主体？它有哪些特征？

3. 论述题

试论政府是公共安全管理的责任主体。

知识点 2 政府职责转变与公共安全管理

政府职能是随着国家社会经济的发展而不断变化的，同时也受经济结构、国家体制等方面的制约。政府职能转变，是指国家行政机关在一定时期内，根据国家和社会发展的需要，对其应担负的职责和所发挥的功能、作用的范围、内容、方式的转移与变化。

在公共安全管理这个领域，我们通过对我国历代政府的防灾赈灾的回顾、对公共安全理论和实践在世界范围内的情况变化的梳理，可以看到，政府作为公权力的代表，在公共安全领域的职能呈不断强化的趋势。

随着经济体制改革和市场经济体制的不断完善，我国政府也由计划经济下的全能型政府向更加注重公共事务、更加注重社会管理的方向转变。政府由原来对微观主体的指令性管理转换到为市场主体服务上来，转换到为企业生产经营创造良好发展环境上来。政府的公共管理职能和国有资产出资人职能分开，政府与国有企业在市场中的角色混淆现象得到改变；非公有制经济的发展迫使政府管理经济的方式发生转变；现代产权制度的建立也使政企不分、政社不分、政事不分的现象有了一定的改变。在这个过程中，我们需要特别注意以下几点：

（1）社会环境变迁是政府职能转变的外在动因，公共行政科学化是政府职能转变的内在动力，技术手段的创新是政府职能转变的根本保障，传统行政文化是影响政府职能转变的制约因素。

（2）政府职能转变的重心之一是由政治统领向社会管理转变。

（3）党的十八大以来，我国把转变政府职能作为深化行政体制改革的核心，把简政放权等改革作为供给侧结构性改革的重要内容，党的十八届二中全会指出，转变政府职能是深化行政体制改革的核心。

（4）2018 年 3 月，根据第十三届全国人民代表大会第一次会议批准的国务院机构改革方案，国务院设立应急管理部，将国家安全生产监督管理总局的职责，国务院办公厅的应急管理职责，公安部的消防管理职责，民政部的救灾职责，国土资源部的地质灾害防治、水利部的水旱灾害防治、农业部的草原防火、国家林业局的森林防火相关职责，中国地震局的震灾应急救援职责以及国家防汛抗旱总指挥部、国家减灾委员会、国务院抗震救灾指挥部、国家森林防火指挥部的职责整合，组建应急管理部，作为国务院组成部门。

我们如何认识这种政府职责在公共安全管理领域的转变呢？有以下三种不同的说法：

（1）公共安全管理本来就是政府的职责，原来分散于各个政府部门，这次成立应急管理部，只不过是职责更加明确，由原来的分布式改为了集中式而已。

（2）公共安全管理就不是政府应该管的事，政府应当主要去抓经济，社会的事务交给社会去办，政府这样成立专门的部门去做公共安全管理是小题大做，是“捡了芝麻丢了西瓜”，在某种程度上是越权行为。

（3）随着社会发展和人民的要求，政府在原来职责的基础上，增加了公共安全管理的职责。

我们认为，公共安全管理自古有之，只是没有这个名词，公共安全管理历来受到政府的重视，是政府职能的应有之义；公共安全管理的内容是在不断变化、丰富发展的，相应的政府职能也不是一成不变的；政府履行公共安全管理职责的方式方法不是唯一的，是根据需要和可能在不断调整和完善的；政府负责公共安全管理不是越位，如果不尽责、做得不好，那才是失职。

练一练

案例分析题

2018 年 3 月，第十三届全国人民代表大会听取了人大常委会关于国务院机构改革方案的说明，3 月 17 日，该方案通过。根据改革方案，原本国家安监总局的职责全部划归新组建的应急管理部，应急管理部的主要职责包括：负责国务院办公厅的应急管理职责；负责公安部的消防管理职责；负责民政部的救灾职责；负责国土资源部的地质灾害防治职责；负责水利部的水旱灾害防治职责；负责农业部的草原防火职责；负责国家林业局的森林防火相关职责；负责中国地震局的震灾应急救援职责；负责国家防汛抗旱总指挥部、国家减灾委员会、国务院抗震救灾指挥部、国家森林防火指挥部的职责。

请根据我国成立应急管理部并整合国务院有关部门职责的具体情况，谈谈你对我国加强公共安全管理的看法。

知识点 3 政府承担公共安全管理的全部责任

责任有两层含义：一是分内应当做的事；二是没有做好分内应当做的事，需要承担的过失。

对于政府而言，公共安全管理既是分内应当做的事，也需要因为没做好而承担其过失。

公共安全管理是政府分内之事，明确了政府作为责任主体的必然性，是从公共安全管理自身的特点要求和政府自身的属性两个方面结合得出的结论。政府作为责任主体必须具备一定的条件，是公共安全管理的客观要求；政府的属性，决定了只有政府才能满足以下这些条件。

（1）公权力的代表。（对于立法机关、司法机关是否属于广义上的政府，不同学者有不同的意见，我们在此不做讨论）

（2）资源的最大、最强的拥有者。（除物资之外，有些资源只有政府才拥有，或者才能调配，例如军队。解放军、武警部队在重大灾难面前的作用大家都耳熟能详）

（3）责任的垄断者。这个责任是由宪法确定的，是不容推脱和转让的。（我国政府是人民政府，是党领导的政府，代表人民的根本利益，保障人民的人身和重大财产安全是我国政府的责任）

政府在公共安全管理中承担的责任，或者说责任构成的方面有以下几点：

（1）依照宪法和法律，制定和完善公共安全管理的法规、制度和政策。

（2）建立公共安全管理的组织体系，明确其具体职责和分工。

（3）建立和完善公共安全管理的工作运行机制。

（4）组织公共安全管理各项决策和措施的具体实施，包括日常管理和紧急事态管理。

（5）根据职责落实情况和应急管理的状况，承担相应的责任追究。（包括立法和司法机关的质询、社会的批评、国民的不信任等。例如，2014 年韩国发生“世越号”沉船事件，朴槿惠因处置不当被批评乃至被弹劾）

练一练

1. 多项选择题

政府在公共安全管理中的责任包括：

A. 制定和完善公共安全管理的法规、制度和政策

B. 建立公共安全管理的组织体系，明确其具体职责和分工

C. 建立和完善公共安全管理的工作运行机制

D. 组织公共安全管理各项决策和措施的具体实施

E. 承担相应的责任追究

2. 论述题

结合我国古代政府在防灾救灾方面的努力，试论述政府是公共安全管理的责任主体。

知识点 4 政府组织应急管理体制

应急管理体制是指为保障公共安全，有效预防和应对突发事件，避免、减少和减缓突发事件造成的危害，消除其对社会产生的负面影响，而建立起来的以政府为核心，其他社会组织和公众共同参与的有机体系。应急管理体制主要包括以下方面：

（1）预防系统，包括监控、预测、警示及设施建设等。

（2）救助系统，包括生命救助、医疗救助和基本生存救助等。

（3）决策系统，包括判断、确定、指挥、信息发布等。

（4）评估系统，包括政策执行的评估和执行效果的评估，以及结合突发事件演变趋势的评估。

（5）反馈系统，包括应急处置过程中对政策效果的反馈和整体处置结束后的反馈，灾民、执行者、媒体都是该系统的构成部分。

（6）保障系统，包括物资、钱款、信息、技术、人力、运输等。

（7）重建系统，通常指自然灾难类突发事件之后灾区的重建。

（8）监督系统，包括利益相关者、媒体等。

政府的应急管理体制与其他领域的管理体制不尽相同，一般应具有以下几个特征：

（1）组织集权化。突发事件的不确定性、破坏性和扩散性，决定了应急管理的主体行使处置权力时必须快速、高效，因而要求整个组织严格按照一体化集权方式管理和运行，上下关系分明，职权明确，有令必行，有禁必止，奖罚分明。强调统一领导、统一指挥、统一行动的一体化集权管理。

（2）职责双重性。在常态管理中，主要由专门的机构和应急管理人员承担，但是每一个领域都有减灾防灾的责任；在紧急事态时，大多数应急管理参与主体来自不同的社会领域和工作部门，在应急管理工作需要时，才参与应急管理活动，担负应急管理方面的职责。

（3）结构模块化。应急管理组织中每个单元体都有类似的内部结构和相似的外部功能，是一个独立的功能体系，由不同单元体系组成的功能体系也具有相似的结构和功能，具有模块化的组织结构。遇有不同类型、不同级别和不同区域的突发事件时，可通过灵活快速的单元体组合，形成相应的应急处置体系。

在这里，是以紧急事态为核心，静态地探讨政府作为责任主体从哪些方面去架构和划分，各系统之间是机结合的整体，统一由政府领导部门指挥，并不涉及具体的机构设置。如果一个政府在应急体制中缺少某个方面的系统构成，我们可以说其体制不健全，但是不讨论这个系统的任务由哪一个机构承担的问题。各系统之间既可以是条块式、科层式，也可以是扁平化、网络式结构。

练一练

简答题

简要回答政府的应急管理体制的三个基本特征。

知识点 5 政府建立应急管理机制

机制一般是指一个工作系统的组织或部分之间相互作用的过程和方式。它不同于体制，体制主要是指工作如何开展，标准、程序、步骤等是工作制度的整合。

国家行政学院的钟开斌等把应急管理机制定义为：涵盖了事前、事发、事中和事后的突发事件应对全过程中各种系统化、制度化、程序化、规范化和理论化的方法与措施。

该定义可以从以下三个层面来进行理解：

（1）它是在总结、积累应急管理实践经验的基础上形成的制度化成果，是对政府在长期应急实践中使用的各种有效方法、手段和措施的总结和提炼，经过实践检验证明有效，并在实践中不断健全和完善，是适用于各种具体突发事件的管理而又高于具体突发事件管理之上的普遍方法，一般要依靠多种方式、方法的集成而起作用。

（2）其实质内涵是一组建立在相关法律、法规和部门规章之上的政府应急工作流程体系，能展现出突发事件管理系统中组织之间及其内部的相互关系，而外在形式则体现为政府管理突发事件的职责与能力。

（3）从运作流程来看，以应急管理全过程为主线，涵盖事前、事发、事中和事后各个阶段，包括预防与应急准备、监测与预警、应急处置与救援、恢复与重建等多个环节。

有学者根据突发事件的应急处置流程，给出了如图 4－1 所示的机制示意图。

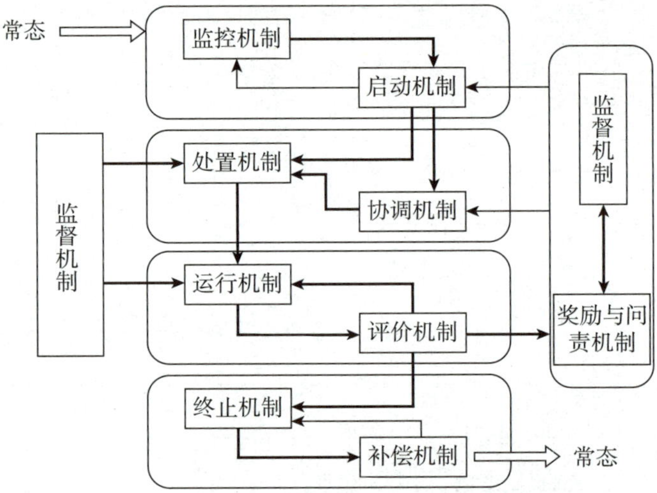

图 4－1　突发事件应急处置流程机制示意图

从突发事件应急管理的全过程分析，应急管理机制的主要内容见图 4－2。

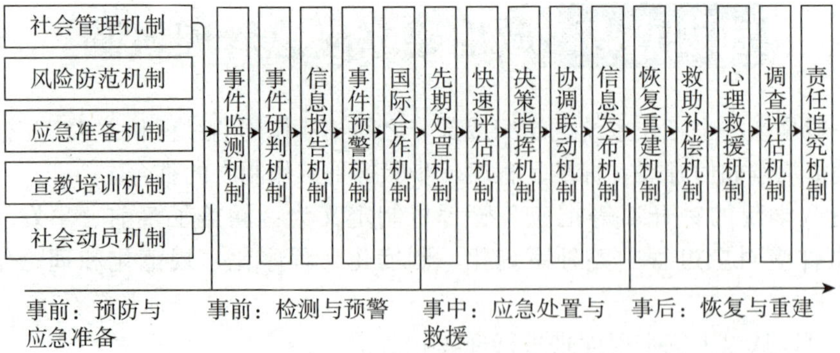

图 4－2　应急管理机制的内容

练一练

1. 简答题

什么是应急管理机制？如何理解它的含义？

2. 列举题

从突发事件应急管理的全过程分析，以机制的主要内容为主线，试列举应急管理至少6个方面的机制。

3. 论述题

结合风险防范，谈谈突发事件监测、研判、报告、预警等机制的内容。

知识点 6 应急管理体制与应急管理机制

体制和机制经常放在一起使用，对其内在含义又不加区分或者混淆。我们需要把应急管理体制和应急管理机制进行比较，找出其区别与联系。

（1）两者的关系体现在：一方面，体制包含机制，应急组织是应急管理机制的“载体”，应急管理体制决定了机制建设的具体内容与特点，机制建设是应急管理体制的一个重要方面；另一方面，应急管理机制的建设对于体制建设具有反作用，体制的建设具有滞后性，尤其当体制还处于完善与发展的情况下，机制的建设能帮助完善相关工作制度，从而有利于弥补体制中的不足并促进体制的发展与完善。

（2）应急管理机制不同于体制的特点在于它是一种内在的功能，是组织体系在遇到突发事件后有效运转的机理性制度，它要使应急管理中的各个利益相关者有机地结合起来并且协调地发挥作用，这就需要机制贯穿其中。

总之，应急管理机制是为积极发挥体制作用服务的，同时又与体制有着相辅相成的关系，推动应急管理机制建设，既可以促进应急管理体制的健全和有效运转，也可以弥补体制存在的不足。

练一练

简答题

简要回答应急管理体制和应急管理机制的区别与联系。

知识点 7 政府应急管理的组织构成

政府应急管理组织结构是为处置紧急事态或突发事件，政府系统内部各个构成要素或构成部分之间以及应急管理各参与主体之间相对稳定的一种模式，它涉及公共政策组织中的权责关系、上下级关系、沟通渠道等与组织特性有关的问题，在这种稳定的模式内部，各要素在不同的排列组合的基础上相互影响、相互作用，它既表现为静态的组织结构，又体现在动态的组织活动之中。

政府应急管理的组织架构分为两个维度，纵向上分为中央机构和地方机构，横向上中央机构和地方机构又有各自的设置和安排。这些政府组织在一定的应急管理机制下协调合作，共同组成应急管理的组织体系。

政府的应急管理的组织机构设置并没有固定的模式，不同的国家有不同的做法，但是在总体趋势上向集约式、扁平化、网络化的方向发展。

我们分常态管理和紧急事态管理两种状态来分析政府的应急管理组织结构：

（1）常设的、专门的政府应急管理机构，如美国的国土安全部、我国的应急管理部。

（2）常设的、承担部分或者专门领域应急管理职责的机构。如公安部门、水利部门等。

（3）常设的但是只有在紧急事态情况下才参与、承担应急管理职能的机构。如我国的财政部。

练一练

简答题

请从常设应急管理机构的常态运行和非常设应急管理机构的应急状态谈谈政府应急管理的组织构成。

知识点 8 两种政体：单一制和联邦制

对于应急管理，不同的国家往往有不同的做法，也呈现出不同的管理能力和水平。除去组织体系、运行机制、法律制度、人员素质等影响因素外，还有一个影响因素：国家政体。下面我们专门讨论一下单一制和联邦制。

单一制和联邦制是政治学上的概念。

单一制是一种国家结构形式，指由若干不享有独立主权的一般行政区域单位组成统一主权国家的制度。单一制和复合制相对。复合制中又可区分为联邦制和邦联制两种。

联邦制是复合制的一种，是由两个或两个以上的政治实体（共和国、州、邦）结合而成的一种国家结构形式。

单一制和联邦制的主要区别见表 4－1。

表 4－1　单一制和联邦制的对比

比较项	单一制	联邦制
法律体系	全国一部宪法	联邦宪法，各成员自己的宪法和法律
立法机构	一个立法机关	各成员自己的立法机关
政府设立	一个中央政府	各成员自己的中央政府
权力来源与效力	中央政府授权给地方政府	联邦权力来自各成员，各成员权力限于本区域
对外关系	一个主权国家，统一外交	联邦为主体，成员有部分外交权

在法理上，单一制国家的一切权力属于中央，地方的权力具有中央授权性。国家只有一个中央政权、一部宪法、一种法律体系，是国际交往中的国际关系主体，它的公民只有一个国籍。地方政权在中央政权的严格控制下行使职权，由中央委派官员或由地方选出的官员代表中央管理地方行政事务，地方居民没有自治权或地方虽设有自治机关，但自治机关受中央政权的严格控制。在单一制国家，地方对中央有比较强烈的向心力和依赖性，中央的支配地位明显，核心作用强。整个国家凝聚力强，不容易发生分离运动和独立运动，国家机器可以比较顺利地运转，国家可以集中力量办大事，这是单一制国家最大的优点。在民族成分、地理条件、历史问题复杂的国家和地区，单一制的这个优势愈加明显。

练一练

单项选择题

下列关于单一制国家的说法中，错误的是：

A. 全国只有一个中央政府

B. 中央政府权力来源于地方政府的让渡

C. 全国一部宪法

D. 全国一个立法机关

第二节　单一制国家的 EM 组织运作模式

在单一制国家，一切权力属于中央，地方权力来自中央授权，在公共管理方面也是如此。在应急管理中，单一制国家中的中央政府是领导机关，是决策和指挥机关；各级政府、政府各个方面是主要执行者，组织本地的应急管理事项。当有突发事件发生时，中央政府根据所得信息，经判断后（破坏力、影响力、可能的后果等），根据具体情形，立即启动应急管理，既可直接决策，也可授权下级政府或政府部门决策而中央政府进行监督。但是无论是哪一级政府在一具体的突发事件中担任决策和指挥的角色，其首要的措施都是立即通报情况，调配力量，具体的组织运作模式如下：

（1）政府行政体系的动员，包括纵向和横向，直至突发事件所在区域。

（2）相应的社会力量和资源的动员和组织，包括企事业单位和非政府组织，区分突发事件的主要诱因，确定参与应急的社会力量构成。

（3）人力队伍的动员和组织，包括专业的救援队伍（有些突发事件需要专业人员才能处置，如火灾、有毒气体泄露等）和其他各有关方面的人力。

以上所述组织运作模式可用图 4－3 表示。

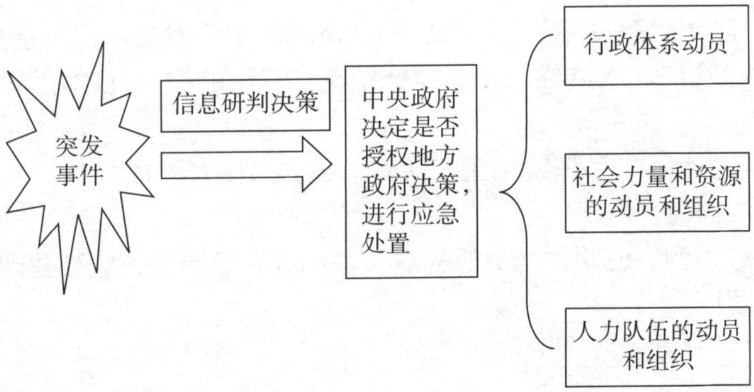

图 4－3　单一制国家的 EM 组织运作模式

知识点 1　应对事故灾难的管理机构

在突发事件的分类中，事故灾难是专门的一个类型，是指由人类的生产生活行为带来的造成人员伤亡和重大经济损失或者环境污染的意外事件。

我国国务院 2006 年公布的《国家突发公共事件总体应急预案》中明确，事故灾难主要包括工矿商贸等企业的各类安全事故、交通运输事故、公共设施和设备事故、环境污染和生态破坏事件等。

（1）工矿商贸企业的各类安全事故，如煤矿塌方、透水、瓦斯爆炸事故，其他矿山的生产事故，大型商场的突发火灾，建筑过程中倒塌等。

（2）交通运输事故，公路、铁路、航空等都可能发生，比如飞机的空难，列车出轨、倾覆、相撞等。

（3）公共设施设备事故，如 2008 年南方的电网冰冻、城市天然气管道泄漏等。

（4）环境污染和生态破坏事件，包括空气、水、森林、草地等污染和破坏。

需要指出的是，有的突发事件是综合的、连带的，不是单纯的某一类型。例如化工厂爆炸本身是一起生产事故，但是可能同时造成空气和水的污染；危险化学品在运输过程中发生车祸，既是交通运输事故又是环境污染事件。所以，分类的目的是研究和进行针对性处置，但是在实际中，突发事件往往都是综合的。

由于事故灾难主要与人类生产生活相关，在单一制国家中一般又都是按行业进行管理，所以事故灾难的应急管理大多情况下也是分散在政府各部门的。以我国为例，承担事故灾难应急管理的中央级政府部门原来就有多个：国家安全生产监督管理总局、消防局、林业局、农业部，甚至旅游局等。2018 年 3 月，国务院设立应急管理部，对这些职能进行整合，但是仍然会有其他政府部门对一些特定的事故灾难负责，如核安全事故、重大交通运输事故等。

练一练

案例分析题

2005 年 11 月 13 日，中石油吉林石化分公司双苯厂发生爆炸，造成 8 人死亡，60 多人受伤，并对松花江江水造成污染。地处松花江下游的黑龙江哈尔滨从 11 月 22 日起停水 4 天……

2018 年 7 月 12 日，宜宾某化工厂爆炸，造成 19 人死亡、12 人受伤的重大事故，由应急管理部牵头处置。

以这两个事故为例，说明生产事故的复杂性和政府负责事故灾难管理部门的职责分工及协调合作的重要性。

知识点 2 专职应急管理机构——行业监管机构

行业监管是行政管理领域的一种制度安排。随着人们对行业运行中公权力的不断研究，对其认识也在不断调整，政府职能也随之转变。在管理学上，也有研究者把行业监管与跨行业的市场监管、安全监管、建设监管等共同组成一个管理体系。其实，从实践上看，行业监管本身应当包括安全生产的内容，如果没有安全，生产就无从谈起；安全监管如果离开行业监管，只能是宏观的、指导性的，很难真正实现安全的目的。每个行业都有自身的特殊性，生产安全也有其自身的侧重点和危险点，有的专业性非常强，一般的人力、物资无法在应急管理中发挥作用，这是统一的安全监管无法深入和解决的。所以，无论是否设立专门的应急管理政府部门，行业自身的安全监管和应急处置都不应弱化。

我国在设立应急管理部时充分考虑了这些因素，进行了职能上的界定，既考虑了建立统一、专门的应急管理部的重要性和必要性，也考虑了行业的不同需求和专业程度。

与应急管理部同时挂牌的国家生态环境部的主要职责之一就是：监督管理污染防治、核与辐射安全。

交通运输部的职责包括：承担水上交通安全监管责任；负责水上交通管制、船舶及相关水上设施检验、登记和防止污染、水上消防、航海保障、救助打捞、通信导航、船舶与港口设施保安及危险品运输监督管理等工作；负责中央管理水域水上交通安全事故、船舶及相关水上设施污染事故的应急处置，依法组织或参与事故调查处理工作；牵头组织编制国家海上搜救和重大海上溢油应急处置预案并组织实施，承担组织、协调、指挥重大海上人命搜救、重大海上溢油、船舶污染事故和重要通航水域清障等应急处置工作；指导地方水上交通安全监管工作；拟定公路、水路工程质量监督管理政策、应急预案并监督实施，承担有关公路、水路重点工程建设质量、安全生产的监督管理工作。

公安部交通管理局的职责包括：预防和处理交通事故，指导地方公安机关实施对剧毒化学品的道路运输审批等。

我国的应急管理体系架构如图 4－4 所示。

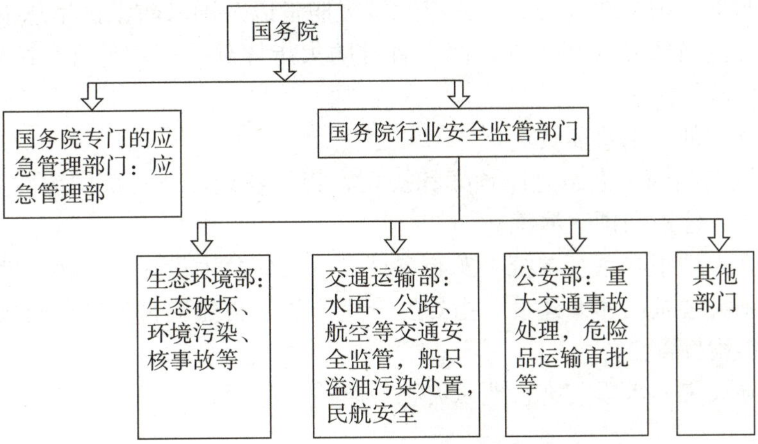

图 4－4 我国的应急管理体系架构

练一练

单项选择题

下列国务院的职能部门中，不属于行业监管机构的是：

A. 应急管理部

B. 公安部

C. 交通运输部

D. 生态环境部

知识点 3 专职应急管理机构——应急管理部

2018 年 3 月，根据第十三届全国人民代表大会第一次会议批准的国务院机构改革方案设立应急管理部。

原来的国务院机构设置里是有公共安全管理部门的，只不过它是根据我国的经济社会发展实际，以及我国多年来的经验和传统，是分散式的，是以行业自身应急管理为主的。以前，民政部在一定意义上是抗灾防灾的牵头部门，主要应对自然灾害；国家安全生产监督管理总局是生产行业的应急管理部门，其他的民航、交通、公安、环保、地质等各负其责，国务院作为领导机构，国务院办公厅作为日常办事机构。

在这次国务院机构改革方案里，提出设立应急管理部的目的是：防范、化解重特大安全风险，健全公共安全体系，整合优化应急力量和资源，推动形成统一指挥、专常兼备、反应灵敏、上下联动、平战结合的中国特色应急管理体制，提高防灾减灾救灾能力，确保人民群众生命财产安全和社会稳定。

具体方案如下：

（1）国务院办公厅的应急管理职责。

将国家安全生产监督管理总局的职责，公安部的消防管理职责，民政部的救灾职责，国土资源部的地质灾害防治、水利部的水旱灾害防治、农业部的草原防火、国家林业局的森林防火相关职责，中国地震局的震灾应急救援职责以及国家防汛抗旱总指挥部、国家减灾委员会、国务院抗震救灾指挥部、国家森林防火指挥部的职责整合，组建应急管理部，作为国务院组成部门。

（2）应急管理部的主要职责。

第一，组织编制国家应急总体预案和规划，指导各地区、各部门应对突发事件工作，推动应急预案体系建设和预案演练。

第二，建立灾情报告系统并统一发布灾情，统筹应急力量建设和物资储备并在救灾时统一调度，组织灾害救助体系建设，指导安全生产类、自然灾害类应急救援，承担国家应对特别重大灾害指挥部工作。

第三，指导火灾、水旱灾害、地质灾害等防治。

第四，负责安全生产综合监督管理和工矿商贸行业安全生产监督管理等。

（3）应急管理部与各地政府在应急管理中的关系。

按照分级负责的原则，一般性灾害由地方各级政府负责，应急管理部代表中央统一响应支援；发生特别重大灾害时，应急管理部作为指挥部，协助中央指定的负责同志组织应急处置工作，保证政令畅通、指挥有效。应急管理部要处理好防灾和救灾的关系，明确与相关部门和地方的职责分工，建立协调配合机制。

练一练

论述题

试述我国成立应急管理部的目的及对原有国务院机构职责的整合。

知识点 4 兼职应急管理机构——以防汛抗旱为例

突发事件的处置需要多方协调、多部门合作，极少有哪一个突发事件是一个应急管理部门能够独自完全处置的。我们在讨论政府应急管理机构时就曾经讨论过，有些政府部门在常态行政管理时履行自身的职责，在遇有突发事件时，必须义不容辞地参与到突发事件的应急处置中，服从指挥部门的统一安排、调配和指挥。这一类政府职能部门称为兼职应急管理机构。

下面我们以防汛抗旱为例进行专门讨论。

过去，我国的水利部负责水旱灾害的防治。

1997 年颁布的《中华人民共和国防洪法》第八条对全国防洪的组织体系进行了以下规定，具体如下：

国务院水行政主管部门在国务院的领导下，负责全国防洪的组织、协调、监督、指导等日常工作。国务院水行政主管部门在国家确定的重要江河、湖泊设立的流域管理机构，在所管辖的范围内行使法律、行政法规规定和国务院水行政主管部门授权的防洪协调和监督管理职责。

国务院建设行政主管部门和其他有关部门在国务院的领导下，按照各自的职责，负责有关的防洪工作。

县级以上地方人民政府水行政主管部门在本级人民政府的领导下，负责本行政区域内防洪的组织、协调、监督、指导等日常工作。县级以上地方人民政府建设行政主管部门和其他有关部门在本级人民政府的领导下，按照各自的职责，负责有关的防洪工作。

《中华人民共和国防汛条例》第二章专门规定了防汛组织的构成和职责，具体规定如下：

第六条　国务院设立国家防汛总指挥部，负责组织领导全国的防汛抗洪工作，其办事机构设在国务院水行政主管部门。

长江和黄河，可以设立由有关省、自治区、直辖市人民政府和该江河的流域管理机构（以下简称流域机构）负责人等组成的防汛指挥机构，负责指挥所辖范围的防汛抗洪工作，其办事机构设在流域机构。长江和黄河的重大防汛抗洪事项须经国家防汛总指挥部批准后执行。

国务院水行政主管部门所属的淮河、海河、珠江、松花江、辽河、太湖等流域机构，设立防汛办事机构，负责协调本流域的防汛日常工作。

第七条　有防汛任务的县级以上地方人民政府设立防汛指挥部，由有关部门、当地驻军、人民武装部负责人组成，由各级人民政府首长担任指挥。各级人民政府防汛指挥部在上级人民政府防汛指挥部和同级人民政府的领导下，执行上级防汛指令，制定各项防汛抗洪措施，统一指挥本地区的防汛抗洪工作。

各级人民政府防汛指挥部办事机构设在同级水行政主管部门；城市市区的防汛指挥部办事机构也可以设在城建主管部门，负责管理所辖范围的防汛日常工作。

第八条　石油、电力、邮电、铁路、公路、航运、工矿以及商业、物资等有防汛任务的部门和单位，汛期应当设立防汛机构，在有管辖权的人民政府防汛指挥部统一领导下，负责做好本行业和本单位的防汛工作。

第九条　河道管理机构、水利水电工程管理单位和江河沿岸在建工程的建设单位，必须加强对所辖水工程设施的管理维护，保证其安全正常运行，组织和参加防汛抗洪工作。

第十条　有防汛任务的地方人民政府应当组织以民兵为骨干的群众性防汛队伍，并责成有关部门将防汛队伍组成人员登记造册，明确各自的任务和责任。

河道管理机构和其他防洪工程管理单位可以结合平时的管理任务，组织本单位的防汛抢险队伍，作为紧急抢险的骨干力量。

2009年，国务院颁布了《中华人民共和国抗旱条例》，对抗旱的组织机构做了规定，具体如下：

第六条　国家防汛抗旱总指挥部负责组织、领导全国的抗旱工作。

国务院水行政主管部门负责全国抗旱的指导、监督、管理工作，承担国家防汛抗旱总指挥部的具体工作。国家防汛抗旱总指挥部的其他成员单位按照各自职责，负责有关抗旱工作。

第七条　国家确定的重要江河、湖泊的防汛抗旱指挥机构，由有关省、自治区、直辖市人民政府和该江河、湖泊的流域管理机构组成，负责协调所辖范围内的抗旱工作；流域管理机构承担流域防汛抗旱指挥机构的具体工作。

第八条　县级以上地方人民政府防汛抗旱指挥机构，在上级防汛抗旱指挥机构和本级人民政府的领导下，负责组织、指挥本行政区域内的抗旱工作。

县级以上地方人民政府水行政主管部门负责本行政区域内抗旱的指导、监督、管理工作，承担本级人民政府防汛抗旱指挥机构的具体工作。县级以上地方人民政府防汛抗旱指挥机构的其他成员单位按照各自职责，负责有关抗旱工作。

根据上述法律法规的规定，我们能够得出这样的结论，在国家应急管理部成立之前，我国中央级防洪抗旱的政府组织为：

（1）国家防洪抗旱总指挥部为领导机构。

（2）水利部是主要责任部门。

（3）建设部等是行业性监管部门。

（4）石油、电力、邮电、铁路、公路、航运、工矿以及商业、物资等部门和单位在汛期才介入。

我们把平时履行自身职责，在突发事件发生后或紧急状态时参与应急管理的机构视为兼职应急管理机构。

从 2018 年 3 月起，水利部的水灾旱灾防治和国务院防汛抗旱总指挥部的职责一起转移到新设立的专门的部门——应急管理部。

练一练

论述题

在 2018 年我国应急管理部成立之前，防汛抗旱的政府组织体系是：国家防洪抗旱指挥部统一指挥，水利部是责任部门，建设部等进行行业监管，石油和电力等部门根据情况介入。以此情况谈谈你对我国自然灾害应急管理体制的认识。

知识点5 我国应对自然灾害的机构、应急办系列组织结构和地方政府的应急组织结构

在国家应急管理部成立后，我国应对自然灾害的应急管理机构就是应急管理部了。这是一个比较大的变化，在此之前，对各种不同的自然灾害的应对是分散在各职责部门的，并且根据自然灾害的不同，政府责任部门也不同：水灾旱灾是水利部，地质灾害是国土资源部，森林火灾是林业部，地震是地震局，救灾总体上是民政部……这一点我们在前面已经讨论过，不再重复。

有学者把民政部作为我国应对自然灾害的专门机构，我们认为这是错误的理解或者是有歧义的，民政部只是救灾的协调和职能部门。

同样，成立应急管理部，国务院原来的应急办系列职责相应转到应急管理部，应急办系列组织结构也就不再深入讨论，在此只提供一个应急管理部成立之前应急办系列组织结构图（见图 4－5）供大家学习参考。

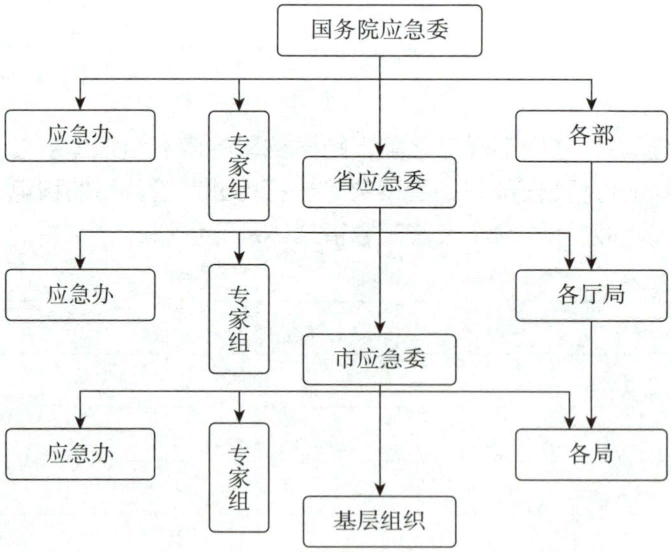

图 4－5　应急办系列组织结构

应急管理部成立之前的地方政府的应急管理组织机构基本按照行政序列，依照国务院的相应设置一一配套。由于正在按照应急管理部的新模式进行调整，对过去的不再进行介绍。但是需要说明的是，受我国的行政体制决定，国务院应急管理机构进行变革和调整，地方各级政府必然要进行相应的变革和调整，这与联邦制国家是不同的。

练一练

简答题

谈谈你对我国政府各级应急办体制的理解。

知识点6 单一制下责任主体如何发挥作用

经过对前面几个知识点的讨论，我们已经能够理解：

（1）总体上政府是应急管理的责任部门，国务院负总责。

（2）中央政府的不同部门担负着应对不同类别的突发事件和紧急事态的职责。

（3）地方各级政府担负着本行政区域内突发事件的应急管理的职责。

（4）各部门、各级政府协调合作。

那么，不同的政府部门到底怎么有效发挥作用的呢？我们建议从以下三个不同方面进行分析：

（1）应对不同类型的突发事件或者紧急状态，确定不同的中央级政府部门。

（2）应对同一类型的突发事件，按照事件的等级确定由哪一级政府负责。

（3）对于具体的同一个突发事件，从中央到地方，上下对应，统一指挥，分级负责。

我国各级责任主体的责任范围如图4－6所示。

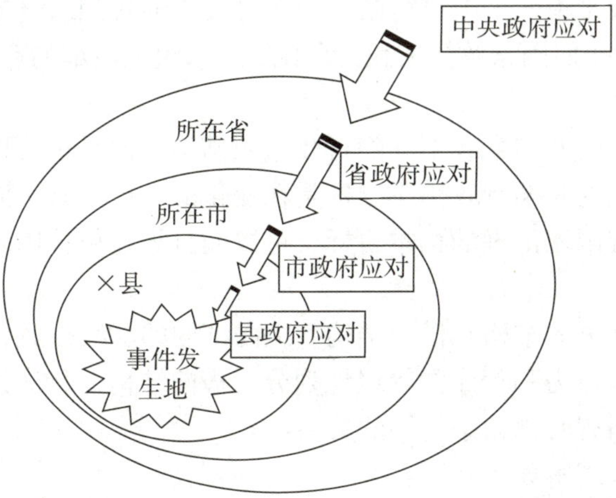

图4－6　我国各级责任主体的责任范围

练一练

论述题

以我国为例，试论单一制国家政府应急管理体制的运行。（可以先举一具体突发事件，然后从国务院领导、职能部门、地方政府、地方职能部门等分类、分级、上下对应的视角进行阐述。）

第三节 联邦制国家的 EM 组织运作模式

知识点 1 联邦制国家行政结构

行政组织结构一般是指一个国家行政组织各种要素的排列组合方式。这个结构要围绕国家的整体治理目标，按照国家政体的权力分配，追求组织内部的有机联系和高效率运转，受国家行政传统影响。

需要注意的是，不同的国家有不同的行政组织结构，但是也可以有相同的行政组织结构；同一个国家在不同的时期行政组织结构是在变化的，可以有不同的行政组织结构。行政组织结构是为了实现国家治理的根本目标，可以而且需要依据国家不同阶段所面临的主要任务进行调整。

行政组织结构包括纵向结构和横向结构。纵向结构即层级构成，是上下级之间的机构、职位配备和职责分工、权力和程序的等级性划分。横向结构即行政组织的横向分工。纵向结构与横向结构在我国有时称为条与块的关系。

要特别注意思考和理解如下几点：

（1）行政组织的层级越高，管理的地域范围就越大；层级越高，组织的数量就越少。

（2）行政组织的层级越低，管辖的地域范围就越小；层级越低，组织的数量就越多。

（3）不同层级的行政组织在职责上有相同的部分，即上级有什么，下级就有什么，只是在权力的大小和范围上不同。

（4）不同层级的行政组织在职责上也有不同的部分，如上级有外交权，下级不一定有外交权，这取决于国家政体和授权。

（5）在联邦制国家，联邦政府的职能部门和州政府的职能部门之间有的并不是上下级关系，也不接受其指导。

根据联邦制的原则，联邦政府与州（构成联邦国家的成员）政府并不是上级与下级、核心与边缘的关系，而是具有不同权力、职能范围的政府之间的关系。它们彼此独立，权力都受限制。各州也是国家主权的组成部分，因为它们与联邦在不同范围内分别行使统治权；当然，它们也不是国际法意义上的独立、主权国家。

有的同学想当然地认为联邦政府是州政府的上级机关，联邦政府决定了的事项在州政府必须执行，这是错误的认识。一般来说，联邦政府的职责是由各州（成员）让渡出来的，是成员单位共同决定让联邦政府做什么，包括其权限大小，而联邦政府不能反过来干涉州政府的权力。

我们讨论这些的目的，是让大家更好地理解在应急管理中不同国家的不同做法和特殊性，不能简单地做横向比较。举例来说，在美国一个州若是发了洪水，是由州政府负责的，如果州政府判断认为已经超出了本州应对的能力，才决定向联邦政府报告并请求援助，州政府不报告，联邦政府也不会过问，问得多了还可能会被批评为越权。但是有些紧急事态又是联邦政府的职责范围，而州政府是需要响应和配合的。

练一练

简答题

简单说说你对联邦制国家中央政府与地方政府中公权力的分布和运行的理解。

知识点 2 美国的公共安全管理组织

美国现代的公共安全管理体制源于冷战时期。20 世纪六七十年代，美国重大自然灾害频频发生。当时美国总共有 100 多个联邦部门在灾难、危险和紧急事态的某些方面承担责任，它们各行其是，实施相互矛盾的平行政策，各个机构之间的权限不明，相互争权扯皮，给救灾工作造成诸多不便。

1979 年，在国会的认可下，美国总统卡特发布行政命令，合并诸多分散的紧急事态管理机构，组成统一的联邦紧急事态管理局 (Federal Emergency Management Agency，FEMA)，其局长直接对总统负责。美国的公共安全管理机制正式建立。

美国建立了在总统领导下的联邦、州、县、市和社区五个层次的公共安全管理的组织机构系列，国土安全部是专门的应急管理机构，各州、县、市建有应急管理机构，负责辖区内突发事件的应急处理，社区内一般有多个志愿者性质的应急管理机构。

美国公共安全管理的具体组织结构如下。

（1）总统。

根据《罗伯特· T. 斯塔福灾难救济和紧急事态援助法》(以下简称《斯塔福法》) 和《国土安全法》，美国总统是美国公共安全的最高领导和最终决策者。总统的职责主要有：

1）设置联邦政府中公共安全管理的机构。

2）任命联邦政府中负责公共安全管理的主要官员。

3）制定美国公共安全的整体性政策。

4）宣布国家进入紧急状态。

5）决定应对紧急事态的重大措施并组织实施。

6）决定联邦政府对遭受灾难的州的最终的援助方案。

（2）国土安全部。

2001 年发生的震惊世界的“9・11”事件引起了美国政界、舆论界和学术界对美国国家公共安全管理体制的深刻反思。2002 年 6 月，小布什总统向国会提出建立国土安全部。国会通过了《国土安全法》，批准成立美国国土安全部，将 22 个联邦部门、18 万雇员并入，于 2003 年 3 月 1 日正式成立。该部的主要职责有以下 7 个方面：

1）预防美国境内的恐怖袭击。

2）减少美国面对恐怖主义的脆弱性。

3）一旦在美国境内发生恐怖袭击，将损害降到最低，并帮助从袭击中恢复。

4）履行划拨给国土安全部的所有职责，包括承担处理自然与人为危机和紧急事态预案编制的所有责任。

5）确保国土安全部所属部门的与保护国土不直接相关的功能不被削弱或忽略，除非通过国会特别明确的法令许可。

6）保证美国全面的经济安全不因为旨在保护国土安全的工作、行动和计划而被削弱。

7）监控非法毒品交易与恐怖主义的联系，协调各方面工作去切断这种联系，同时致力于阻断非法毒品交易。

美国国土安全部应急管理的组织架构如图 4 - 7 所示。

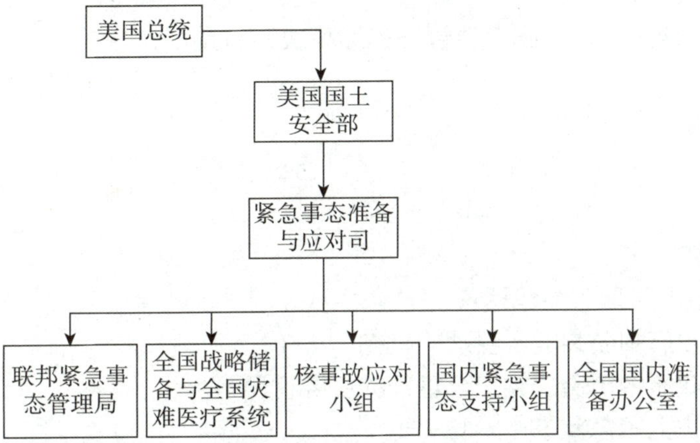

图 4 - 7　美国国土安全部应急管理的组织架构

（3）联邦紧急事态管理局。

作为国土安全部下属的紧急事态准备与应对司所管辖的三级机构，它的职责包括：

1）《罗伯特 · T. 斯塔福灾难救济和紧急事态援助法》中所规定的所有职责和权限。

2）为实现其使命，减少生命和财产损失，保护国家免遭各种危险，要领导和支持国家实施以下全面的、基于风险的紧急事态管理项目：

第一，减除灾害。方法是采取持久的行动，减少或根除人民生命财产遭受各种危险及其后果的长期风险。

第二，制定规划。建立紧急事态管理职业，实现对任何危险有效的准备、减除、应对及从中恢复。

第三，实施应对。方法是采取紧急事态行动，通过配置紧急事态装备和供给，通过撤离潜在的受害者，通过对需要者提供食物、饮水、临时住处和医疗服务，通过提供修复重要的基础设施，拯救生命和财产。

第四，实现恢复。通过重建社区，使个人、企业和政府能够自我运作，恢复正常的生活，保护他们免遭未来的危险。

第五，提高效率。通过协调有关灾害减除、规划编制、应对和恢复工作来提高效率。

（4）州政府的应急管理机构。

根据美国的行政体制，州政府相对于联邦政府具有较大的独立性。在地方的应急管理中，州政府是公共安全管理的主体。美国各州都设置有公共安全管理机构，负责本辖区的公共安全，它们与美国国土安全部不是上下级关系。

练一练

1. 单项选择题

按照美国的法律规定，美国应急管理的最高决策者是：

A. 国土安全部

B. 联邦紧急事态管理局

C. 总统

D. 国防部

2. 多项选择题

美国总统的应急管理职能包括：

A. 设置联邦政府中公共安全管理的机构

B. 任命联邦政府中负责公共安全管理的主要官员

C. 宣布国家进入紧急状态

D. 决定联邦政府对遭受灾难的州的最终的援助方案

E. 制定美国公共安全的整体性政策

3. 简答题

简要回答美国联邦紧急事态管理局的职能。

4. 论述题

试述美国国土安全部的应急管理职能。

知识点3 联邦制国家公共安全管理组织的效力

我们通过对联邦制国家的行政组织结构的分析和对美国（联邦制国家）应急管理组织体系的了解，可以对联邦制国家公共安全管理组织有了基本的认识，对它们之间的关系也有了整体性的把握。

（1）政府首脑是国家公共安全的最高领导和决策者。

（2）联邦政府的应急管理部门负有专项职责，在国家重大的突发事件和紧急事态中是责任主体（比如对外战争、跨州的突发事件、超出州政府能力的突发事件）。

（3）州政府（国家成员单位，有的不叫州，自己也称国）是本辖区突发事件应急管理的主体。

（4）州政府在进行突发事件应急管理时，若认为超出了自身的范围和能力，可以向联邦政府报告求援。

（5）联邦政府的应急管理部门与州政府之间不是上下级关系，联邦政府的应急管理部门在接到州政府的求援后只是响应和援助，并没有领导和指挥的权力。

（6）州政府在本辖区的突发事件应急管理中是主体，是领导者、决策者和指挥者，本辖区内的县、市及社区等各级应急管理组织要配合和服从。

练一练

论述题

以美国为例，试述联邦制国家公共安全管理组织的效力框架。

第四节 EM 中的非政府组织运作模式

知识点 1 人道主义组织：红十字会

我们一般的理解是：红十字会是一种志愿的、国际性的救护、救济团体，战时救护伤病军人和平民，平时救济自然灾害和其他灾害的受难者。

1863 年 2 月 9 日，在瑞士人亨利·杜南的倡议下，成立了“伤兵救护国际委员会”，这是世界上最早成立的红十字组织，是瑞士的一个民间团体。1880 年改为红十字国际委员会。它完全由瑞士公民组成，并受瑞士法律的保护和约束，总部设在日内瓦。其最高权力机构是每年一次的全体大会，大会闭幕期间由执行局领导日常事务。该委员会的宗旨是在战争中行善。根据《日内瓦公约》的规定，该委员会以中立团体的身份对战争受难者进行保护和救济，受理有关违反人道主义公约的指控，致力于改进和传播人道主义公约，与有关团体合作培训医务人员，发展医疗设备。

1965 年，在维也纳第二十届国际红十字会大会上，正式通过了七项红十字基本原则，这些基本原则成为国际红十字会开展活动的依据。这七项基本原则是：人道、中立、公正、独立性、志愿服务、统一性、普遍性。

（1）人道。成立红十字会的本意是要不加歧视地救护战地伤员。在国际和国内两方面，努力防止并减轻人们在各种情况下产生的痛苦，不论这种痛苦发生在什么地方。红十字会的宗旨是保护人的生命和健康；保障对人的尊重，促进人与人之间的相互了解、友谊和合作，促进持久和平。

（2）公正。红十字运动不因国籍、种族、宗教信仰、社会地位、政治见解的不同而有所歧视，只是努力救济受难者，并优先救济受难最深而急需救济的人。

（3）中立。为了继续得到所有人的信任，红十字会在冲突的双方之间不偏袒任何一方，任何时候也不参与带有政治、种族、宗教或意识形态色彩的争论。

（4）独立。红十字运动是独立的。虽然各国红十字会是本国政府的人道工作助手并受本国法律的制约，但必须尽可能保持独立性，以便任何时候都能按红十字会原则行事。

（5）志愿服务。红十字运动是个志愿救济团体，建立红十字会绝不期望以任何方式从中谋求什么好处，而是志愿奉献。

（6）统一性。任何一个国家只能有一个红十字会（总会）。它必须向所有的人开放，必须在全国范围内开展人道主义工作。

（7）普遍性。红十字会是世界性的机构，所有红十字会在这个机构享有同等地位、责任和义务，相互支援。

红十字会在突发事件或者紧急状态时的作用主要包括：

（1）现场救援。

（2）对灾后的受伤害人群进行心理安抚。

（3）募捐。

（4）国际救援合作。

复旦大学聂磊专门对我国红十字会参与应急管理进行了研究，他认为红十字会在应急管理中主要有以下三方面的作用：

（1）积极拓展募捐渠道并参与现场救援。在危机状态下，由于各类资源的需求量急剧增加，红十字会积极募捐资源可及时有效地填补政府供给的缺口。针对我国自然灾害等突发公共事件较多的实际，各级红十字会积极拓展募捐渠道，组织和发动各种公益募捐行动，提升了募捐的范围与总体水平，极大地解决了政府在应急管理过程中遇到的资金难题。为了更加有效地利用募集到的资金，红十字会还加强对募集资金的使用与管理，确保募捐援助款落到实处。在应急管理过程中，我国红十字会可以根据自身优势，参与突发事件现场的应急救援活动，如受伤人员的医疗救护、群众的安全转移与安置、受灾群众的基本生活保障等。在现场救援中，它则与消防、警察、医院等共同行动，相互协调与合作。

（2）整合更多的资源协助政府救灾工作。红十字会的积极参与，可以更加有组织地整合更多的资源协助政府的救灾工作，从而形成更大的合力。我国红十字会的备灾救灾机制较为完善，应急能力大大增强，协助政府救灾、发挥助手作用的效果和影响在不断扩大。

（3）提供特殊的专业领域服务。在应急管理过程中，政府部门的更多精力是投入到全面的公共服务之中，而红十字会一个非常突出的作用则在于提供一些特殊的专业领域服务，这主要体现在灾后心理干预方面。突发事件尤其是巨大灾害对当事人的心理冲击往往是巨大的，如果不能使其恢复到正常状态，将严重影响有关人员日后的工作与生活。以往灾难过后，人们救灾的重点是重建家园，对灾民的“心理救助”往往只是一点心理安慰，缺乏科学的心理干预和治疗，以致许多经历过灾难冲击的人出现了各种各样的心理障碍，甚至是比较严重的心理疾病。近年来，我国红十字会非常注重灾后的心理干预工作，不但对自身志愿者进行心理救援的知识教育与技能培训，有条件的地方还建立了由心理咨询师、心理保健师等组成的心理救援组织，以便开展专业性强的心理干预。在此基础上，我国红十字会还开展了对社区骨干分子、参与应急的各类工作人员的心理知识培训。

中国红十字会是我国统一的红十字组织，是从事人道主义工作的社会救助团体，是国际红十字运动的成员。中国红十字会于 1904 年成立，建会以后从事救助难民、救护伤兵和赈济灾民活动，为减轻遭受战乱和自然灾害侵袭的民众的痛苦而工作，并参加国际人道主义救援活动。新中国成立后，中国红十字会于 1950 年进行了协商改组，修改了《中国红十字会章程》。1952 年中国红十字会恢复了在红十字国际委员会中的合法席位。

练一练

简答题

以我国红十字会为例，谈谈红十字会在灾害救助中的作用。

知识点 2 志愿者组织

面对突发事件或紧急状态，每一位公民都希望为减灾救灾出一份力，希望能够参与到应急管理中去，但是如果过多的个人无序地加入，势必会影响应急处置的效率和秩序，也无法保障个人安全。那么如何参与呢？除了参与决策、捐助等方式之外，参与应急管理的另一个有效渠道就是参加志愿者组织。

我们认为，志愿者组织在应急管理中的主要作用有：

（1）壮大救援人力队伍，提高救援水平。

（2）相对降低公共支出成本。

（3）弥补政府行政手段的不足，起到安抚和心理疏导作用。

（4）作为灾民与政府之间的沟通桥梁。

（5）监督应急管理政策的实施和改进。

我们介绍一下美国的志愿者组织——全国救灾志愿者联盟。

美国的全国救灾志愿者组织联盟是在 1969 年 8 月美国墨西哥湾区卡米勒飓风后不久成立的。它由 7 个志愿者组织联合发起，目前有 104 个成员，其中国家级成员 50 个，州和地方性成员 54 个。

美国救灾志愿者组织联盟是一个交流的平台，是一个协调机构，各志愿者组织在此分享它们在抗灾救灾过程中的准备、响应和重建等各个环节的经验和资源，从而帮助受害群体和他们的社区。

美国救灾志愿者组织联盟的理念如下：

（1）对全民的关爱和热情是一切工作的基础。

（2）以协调和全面的方式为抗灾救助机构的成长创造良好的环境。

（3）通过引进先进的方式和相互问责，最终达到救灾时的互动和配合。

（4）以兢兢业业、心平气和、公平公正的状态完成工作任务。服务机构之间相互信任和尊重，平等的合作关系是核心要素。

（5）为真正的协作提供希望，开辟新路，创造机会是联盟的生命线和灵魂。

美国救灾志愿者组织联盟开展救灾工作的四个阶段如下：

（1）预防：成员组织可以在社区进行宣传教育，向救灾项目和立法机关提出建议，力争减少未来灾害可能造成的损失。

（2）准备：制订救灾计划，培训救灾应急人员。

（3）响应：成员组织可以从事大众关爱的服务工作，比如提供食品、衣物和临时住所。

（4）重建：成员组织可以与政府和社区组织建立合作关系，共同帮助受灾人群应对短期内无法克服的困难。

在应急管理特别是救灾中，澳大利亚在发挥志愿者作用方面有其自身的特点。

在澳大利亚，当灾害发生时，许多组织机构和民众都会参与抗灾行动。在每一个州或领地，参与抗灾的有警察、正规消防队、急救队，更有多种形式的志愿者抗灾组织，如州应急服务中心、森林防火队、圣约翰急救队、冲浪救生俱乐部、营救服务站等。许多人虽然不是救灾组织成员，但也会积极参与抗灾行动，从而成为抗灾的临时志愿者。

在澳大利亚，应急响应志愿者组织有大致 50 万名训练有素的志愿者，他们占澳大利亚人口的 2.5%，而警察、消防队等政府抗灾人员仅有 6.4 万人。所以，在澳大利亚，志愿者是抗灾的主力军，他们来自社区，服务于社区。志愿者大量参与社区的减灾和备灾活动，极大地强化了志愿者在澳大利亚社会的影响和价值。

州应急服务中心是众多志愿者抗灾组织较为普遍的一种形式。州应急服务中心是帮助社区处理洪灾和暴雨的应急和营救的志愿者组织。在新南威尔士州，有 230 个州应急服务中心站点，分布于各社区，志愿者成员 1 万人，有常规工作人员 60 人组织和维持州应急服务中心的日常运作和应急服务。州应急服务中心的任务是编制社区洪灾规划，帮助气象局发布官方的洪灾和暴雨警报，疏散和救助被困居民及其财产，进行灾害公共教育。

以志愿者为主体的抗灾队伍是社区备灾建设的核心组成部分，这充分体现了澳大利亚灾害管理的特色：充分准备的社区。事实上，澳大利亚高层抗灾规划者和管理者都把社区看成国家抗灾的基本力量。志愿者不是业余的，他们必须参与培训，且须达到职业标准，要能够熟练操作各种复杂的抗灾设备。志愿者组织要对志愿者进行一系列培训（包括水上划船、安全急救、灾害财产保护等）。

中国青年志愿者协会成立于 1994 年 12 月 5 日，是在中国共产主义青年团中央指导下，由志愿从事社会公益事业与社会保障事业的各界青年组成的全国性社会团体，由依法成立的省、自治区、直辖市青年志愿者组织和全国性的专业、行业青年志愿者组织和个人自愿结成的全国性的非营利性社会组织，是全国青联团体会员、联合国国际志愿服务协调委员会（CCIVS）联席会员组织。协会通过组织和指导全国青年志愿服务活动提高青年的整体素质，为经济社会的协调发展和全面进步作出贡献。协会在宪法和法律的范围内开展工作，奉行“奉献、友爱、互助、进步”的准则。

中国青年志愿者协会自成立以来，积极参与突发事件应急管理。例如，在抢险救灾领域，组织动员了超过 491.4 万名志愿者参加汶川特大地震、5 900 名青年志愿者参加玉树地震、3 000 名青年志愿者参加舟曲泥石流的紧急救援和灾后重建志愿服务。

第五章

公共安全管理的系统支撑

学习导引

本章从另一个角度对公共安全管理进行分析和讨论，把参与突发事件应急处置的所有主体、运行机制、物资设施等都纳入管理系统，根据其主要作用分为指挥系统、通信和信息系统、资源管理系统、后勤保障系统。其中，指挥系统起主导和核心作用。这些系统围绕应急管理的目标有序运转，提高应急管理的水平和效率。

学习目标

（1）掌握公共安全系统及其子系统的构成。
（2）重点理解指挥系统的重要作用、基本要求、组织架构和特征。
（3）能够提出根据实际建设指挥系统的基本方案并论述其优势和不足。
（4）知悉通信和信息系统在现代公共安全管理系统中的重要作用。
（5）了解资源管理系统的主要构成，学会如何构建资源管理系统。
（6）能够掌握常态管理中物资设施设备的准备与应急处置中资源管理的关系。
（7）能够从后勤保障的视角理解人力资源对应急管理的重要意义。
（8）掌握应急管理后勤保障系统的主要内容。

知识结构

这一章的内容较为集中，在理解上没有太大困难，主要是要把握好内容的结构和条理。从系统结构的角度去看待这些内容并不难，但是不同的子系统在有些内容上是交叉的，本章作为特殊问题进行了讨论，这一点要引起大家的注意。

本章的主要内容用层次结构图表示如下：

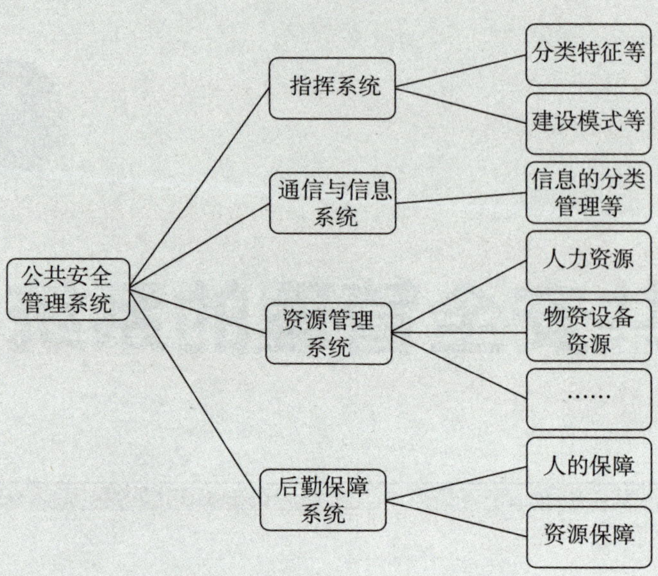
公共安全管理系统
指挥系统
分类特征等
建设模式等
通信与信息系统
信息的分类管理等
资源管理系统
人力资源
物资设备资源
……
后勤保障系统
人的保障
资源保障

第一节　公共安全管理系统概述

知识点1　管理系统

对于管理系统，在不同的语境下有不同的解释。最常见的是作为计算机软件出现的关于某一个特定领域的管理系统，如自然灾害管理系统、全国全日制普通高校本科学生管理系统等。

还有一种分类意义上的解释，即把一个组织内部分成若干门类，负责决策、行政支持、后勤保障的部门一般统称为管理系统，以区别于特有的那些专门部门。

管理学上把由管理者和管理对象组成的、由管理者负责控制的、围绕某个特定目标运转的组织或组织的集合，称为管理系统。

我们在本课程中采用第三种解释。

全面、准确地理解这个概念，需要把握以下几点：

（1）一个管理系统必须包括管理者和管理对象两个主要部分。

（2）管理者和管理对象不是对等关系，管理者起主导作用，一个管理者可以有多个管理对象。

（3）一个管理系统必定有自身的目标，是为了某个目标才建立或形成的，否则系统就没有存在的意义，会自然消亡。

（4）管理系统内部有一定的原则和流程，也可以称为运行机制。

（5）在一个系统为管理对象的人或者组织，在另一个系统中可能成为管理者。

练一练

1. 单项选择题

下列关于对管理系统的说法，错误的是：

A. 管理系统包括管理者和管理对象

B. 管理者和管理对象是平等的主体

C. 管理系统一定有明确的目标

D. 管理系统有自身的运行机制

2. 多项选择题

对于管理系统，以下说法正确的是：

A. 包括管理者和管理对象两个主要部分

B. 管理者起主导作用

C. 有自身的目标

D. 有一定的原则和流程

E. 特指专业系统之外的后勤服务系统

3. 简答题

什么是管理系统？如何正确理解管理系统？

知识点 2 公共安全管理系统

按照我们对管理系统的解释，公共安全管理系统就是在公共安全领域，以实现公共安全为目标，由管理者和管理对象共同组成，由管理者负责控制，遵循一定的程序运转的整体。

我们有必要来讨论一下这个表述，以便大家能够理解和掌握。

（1）公共安全的管理者。在常态管理中，政府是公共安全管理的责任主体，这是一个相对笼统的说法，各级政府按照行政权限对各自范围内的公共安全负责，主要是制定政策和制度，配备、修缮、准备公共安全设施设备及物资，进行公共安全教育和人员培训等，进行减灾和预防；在遇有突发事件时，必须把管理者具体化，明确是哪一级政府、政府中的哪一个部门负责，然后由这个主体作为管理者进行决策、调配所有资源，进行全面协调。所以，政府遵循分级负责、属地为主的处置原则，不同层级的政府或者政府部门在一个突发事件中可能是管理者，在另一个突发事件中可能是相应的资源构成部分。

（2）公共安全管理系统中的管理对象到底包括什么呢？注意，它不是公共安全的管理对象，而是参与公共安全管理的各个主体。这个理解会需要进行一些思辨：我们认为公共安全管理的对象是突发公共事件及其预防，公共安全管理的目的是减少突发事件、降低突发事件造成的损失、防止突发事件的事态扩大、对受到损失的对象进行救助并进行恢复和重建；公共安全管理系统中管理对象应当是除管理者之外的各有关主体及其运行机制。

（3）在公共管理系统中，管理者居于主导和控制、负责的地位，进行全面的、统一的管理，进行决策、下达指令、监督执行、根据反馈修正决策、调配人员力量和物资等，相当于整个管理系统的大脑和司令部。

（4）管理者与管理对象共同有效处置突发事件，从这个角度我们就能把公共安全管理的对象与公共安全管理系统中的管理对象进行区分了。所有的公共安全管理系统中的其他主体都需要服从和配合管理者的指令和调配，并遵循既定规则（机制）进行工作。

从这样的视角进行完整、细致的分析后，我们大体可以得出这样的一个结论：公共安全管理系统这个概念与我们经常讨论的公共安全管理体制在构成要素上基本相同，但是公共安全管理系统是把这些要素作为一个整体性的系统进行认识，把这个系统中的要素分成两大部分，一部分是居于主导地位的管理者，另一部分是处于配合位置的系统内其他的所有主体及机制，是换一个视角对公共安全管理系统的功能和定位进行分析。

我们一般把公共安全管理系统分成指挥系统、通信与信息系统、资源管理系统和后勤保障系统，具体如图 5－1 所示。

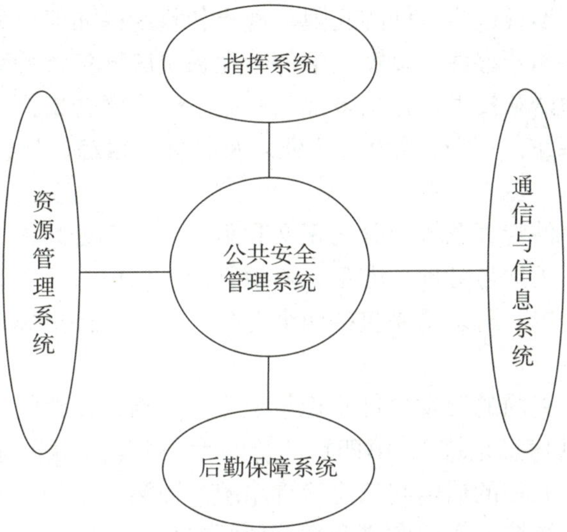

图 5－1 公共安全管理系统的构成

练一练

1. 单项选择题

一般把公共安全管理系统分为四个组成部分，下列选项中不属于这个系统的是：

A. 指挥系统

B. 后勤保障系统

C. 资源管理系统

D. 生态管理系统

2. 简答题

什么是公共安全管理系统？

知识点 3 美国的突发事件管理系统

2003 年 2 月 28 日，小布什总统发布了关于美国国土安全的第 5 号行政命令 (HSPD-5),要求即将上任的国土安全部部长主持制定一套突发事件管理系统。“这一系统将为联邦、州和地方政府提供一套共同工作的高效率、高效益的全国性手段，用于国内突发事件的准备、应对和从中恢复，不管这些事件的起因、规模和复杂性如何。为了提供在联邦、州和地方之间的相互通用性和兼容性，该突发事件管理系统应该包含一套核心的、适用于整个系统的概念、原则、术语和技术，包括多部门协调系统、联合指挥、培训、资源的确认与管理（包括资源分类系统）、资格授予与认证以及收集、跟踪、报告突发事件信息和突发事件资源。”

美国《全国突发事件管理系统》分为正文和附录两大部分。正文共有 7 章，主要内容包括基本概念和原则、指挥与管理、准备、资源管理、通信与信息管理、支撑性技术以及本管理系统的修订与改进。附录主要包括两个部分：突发事件指挥系统和全国突发事件管理资源分类系统。

有学者分析认为，美国的突发事件管理系统主要是指第二章的突发事件指挥系统（含多部门协调系统和公共信息系统）、第四章的资源管理系统（含附录中的全国突发事件管理资源分类系统）和第五章的通信与信息管理系统。而第一章的突发事件管理基本概念和原则旨在为整个管理系统统一术语含义和规范原则内容；第三章的准备则是为预防和应对突发事件而必须开展的具体工作，包括应对能力建设、预防措施、出版各种手册和指导等；第六章的支撑性技术规定了保证突发事件管理系统正常运转的技术和技术手段，虽然文件中称之为“系统”，其实它并没有系统的作用；第七章则是对全国突发事件管理系统的改进与修订的安排。按照这样的理解，可用图 5－2 来表示美国突发事件管理系统。

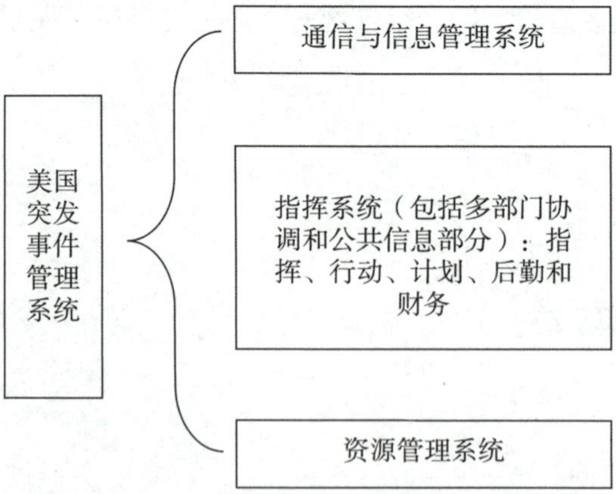

图 5－2　美国突发事件管理系统

美国突发事件管理系统是一种通用的管理系统，按照美国国土安全部的说明，它不仅可以用于组织现场的短期行动，也可以用于组织现场的长期行动；它不仅适用于一般的突发事件，也适用于复杂的事件；它既可用于自然事件，也可用于人为事件；它既能为各级政府所采用，也能为私营企业和非政府组织所采用 。也就是说，在美国发生了突发事件，基本上都会按照这一套管理系统去应对和处置。

我们认为这样的全国统一的突发事件管理系统还是有其优点的：

（1）全国在对突发事件用统一的含义和规则认知之后，遵循同样的规范进行应对，减少了具体人员的随意性。

（2）可以有效避免交流沟通上产生的歧义。

（3）各部分参与者都知道自己处于系统中的位置和作用，方便各司其职。

（4）对于联邦制国家，由于联邦政府与州（国家成员）、州与州之间的法律关系，这样一个具有普适性、标准化的管理系统能够提高应对突发事件的整体效率。

美国的突发事件管理系统是根据美国的具体情况制定的，有其积极的参考价值，但是美国的这个系统并不能很好地契合我国的国情，我国的突发事件管理系统需要我们在科学理论的指导下，以我国的实践为对象进行探索和总结。

练一练

简答题

美国突发事件管理系统包括哪些内容?

第二节　突发事件应急指挥系统

知识点 1　应急指挥系统的重要性及基本要求

简单来说，指挥就是发出指令进行调度。但是在实践中，任何时候指挥都不是一件简单的事情。

例如，一支乐队的指挥，实际上是整个乐队的大脑和口令下达者，各音部、各种乐器都会根据指挥的要求和示意进行演奏，才能共同奏出美妙的乐章，只要有哪怕一个乐手没有跟对指挥的节奏，就会出现不和谐的声音，也表达不出音乐的本意。这也有个前提，就是指挥本身对要演奏的曲目十分清楚，并有着深入的理解，对每一个音部都有很好的掌控。

应急指挥不同于乐队指挥。它比乐队指挥的难度更大、要求更高。因为既然是应急，就不是常规、不是常态，是在不可预料的情形下突然发生的，而且无法预判其走向，存在诸多不确定因素。乐队指挥可以而且必须提前对曲目烂熟于心；乐队的组成人员一般也是经常在一起排练；每一乐章在演奏前都是清楚的，中间不会也不能发生改变；乐队指挥是一个人，而突发事件应急管理的指挥是包含多种要素的集合。

如果我们用人体的某一组织来类比，那么突发事件指挥系统就如同我们的大脑以及全身的神经系统的组合，当我们遇到紧急状况时，需要：

（1）收集眼睛、鼻子、耳朵、皮肤等各感知器官传来的危险信号。

（2）大脑在分析信号后作出判断。

（3）大脑作出下一步的反应。

（4）通过神经系统下达指令。

（5）根据反馈再决定，直到危险解除。

（6）学习和总结。

那么，我们是不是可以通过这个过程来认识一下指挥系统的重要性呢？若是一个人感知迟钝，对各种危险不敏感，就会失去一些机会；大脑如果不能很好地研判感知的信号，就作不出恰当的决策，或者说对感知的信号作出错误的判断，那必然会受到现实的残酷惩罚；神经系统不健全，大脑即使作出了判断和决策，有些悲剧仍难以避免。所以，指挥系统是指通过一个共同的组织架构，协调和联合所有设施、装备、人员、程序和通信，用来确保对国内突发事件的高效率、高效益管理的管理系统。

突发事件应急指挥系统相当于大脑和神经系统的集合体。对各种突发事件管理的有效与否、有效程度，都集中表现在指挥系统的有效性上。

正因为突发事件指挥系统如此重要，所以为保证突发事件应急管理的效果，这个指挥系统必须符合以下几点要求：

（1）结构优良。突发事件指挥系统的构成要件要完整、健康，并围绕突发事件的处置进行有序组合。

（2）反应灵敏。突发事件虽然不可预测，但是并非完全不可感知，同时处置过程中还需要不断地收集信息，对决策给予反馈和进行修正。

（3）运转灵活。突发事件指挥系统的各构成要件需要各司其职，按照既定程序和规则运行，才能从根本上灵活，而不是各唱各的调、各走各的道。

（4）权威高效。权威得到管理对象更加主动的配合，整个系统才会更加高效。

练一练

1. 多项选择题

为了实现应急管理的核心目标，指挥系统应当符合的基本要求包括：

A. 结构优良

B. 保障有力

C. 反应灵敏

D. 运转灵活

E. 权威高效

2. 简答题

如何理解应急指挥系统及其重要性?

3. 论述题

试论应急指挥系统应当符合的四项基本要求。

知识点 2 应急指挥系统的类型及组织架构

各个国家的体制不一、国情不同，突发事件应急指挥系统在组织上也肯定不同；不同诱因导致的突发事件也不能用一个模式、一种方法去处置，所以应急指挥系统有所不同，或者可以进行分类也是在情理之中的。但是，突发事件应急处置的指挥系统是有其自身的基本要求和共性规律的，无论如何变化，其宗旨和基本功能是不变的、共同的。

有的学者把突发事件应急处置指挥系统分为执行型应急指挥系统和决策型应急指挥系统两种类型，两者在用户、用户载体、处置事件的特点等方面存在明显不同。

执行型应急指挥系统的用户是接警处值班员，用户载体一般是一个行业、一个部门或者一个企业组织的应急指挥中心，通常以单一、个案为主，处理时间比较短。如 110 治安报警、120 急救、119 火灾等关联的应急指挥系统。

决策型应急指挥系统的用户是应急指挥长，用户载体是国家、省、市应急指挥中心，通常以群体、群案为主，处理时间比较长。如发生地震、矿难、劫机等事件时则需要决策型应急指挥系统。

上述两种类型应急指挥系统的对比见表 5－1。

表 5－1　　两种类型应急指挥系统的对比

比较项	执行型应急指挥系统	决策型应急指挥系统
使用者	管理执行层（值班人员）	管理决策层（应急指挥长）
用户载体	行业、部门、企事业单位应急指挥中心	国家、省、市应急指挥中心
处理依据	工作人员个人经验、个案	预案、法律、专家经验
处理事件类型	紧急救助服务	突发公共事件
设计理念	快速响应、精确执行	风险识别、风险决策
处理时间	短	长
对待公众	无须告知	信息公开
系统设计	以技术人员为主	以领导、业务人员为主
投资重点	以硬件为主	以软件为主

上述分类在理论上和实践中是不是有些不妥呢？我们从公共安全管理系统、突发事件等核心、基础的概念出发来分析一下：

（1）什么事件才算是我们讨论的突发事件呢？是不是社会成员个体或者家庭突然发生一件事就能够称为“突发事件”？

（2）指挥系统必须进行非程序决策，这是突发事件的基本要求，不需要进行决策、按个人经验就可以处置的事件本身不构成本课程意义上的突发事件，其处置也不能称为指挥。

（3）突发事件应急处置中必须信息公开，维护利益相关者的知情权和参与权，没有哪一个突发事件是“无须告知”公众的。即使需要保护个人隐私，也并不妨碍事件信息的公开。

（4）突发事件的一个特点就是发展的不确定性，能够精确执行处置的事件不能算作突发事件。

（5）政府的行政管理、公共管理既有应急处置，也有常态管理，我们不能把常态管理中提高管理水平和效率的手段作为管理学上突发事件的应急处置进行讨论。

（6）应急指挥系统是一个包括管理者和管理对象的整体，包括决策，也包括下达指令，但是下达指令只是系统的一部分，不能代表全部。

基于上述几点分析，想必大家对把应急指挥系统分为执行型应急指挥系统和决策型应急指挥系统是否恰当已经有了一个比较全面的认识。

那么，应急指挥系统要不要分类？如何分类呢？我们讨论和研究的应急指挥系统是抽象的、一般意义上的、共性的，不是具体的、针对某一件具体事件的、特殊的，是属于突发事件应急管理的一般规律性的内容，强行进行分类并没有太大的必要性。

我们以美国突发事件应急指挥系统为例讨论一下应急指挥系统的架构。

美国国土安全部将突发事件指挥系统的组织功能确定为 5 个方面，其核心是指挥功能，即指挥系统的大脑，其他分别为行动、计划、后勤和财务，可看作该系统的功能性器官，因而就将其组织依据这 5 种功能需求确定为 5 个部门。具体如图 5－3 所示。

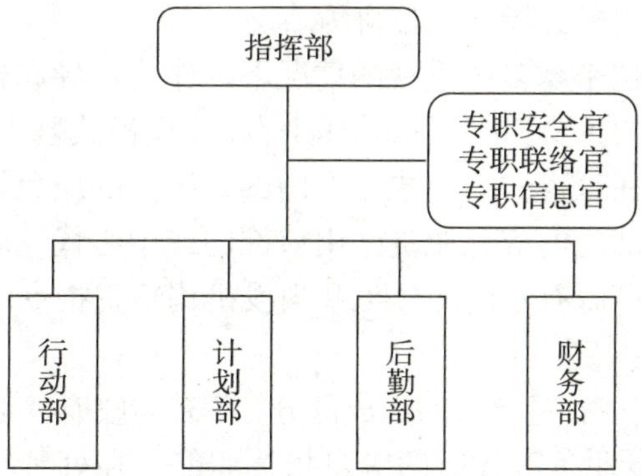

图 5－3　美国突发事件指挥系统的部门构成

可以看到，美国国土安全部在构架其突发事件应急指挥系统时，考虑的不仅仅是决策和传达指令，而是对应对突发事件必备的几个要素进行了职能的配备，形成了专业性比较强的组织结构。

我们理解的突发事件指挥系统就应当是整体公共安全管理系统中的管理者，主要包括决策、分析、传达等。

练一练

简答题

请结合突发事件的定义，谈谈你对将指挥系统分为执行型应急指挥系统和决策型应急指挥系统的看法。

知识点3 应急指挥系统的建设模式

建设模式是指为了建立起有效且符合实际情况的应急指挥系统，采取什么方式和路径把相关的主体的机制组织起来。现在，大家都有了一定的公共安全意识，多数国家也都具备一定的公共安全管理的基础，只是基础情况不同，有的力量强一些，有的却组织松散、指挥不畅、运转不灵，有的多头指挥、各自为战。

在公共安全得到政府越来越多的重视的情况下，作为主导和核心，应急指挥系统是政府建设公共安全管理系统的重要抓手。从总体来看，建设模式基本上可以归纳为以下三种：

（1）统一集权模式。在该模式下，成立专门的、统一的应急指挥部门或称应急指挥中心，统筹和整合政府各个部门的应急职责，由该部门或中心代表政府行使应急指挥权，在这个部门或者中心内部，可以有不同的分工和内设机构负责指令的传达。

这个模式的特点如下：

1）这个专职的部门或中心是政府的组成部分，享有与政府其他部门一样的权力和地位。

2）这个部门或中心专职负责政府的应急指挥职能，在处置突发事件时，是政府的唯一代表。

3）根据突发事件的类型和处置工作的需要，该部门或中心有权向政府其他部门传达相应指令，调配各种资源。

4）该部门或中心代表政府承担指挥失误或不力的责任。

优势：责任清楚，运转效率高。如我国在2018年3月成立的应急管理部就整合了原来多个政府部门的应急指挥职责，提高了工作效率。

（2）分布式授权模式。在常态管理中，政府不设置专门的应急指挥部门或中心，政府的各职能部门平时在自己的领域权限内负责防灾减灾，在突发事件发生后，政府最高长官根据突发事件的原因类型，授权相应的政府部门承担该突发事件应急处置的指挥职能。

这个模式的特点是：

1）日常没有代表政府专门行使应急指挥的部门或中心。

2）哪一个政府部门承担应急指挥是由政府长官根据突发事件的类型授权指定的。

3）一旦被授权，该部门就必须承担指挥功能，有权调动政府其他各部门的资源。

4）该部门承担指挥不力的责任。

优势：不需要大的投资和机构改革，专业性更强。如不同的自然灾害分别由地震、水利、建设、民政等部门承担，社会安全事件可以由公安等部门承担，公共卫生事件由卫生部门承担，生产事故由安监部门承担等。

（3）协同合作模式。这是指多个不同领域、不同层次的政府部门网络式组合，根据处置突发事件的需要，按照约定的流程分工协作、联合行动。

这个模式的特点是：

1）没有核心部门，各有关政府部门形成网络式结构，都是指挥网络中的一个节点。

2）工作流程事先确定，节点清晰，各部门在处置突发事件时都自觉遵守流程。

3）各部门各司其职。

4）由最高政府统一承担相应责任。

练一练

1. 简答题

请问应急指挥系统从建设模式的角度可以分为哪三种？

2. 论述题

试论述应急指挥系统的三种建设模式及其特点。

知识点 4 应急指挥系统的指挥方式

大家都已经知道，导致突发事件的原因不同，突发事件本身的范围和影响也不同，所以无论是单一制国家还是联邦制国家，对突发事件都实行分级制。同时，突发事件都发生在一定的地域空间，且有一定的分布，要视其所在区域安排应急力量。按照突发事件的性质、范围和影响，应急指挥系统在行使指挥功能时一般分为以下三种基本方式：

（1）单一应急指挥。诱因单一的突发事件，发生在一个特定的区域，没有跨辖区且功能重叠时，一般由一个部门作为单一指挥行使全面管理职能，同时可能需要调配其他部门的应急资源统一使用。这种方式一般是在制定应急预案时，经过充分讨论协商达成一致，在预案中进行了具体的规定，应急预案一经启动，该应急指挥方式就发挥作用。

（2）区域应急指挥。区域应急指挥类似于我们平时所讲的前线指挥部，除去中央政府之外，每一级政府都可能承担区域应急指挥的职能，同时也可以授权下一级政府作为区域指挥者。区域指挥负责制订行动计划，明确各有关事务的轻重缓急、应急处置要实现的目标及需要的资源、各参与主体的职责和指令传达方式。这种方式一般用在生产事故类突发事件应急处置之中。

（3）联合应急指挥。采用这种方式一般是因为没有专门的、统一的应急指挥部门或中心，突发事件规模较大、情况复杂、跨越不同的区域甚至行业部门的职能，一旦处置不当，会有进一步扩散或多种因素耦合的风险，因此需要经过快速协商，由相关区域的多个部门打破权限和地域限制，共同指挥应对，共同实现应急处置目标。

练一练

1. 单项选择题

应急指挥系统的指挥方式有三种，下列选项中有一项是错误的，它是：

A. 区域应急指挥

B. 联合应急指挥

C. 单一应急指挥

D. 多人共同指挥

2. 论述题

从突发事件应急处置的需要出发，你认为单一应急指挥、区域应急指挥、联合应急指挥三种指挥方式中的哪一个更加符合我国的实际情况？

知识点5 应急指挥系统的基本特征

有学者把美国突发事件应急指挥系统的特征归纳为以下14个：

（1）通用的术语。无论是信息、决策、指令下达还是执行，凡是涉及一个概念术语，其含义是统一、限定、清楚的，不需要讨论。

（2）模块化组织。即按照指挥、行动、计划、后勤、财务区分不同的模块，模块之间也会有沟通，但是职责更清楚。

（3）目标管理。突发事件的应急指挥总体目标都是一致的，具体事件的处置目标会有不同，以处置目标为中心确立指挥的各项决策措施。

（4）依行动预案。行动预案是多年、多个突发事件应急处置的经验性总结，不同的突发事件都有相应的行动预案，一旦发生突发事件，立即启动预案，快速反应。需要注意的是，不是有了预案就不需要指挥、一切按预案办理。突发事件都有不确定性，都在变化之中，行动预案只是初步的、一般性的方案，在执行过程中要不断根据具体情况进行调整。

（5）可操控的控制区间。这是指保证指挥的效力，指令可得到有效的执行。

（6）预置的突发事件场所与设施。如应急避难场所的建设与管理等。

（7）全面的资源管理。指挥系统对所需的一切政府和社会资源拥有调配动用权限。

（8）综合通信。这是指通信与信息的综合、完整及有序流动，特别是指令下达渠道的明确和畅通。

（9）指挥的建立与转移。按照突发事件的性质和规模确立具体的指挥者，包括进一步指定区域指挥。

（10）指挥的链条和指挥的统一。指挥系统不是一个人，而是按照层级和类别形成的组织架构，需要保证指挥的统一性。

（11）联合指挥。跨区域、跨部门职责时需要吸收、组织力量打破常规界限，这也是非程序性决策的体现。

（12）责任性。每一个指挥者、传达者、组织者都承担与其职责对应的责任。

（13）调度。这包括调度的责任人和指令，以及调度的对象即资源。

（14）信息管理。高度重视突发事件的信息，有助于决策判断和指令的有效、清晰下达。

这样的内容与我们平时所讲的“特征”存在明显的不同，有的只是美国突发事件应急指挥的运作要求和方案，很难称之为特征。

参考上述学者的归纳和研究，我们认为应急指挥系统应当具备以下几个基本特征（不同于基本要求）：

（1）权威性。应急指挥系统应当而且必须是应急管理的权威，它既是通过授权形成的权力的权威，也应当是业务的权威。应急指挥系统不发出错误指令，其他参与系统即管理对象愿意配合、主动配合。

（2）机制的高效性。应急指挥不同于常态管理，容不得拖拉和推诿，从信息流转、决策方案、指令传达、资源调配都必须是高效率运转，这里的高效不仅仅是速度上的快，还包括方向上的正确。

（3）用语和概念清晰、规范和准确。所有的用语在内涵和外延上都是清晰的，所有的参与者都知晓。如果超出已经设定的范围，会在第一次使用时作出清楚的规定性说明。

（4）严格的规则和明确的责任性。突发事件本身具有不确定性，这对应急指挥者提出了高于常态的要求，不能有丝毫的马虎和大意，更不能随个人意愿恣意妄为，必须按照严格的规则和流程，每一个环节都得到不折不扣的执行，同时责任也十分明确，违规者必将受到追究。

（5）授权的有限性和监督的广泛性。基于应急管理指挥本身的特点和要求，虽然需要对应急指挥系统进行权威授权，但是必须是有限授权，表现在：一是突发事件、紧急状态下负责指挥时，不得干涉政府其他部门的常规管理；二是对资源统一调配，但不是随意调配；三是紧急事态结束后，应急指挥不再下达任何指令。基于非程序性决策的特点，指挥系统的运行必须受到广泛的监督，既包括管理对象的监督，也包括来自公共安全管理系统之外的监督，防止权力的滥用。

练一练

1. 多项选择题

应急指挥系统的特征包括：

A. 权威性

B. 高效性

C. 用语和概念清晰、规范和准确

D. 严格的规则和明确的责任性

E. 授权的有限性和监督的广泛性

2. 简答题

简要陈述应急指挥系统“授权的有限性和监督的广泛性”的内容。

3. 论述题

试论述应急指挥系统的特征。

第三节　通信与信息系统

在突发事件管理系统中，通信与信息管理系统是指挥系统的依赖系统，是整个突发事件管理系统的神经网络，是指挥系统运转和各部分功能协调运作的关键条件。可以说，它影响着指挥、协调、调度的有效程度。

反映战争、谍报的电影电视作品中经常会出现这样的情景：有事先破坏敌方通信设施的，有为了保障通信畅通不惜身处险境的，有因为传递一个重要信息而付出生命代价的，等等。这些都说明了通信与信息的重要性。在通信、网络高速发展的现实里，应急管理的通信与信息的重要性更加凸显。2008 年 5 月汶川地震期间，震区通信中断，我国的北斗系统发挥了巨大作用。

知识点 1　通信与信息系统

通常来说，通信系统一般是指用以完成信息传输过程的技术系统的总称。信息系统是实施信息的收集、分析、传递和发布的一整套机构。通信系统是信息系统的工具，信息系统是通信系统的综合应用。

通信系统是设施、硬件设备，信息是通过这些设备设施传输的内容。

在应急管理系统中，通信和信息子系统是极其重要的支撑，每一个参与应急管理的主体都需要它，它像人体的神经一样遍布所有的器官。

通信与信息系统在公共安全管理系统中的服务对象以指挥系统为主，但不限于指挥系统，所以把通信和信息系统简单地归到指挥系统中是不妥的，会淡化该系统在应急处置中的重要作用。本教材把通信和信息系统单列出来，是公共安全应急管理系统运行中通信和信息系统重要性的体现，也是其自身不断发展完善的结果。

有的学者认为通信和信息系统在突发事件应对的过程中起决定性作用，这就过分夸大了其功能。在所有的应急处置中，起决定作用的永远是人，是指挥者，通信和信息系统是重要的支撑，在某个突发事件中，通信和信息系统可能发挥了关键作用。

练一练

简答题

通信和信息系统在应急管理系统中的地位和作用是什么？

知识点2 通信系统的分类

通信系统的类别不是应急管理的重点内容，但是基于其重要性，这里简要介绍一下，以使读者了解这方面的知识。

现代通信按照通信的主要业务分为电话、数据、传真、图像；按照传输的介质分为有线和无线两种，无线通信包括电磁和光两种传输方式。

介绍通信系统分类的目的在于使大家有个基本的了解，从而在制定应急处置预案或者面对突发事件时能够想到有多种通信系统可以选择。

练一练

简答题

现代通信系统的分类是怎样的?

知识点3 应急信息的管理

在应急管理系统中，信息的构成复杂多样，信息的数量庞大无比，因此必须对这些信息进行基本的分类，并按照不同的类别进行管理，从而真正发挥通信和信息系统的作用。

我们首先讨论一下信息的分类。

（1）按照信息所表达的主体，我们可以把信息分为人的信息、财产的信息、资源的信息（见图5-4）。突发事件的应急管理中有一个基本原则，就是以人为本，关于人的信息无疑是所有突发事件中最重要的信息，无论是灾民的伤亡人数、生存者的基本情况，还是参与求助的人力资源情况，都属于人的信息。我们在突发事件应对中，经常要求先救人。在火灾、水灾、重大交通事故等现场处置中，要求所有人员先撤到安全位置，强行命令不准携带任何物品。

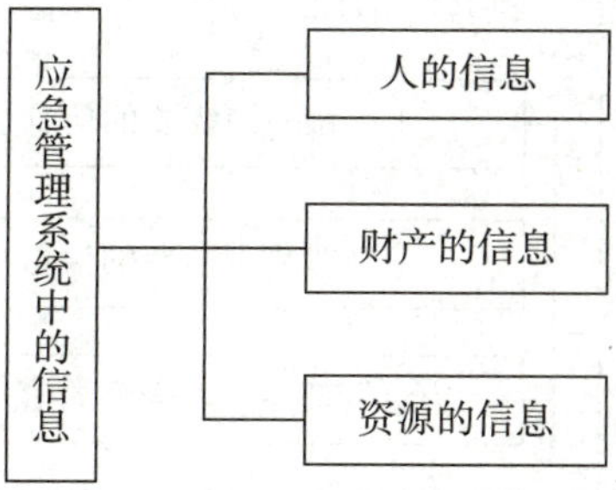

图5-4　应急信息按所表达主体分类

（2）按照信息的流向，我们可以把应急信息分为上报信息、下传信息、向社会公布的信息（见图 5-5）。上报信息非常重要，它关系到管理者的决策，相应会影响应急力量的投入和调配等。下传信息是指按照管理系统的层级结构，由指挥者向下传达的指令。向社会公布的信息是信息公开中要求的向社会公布的有关突发事件的信息，这是需要进行筛选和组织的信息，有的信息甚至需要审查。

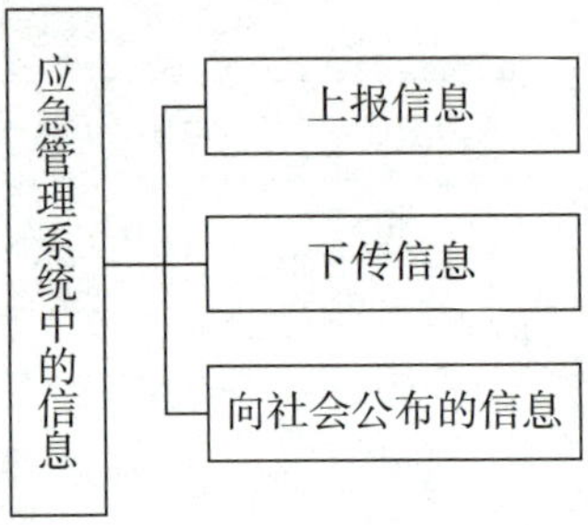

图 5-5　应急信息按信息流向分类

（3）按照信息的内容，我们可以把应急管理系统中的信息分为突发事件的基本信息、决策信息、参与主体信息、资源信息、舆情信息。基本信息包括事件种类、发生地域、发生时间、损失状况（含人、财产、资源等），等等；决策信息包括指挥者确定、应急预案启动、资源调配、救助措施等；参与主体信息包括参与主体的构成、数量、领域等；资源信息包括人力、钱款、物资、设备等；舆情信息包括社会反应、群众要求等。

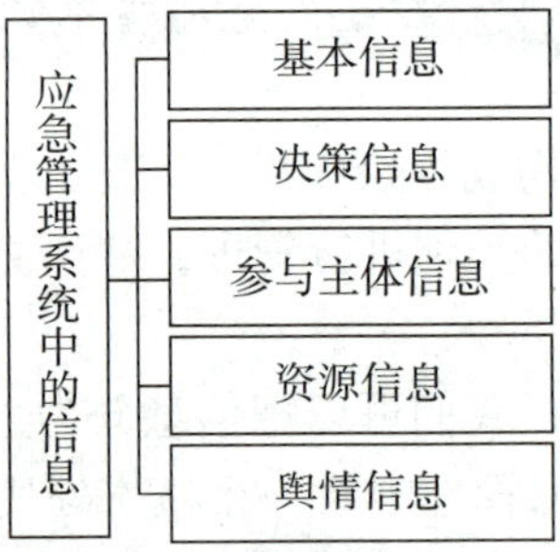

图 5-6　应急信息按信息内容分类

（4）站在信息处置者的角度，根据信息需求者的不同，我们可以把应急管理系统中的信息分为上一级政府需要的信息、应急管理者需要的信息、应急管理参与者需要的信息、向利益相关者和社会公布的信息，具体见图 5-7。

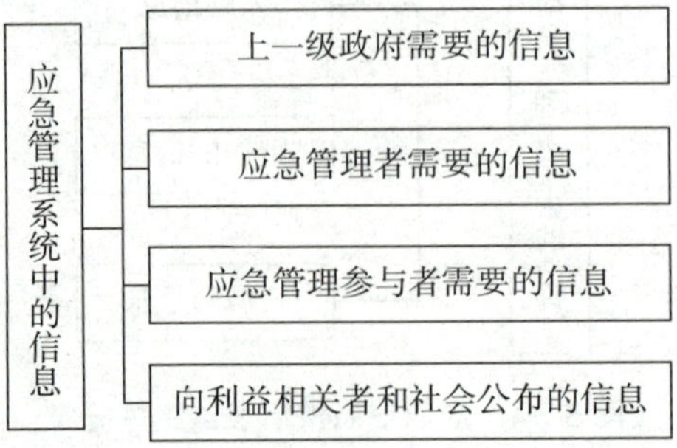

图 5-7　应急信息按信息需求者分类

根据需要，我们还可以进行多种、多角度的分类，而且这些信息都是动态的，随时都处在变化之中。

下面我们以上述最后一种分类来讨论一下应急信息的主要内容。

（1）上一级政府需要的信息主要包括：

1）突发事件本身的信息，包括现实情况及发展趋势初步判断。

2）突发事件已经造成的影响、危害和可能的后续影响与危害，特别是人员伤亡和重要基础设施受损情况。

3）事态的初步控制和受灾人员的救助情况。

4）现场处置和灾民安置所需要的有关物资支持。

5）当地政府的处置意见和安排。

6）希望上级政府提供的帮助。

要求：全面、准确、及时、真实，不得故意瞒报、漏报，保证时效性，不得故意拖延。

（2）应急管理者需要的信息主要包括：

1）突发事件本身的信息。

2）突发事件的发展趋势。

3）事态的控制和已经采取的措施。

4）本级政府应急管理的安排。

5）需要上级决策的事项。

要求：全面、准确、及时。

（3）应急管理参与者需要的信息主要包括：

1）突发事件本身的信息。

2）应急管理者的具体要求。

3）自己在应急处置中的分工。

4）自己能够联络的其他主体。

5）配给自己的所有资源。

要求：全面、准确、及时。

（4）向利益相关者及社会公布的信息主要包括：

1）突发事件本身的基本信息。

2）政府已经采取的救助救援措施。

3）已经投入的救助力量和资源。

4）救助已经取得的成果。

5）需要社会配合的要求及援助。

要求：客观、准确、及时。

练一练

1. 单项选择题

按照信息所表达的主体可以对信息进行分类。下面选项中不属于这种分类的是：

A. 人的信息

B. 财产的信息

C. 资源的信息

D. 应急措施信息

2. 多项选择题

按照信息的内容，可以把应急管理中的信息进行分类，具体可分为：

A. 突发事件的基本信息

B. 决策信息

C. 参与者信息

D. 资源信息

E. 舆情信息

3. 简答题

按照应急管理中信息的流向，信息可以分成哪三类？简述各自的内容。

4. 论述题

假设你是突发事件管理系统中的信息管理者，试从上一级政府、应急管理者、应急处置参与者、社会公众四个层面阐述一下信息的管理。

第四节　应急资源管理系统

知识点 1　应急资源及其分类

在突发事件管理中，资源是指管理者为应对突发事件所需要调配的人力、资金、物资、设备、信息、技术等。

（1）我们可以把所有的资源分成人力资源和其他资源两大类，目的是要强调人力资源在应急管理中处于极其重要的地位，是任何其他资源所无法替代的，是最重要、最需要得到保护和合理使用的资源。

（2）应急资源可以区分为系统储备资源和需要调入资源。在减灾和预防中，应急管理部门应当储备一定数量的物资，培训相当规模的人员，但是一般情况下都不能完全满足应急管理的需要，需要按需求进行调配，甚至安排生产。

（3）按照资源的存在形式，我们可以把资源分为人力资源、资金资源、物资资源、设备资源、设施资源、信息资源、技术资源、其他资源，具体见图 5－8。

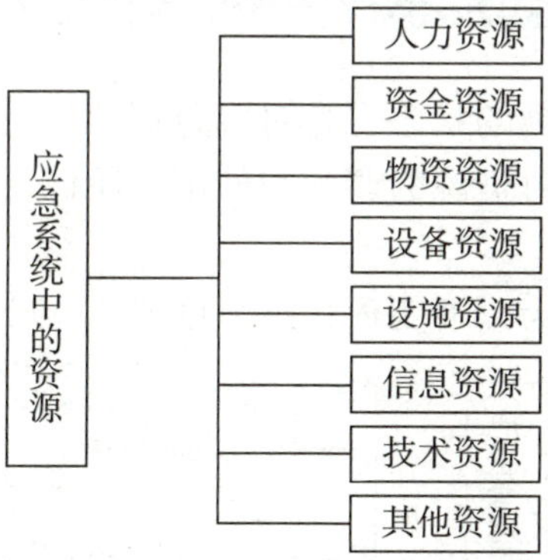

图 5－8　应急资源按资源存在形式分类

需要特别关注的是：人力资源是应急管理系统中最重要的资源，其他的所有资源都需要通过人力资源实现其价值；在应急管理中，必须给予人力资源足够的安全和健康保护；物资和资金都属于消耗性资源，应当避免浪费；设备设施可以重复有效使用，但是需要得到有力的后勤保障和维护；信息资源、技术资源与人力资源紧密联系，需要区别审慎对待，特别是信息资源，需要给予有效管理，避免因信息不畅或不准确造成社会谣言和隐患。

练一练

简答题

为什么说在所有的资源中人是最重要的资源?

知识点 2 应急资源的状态

从严格意义上讲，应急资源的状态也是对应急资源的一种分类。但是，因为应急管理的过程本身就是在紧急状态下对资源的调配和使用，所以，从管理者的视角把握资源的信息，有助于管理者决策。

应急管理中的资源可以分为以下四种状态（见图 5 - 9）：

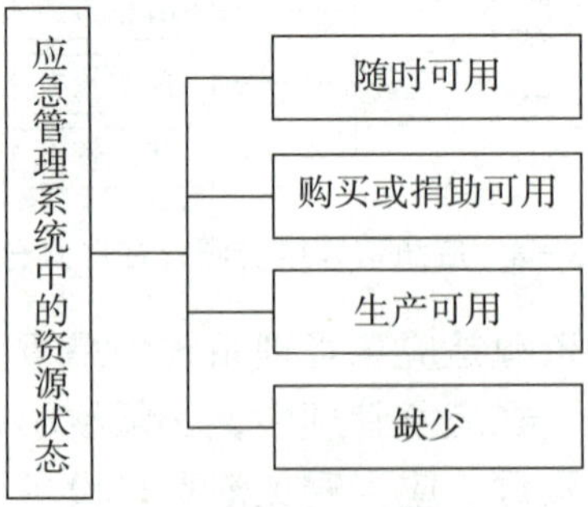

图 5 - 9 应急资源状态

（1）随时可用状态。已经在管理系统储备的资源以及经过专项培训的人力队伍，一旦发生突发事件，这些资源可以立即投入使用。

（2）通过购买和捐助，能够投入使用的状态。有些物资属于常见商品，在市场上大量流通，有足够的社会储备，发生突发事件，可以购买或者通过社会捐助的方式在可控的时间内解决。

（3）生产后可投入使用状态。有些物资不是社会日常需求，平时并不需要大量生产，发生突发事件后，立即启动生产流程，可以满足应急需要。但是这个需要对生产能力和生产设备进行准备和维护。

（4）缺少状态。有的突发事件需要极为特殊的物资，既没有储备也不可能在短期内生产。如特定疫情的爆发，会对某种药品提出急需。

练一练

简答题

简要描述一下应急资源的四种状态。

知识点3 应急资源的管理

对于应急资源的管理，有两种理解：一种是限定在突发事件的应急管理之中，对于突发事件发生之前对资源的准备以及处置结束后对消耗资源的恢复则不列入研究范畴；另一种是以资源为中心，进行全过程分析，包括常态管理中的准备、应急管理过程中的调度使用、处置结束之后的恢复等。

按照第一种理解，应急资源管理就是指在突发事件中，对提供给管理者的适时和适当资源的手段、程序和系统的应用进行协调和监控。

按照第二种理解，应急资源管理就是评估资源、储备资源、管理资源、调用资源和恢复资源的整个过程。

这两种理解各有各的道理，但是参照对应急通信和信息系统的讨论，为保持同一章节内容的一致性，我们把资源管理也限于突发事件的处置之中，并不否定平时对资源的准备及处置之后对资源的恢复。

那么，对应急处置中的资源如何进行管理呢？

（1）建立资源管理的专用台账。按照资源门类、资源状态，盘点和登记已经存在随时可用的资源。

（2）建立与信息管理者的联系。随时交付掌握的资源信息，接收指挥者对资源的要求。

（3）根据指挥者的要求和对突发事件的研判，及时采购所需资源。

（4）组织社会捐助一定的资源。

（5）组织生产特定的资源。

（6）掌握应急处置中资源流动、消耗、补充的情况。

（7）建立资源调配的通用程序，特别明确在多方需求同一资源时，资源调配的优先权和顺序。

（8）在资源系统内部建立不同门类资源的转化程序（如资金转化为物资）。

（9）在突发事件应急处置结束后，及时清点除人力资源之外的资源，交付给日常管理者。

特别讨论：信息资源和资源的信息之间是什么关系？哪些属于信息资源，哪些属于资源的信息呢？就如专门把信息系统从指挥系统中拿出来研究一样，我们认为从不同的视角看，资源的信息也是信息，而所有的信息都是资源。为了理顺管理的关系，资源的管理中可以不包括信息，而由信息部门专门管理。

练一练

论述题

如果把资源管理限定在突发事件过程之中，资源管理者将如何管理应急资源？（要求政治正确，不得故意回答“卖掉”或者“据为己有”等。）

第五节 后勤保障系统

知识点 1 后勤保障系统的主要内容

后勤保障，就是对参与应急处置的所有主体和设备提供的生活和运转的保障。

在美国的突发事件应急管理系统中，后勤是指挥系统的一个部门。我们从系统支撑的视角进行分析，认为把后勤保障系统与指挥系统、信息系统和资源系统一样分别研究，更加符合我国的认知习惯和学界的一般理解。

后勤保障分为对人的后勤保障和对物资设备的维护保障（见图 5－10）。

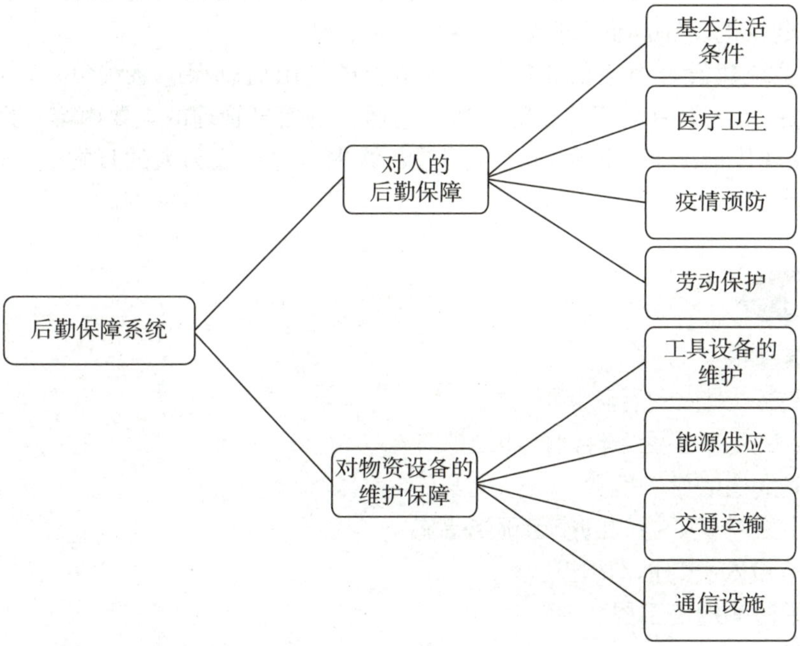

图 5－10 后勤保障系统的内容

（1）对人的后勤保障。

1）对参与应急处置的所有人的基本生活条件的建设和维护，用餐、饮水、休息、卫生、照明等基本条件保障。

2）对人的受伤治疗和抢救。

3）特定突发事件处置时的疫苗预防措施。

4）一线抢险人员的基本防护，如手套、头盔、防辐射服、雨衣等。

（2）对物资设备的维护和保障。

1）应急处置的能源供应，如电力、油料、太阳能等。

2）对于救助所用工具设备的维护。

3）突发事件所在地域的交通运输保障。

4）通信系统的建设、开通或者恢复等。

（3）讨论几个相对特殊的问题。

1）对参与处置人员的医疗救助与对受害人的医疗救助，在应急处置中医疗资源本身有限，一般应当统筹使用。

2）对于后勤保障所用的经费，是按照资金资源管理还是单独划分，这在理论上或许可以分得很清楚，但在实践中进行区分并不是十分必要，可在整体资金资源管理中单独列支。

3）物资资源的采购和运输是属于后勤管理还是资源管理？我们认为归入资源管理比较合适，放在后勤保障中容易冲淡其重要性，影响资源的运转和调配的优先性。

4）对于设备的维护，也有学者将其放在物资资源中一起考虑，认为设备资源本身包括维修维护，同时在应急处置中，设备维修的及时性需要得到保证。这是有一定道理的，但是从实践经验看，设备的使用是应急处置的重要构成，但是设备是由人使用的，为保证人的安全和休息恢复，建议把设备的维护列入后勤保障更加有利。

5）通信系统建设是由通信和信息系统负责还是由后勤保障系统负责？从实施上讲，由通信和信息系统统筹有利于信息的传达和沟通，是信息管理的重要内容；列入后勤保障系统也说明在现代情况下，通信已经与用餐、饮水一样，成为人的日常生活的重要组成，应当得到保障。

练一练

1. 多项选择题

应急管理中，对人的后勤保障包括：

A. 所有人的基本生活条件建设和维护

B. 对人的受伤治疗和抢救

C. 特定突发事件处置时的疫苗预防措施

D. 一线抢险人员的基本防护

E. 为人配备的通信工具

2. 简答题

应急管理中，对物资设备的维护和保障的内容是什么？

知识点 2　美国突发事件应急系统中的后勤保障

美国突发事件应急管理系统中后勤保障的组织结构见图 5－11，从中既可以看出美国后勤保障的内容，也可以看出后勤保障各部门的不同职能和分工。

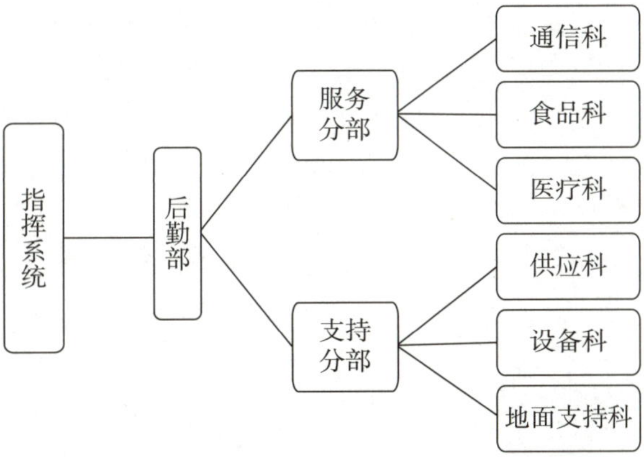

图 5－11　美国突发事件应急管理系统后勤保障的组织结构

练一练

分析题

美国应急管理系统中，后勤部设在指挥系统，并分为服务分部和支持分部，你认为这样的设置合理吗？这种做法对我们做好应急管理有什么启发？

第六章

公共行政与公共安全管理

学习导引

“公共安全管理”作为一门课程，时间并不长。从我们前面学习过的内容就可以知道，虽然自古以来人们就做着某些在今天看来属于公共安全管理的实践探索，但是并没有能够从公共安全管理的高度和视角去认识，并进行理论的指导。

公共安全管理从公共管理的范围中独立出来，成为一个学科，也是随着公共安全越来越受到社会各方面的重视而来的。在古代，影响人们安全的主要因素是自然灾害、战争、瘟疫等。在工业化社会，随着科技的快速进步和发展，生产事故、卫生事件、社会安全事件日益增多，当今环境和生态问题也已经成为重要的公共安全的内容。

我们对公共安全的认识和理解也是一个不断发展的过程，这本身是人类对自然和社会认识的规律。

我们之所以在第六章专门讨论公共行政、公共管理和公共安全管理，一方面说明这个关系在这门课程里比较重要；另一方面也是为大家提供一种认识方法，即通过剥茧抽丝式学习讨论，从不同的角度去理解公共安全管理。本章后半部分内容主要讨论日本的危机管理体制，对其发展完善过程、体制框架、法律法规建设等方面进行较为细致的梳理，从而为我国的公共安全管理提供借鉴。

学习目标

（1）理解公共行政、公共管理的含义。

（2）掌握公共行政与公共管理的区别与联系。

（3）能够系统性地理解公共管理在公共行政基础上的发展。

（4）理解公共安全管理是公共管理的特定领域。

（5）了解日本危机管理体制的发展过程。

（6）掌握日本中央政府以首相为核心的危机管理机制。

（7）从日本的案例分析中认识公共行政、公共管理与公共安全管理的关系，体会公共行政的主导作用。

（8）思考我国公共安全管理体制建设方面的不足以及日本危机管理体制的可借鉴之处。

知识结构

本章内容有两条主线：一是以理论分析为主线：公共行政—公共管理—公共安全管理；二是以案例教学为主线：日本危机管理体制—日本危机管理体制特点—对我国公共安全管理的启示。

这两条线是理论与实践的结合与统一，说明公共行政在公共安全管理中的主导作用，政府是公共安全管理的责任主体，起主导作用；同时，应以现代公共管理理念为指导，建设多元主体参与的公共安全管理体制。

本章知识结构图如下。

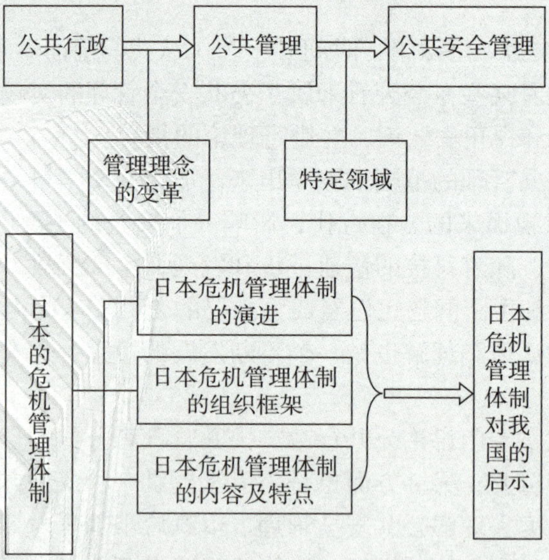

第一节　公共行政、公共管理与公共安全管理的关系

知识点 1　公共行政

行政，《新华词典》的解释是“行使国家权力”。作为一种特定的管理形式，行政是与国家的诞生紧密相连的。我们知道，国家是行使公共权力、处理公共事务的，有了国家，才有了行政。

我国历史悠久，行政在古代早已存在。在我国学界，较为普遍的有两种认识：

（1）将主体限定在政府部门，认为行政是国家的组织活动，只有政府部门对国家和社会事务的管理才称为行政。这一般称为狭义的理解。

（2）将行政主体扩展到整个国家系统，包括立法、司法、政党、人民团体，只要是从事国家管理或者是以某种方式参政、议政，都归结为行政。这一般称为广义的理解。

这两种理解各有道理，也存在着各自的局限。根据不同的需要，采取不同的理解即可。

在西方，学者们对行政（administration）一词有 4 个角度的理解。

（1）从功能的角度，认为行政就是国家意志的执行，是行使基本的政府职能的活动。

（2）从过程的角度，认为行政是行政人员运用组织、领导、计划、协调、控制等手段，对各种资源加以最有效能的利用的活动。

（3）从部门管理的角度，将行政明确定位为行政部门中的财政管理与预算管理、物资管理等方面的活动。

（4）从公共政策的角度，认为行政就是制定和执行政策的活动。

在行政一词前面加上“公共”限定，即成为公共行政（public administration）。如果说行政本身就是行使国家权力的行为或活动，并且只有政府部门才是行政的主体，就没有必要再加“公共”二字。这是由西方用语的直译造成的。西方学术界对“公共行政”一词也有着不同的理解。例如：

（1）罗森布鲁姆认为，公共行政是采用管理的、政治的和法律的理论与过程，以实现立法的、行政的和司法的政府命令，为整个社会或其某个部分提供管制和服务的职能。

（2）欧文·休斯认为，公共行政通常是指公共部门，以官僚制等级模式为基础，只为公共利益服务，不决策而是仅仅执行政治官员的决定。这个理解实际上与西方的政党轮流执政有关，总统和官员经选举进行更换，而国家部门的职员是终身的，不受其影响，他们只管执行官员的决定。

我国有学者从“公共＋行政”的视角给予了解释：

（1）公共行政可概括为国家行政组织或公共组织在宪法和有关法律的规定范围之内对国家和社会公共事务的管理活动。

（2）公共行政的主体只能是国家权力机关的执行机构，即只能是行政机关。

（3）公共行政的客体包括国家事务、社会公共事务和行政机关的内部事务。

（4）公共行政的根本原则是依法管理。

（5）公共行政的职能就是管理国家和社会的公共事务，可以分为政治、经济、文化、社会服务等方面。

所以，在综合各种理解的基础上，我们在使用公共行政这个概念时可以这样理解：公共行政就是各级政府以实现公共利益为目的，行使公共权力、整合社会资源、提供公共产品、处理公共事务从而满足公共需求的领导、组织、计划、协调和控制等管理活动。

需要注意以下几点：

（1）以实现公共利益为目的，这是公共行政的宗旨。

（2）以公共权力为依托，这是公共行政的依据，是法律的授权。

（3）可以对社会的各种资源进行整合，这是公共行政的内容。

（4）提供公共产品和处理公共事务，这是公共行政的表现形式。

（5）包括领导、组织、计划、协调、控制等多种管理活动，这是公共行政的方式方法。

练一练

简答题

简要回答公共行政的概念。

知识点 2 公共管理

管理是在一定的环境下，为了达到组织的目标，通过他人或者与他人一起，使活动完成得更加有效的过程。

（1）管理是一个过程：领导、组织、计划、协调和控制。

（2）管理是通过他人完成组织任务、实现组织目标的活动。

（3）管理追求效率和实现最佳效果。

（4）管理存在于任何组织之中。

对于公共管理，中外学者并没有给出一个取得压倒性优势、为各方所接受的定义。

我国有学者给出了描述性的定义：公共管理是以政府为核心的公共部门，综合运用政治的、经济的、管理的、法律的等多种方法，合理配置公共资源，依法对社会公共事务进行管理，提升公共部门管理水平，提供公共产品，从而达到增进公共利益目的的一种管理活动。

也有人给出了抽象性的定义：公共管理即公共组织运用公共权力对涉及公共利益的各种公共事务进行管理的社会活动，是公共组织通过公共政策的制定和执行担当公共责任的过程。

北京师范大学的汪大海在综合各方已有研究成果的基础上，给出了一个公共管理的定义：公共管理是以政府为核心的公共部门为了解决公共问题、满足公众需求、实现公共利益，运用公共权力和私有部门的管理理论、技术、战略与方法等手段，有效配置资源，强化对公共事务的治理能力，以有效、公平地为社会提供公共服务和公共产品的社会活动。

从这个定义出发，公共管理的根本属性包括以下 10 个方面：

（1）公共管理主体的社会性。不仅仅是政府。

（2）公共管理客体的公共性。公共事务的管理者是公共部门，目的是为社会公众提供公共利益和公共服务。

（3）公共管理活动和过程的社会性。公共管理不仅重视经济、效率、效能，而且也重视公平、正义和民主；不仅重视过程，也重视结果。

（4）公共管理强调互动管理和服务管理。政府不再仅仅是统治和管制，更加强调服务。

（5）公共管理源于公共权力的合法性。权力来源于公众通过法律的授权，接受公众的监督和制约。

（6）公共管理是介于传统的公共行政与企业管理之间的社会治理模式。

（7）公共管理兼顾公共组织内部与外部环境的关系。

（8）公共管理重视选择性地运用市场化手段。公共服务供给的垄断被打破，政府可以购买服务。

（9）公共管理的重点是将公共行政视为一种专业。

（10）公共管理的目标是通过造就负责任、有回应、讲效率、重公平的公共组织，满足公众需求，实现公共利益。

所以，无论在文字上如何整合，无论顺序如何变化，只要我们紧紧围绕这10个方面去认识、去理解、去思考，就能对公共管理有比较全面、系统而深入的理解。

陈庆云研究认为，现代公共管理基本模式应具备8个特征：

（1）公共利益与个人利益相统一，更加注重公共利益。

（2）政府组织与其他公共组织相统一，重在政府。

（3）社会问题管理与资源管理相统一，注意问题解决。

（4）结果管理与过程管理相统一，重在结果。

（5）公平与效率相统一，更加注重公平。

（6）内部管理与外部管理相统一，重在外部协调。

（7）管制与服务相统一，更加强调服务。

（8）管理制度与技术相统一，重在制度创新。

我们认为，陈庆云归纳的这8个方面，基本把公共管理的重点和进步性描述出来了，在学习中应当仔细思考和体会，也是我们反复讨论公共管理的价值所在。

练一练

1. 简答题

请简要回答公共管理的基本含义。

2. 论述题

试列出现代公共管理的5个特征，并进行简要说明。

知识点 3 公共行政和公共管理的比较

公共管理是随着社会的发展，在公共行政的基础上，吸收经济、管理、法律、社会等方面的内容发展而来的。如果把公共行政与公共管理进行简单的比较，我们可以主要从下面 10 个方面进行考虑：

（1）从主体上看，公共行政的主体是狭义上的政府；公共管理的主体大大拓宽了，不仅包括政府，还包括立法、司法等国家机关以及公共组织。

（2）公共行政注重公共性；公共管理更加注重社会性，公共管理的目标之一是建立一套以政府为核心、包含多元主体的，以公民社会为基础的管理体系。

（3）公共行政强调政治与行政分离；公共管理认为政治与行政紧密联系，不可能完全分开。

（4）公共行政强调公共物品供给的垄断性，政府是唯一供应者，排斥私人部门参与公共物品物供给；公共管理主张引入竞争，吸引更多的公共组织和私人部门参与公共物品的生产和供给。

（5）公共行政注重政府内部管理，重视执行政策和投入，强调把政策转化为行动的过程；公共管理则更加关注外部管理，重视政策的产出和结果。

（6）公共行政在管理方式上以指令、命令、计划等为主；而公共管理在此基础上吸收和利用企业成功的管理经验和方法。

（7）公共行政把政府凌驾于社会公众之上，强调管控，公民没有选择权；公共管理强调以公民为导向的服务。

（8）公共行政强调遵守既定法律法规，轻视执行的绩效；公共管理主张在法制下放松规则和制约，实行严明的绩效目标控制。

（9）公共行政注重维护国家统治秩序和效率；公共管理更加强调公民合法权益，注意效率和社会公平的平衡。

（10）公共行政以政治学为基础，特别是官僚体制理论和政治与行政的二分法；公共管理的基础还包括经济、法学、管理、社会等学科。

练一练

单项选择题

1. 从公共行政和公共管理的主体上比较，下列说法中正确的是：

A. 公共行政的主体是政府和人民

B. 公共行政的主体是公共组织

C. 公共行政的主体是政府，公共管理的主体不仅是政府

D. 公共管理的主体是立法机关

2. 下列关于公共行政和公共管理的说法中，不正确的是：

A. 公共行政更加注重社会性

B. 公共管理更加注重听取各方意见

C. 公共行政注重行政命令手段

D. 公共行政强调政策执行

3. 下列关于公共行政和公共管理的说法中，正确的是：

A. 公共行政注重国家秩序和效率，公共管理强调公民利益的保护，注意效率和公平的平衡

B. 公共行政强调服务，公共管理把政府凌驾于社会之上

C. 公共行政注重结果，公共管理注重过程

D. 公共行政注重与外部环境的协调，公共管理注重内部管理

知识点4 公共安全管理的内涵

在前面几章，我们已经对公共安全管理进行过比较细致的讨论。从公共行政到公共管理，为我们认识和理解公共安全管理提供了坚实的理论分析基础。

所谓公共安全，是指社会和公民个人从事和进行正常的生活、生产所需要的稳定的外部环境和秩序。

所谓公共安全管理，则是指国家行政机关为了维护社会的公共安全秩序，保障公民的合法权益，以及社会各项活动的正常进行而做出的各种行政活动的总和。

从公共安全管理发展的脉络来看，公共安全已经成为公共管理中日益重要的领域。

（1）公共安全管理的责任主体是各级政府，是政府行使公共权力、维护公共利益的题中应有之义，是政府不可推卸的责任。

（2）在公共管理体系下，公共安全管理以政府为核心，多元主体，包括公民个人广泛参与。

（3）公共安全管理不能仅仅是行政执行，而需要吸收利益相关者的意见和建议，更加注重以维护权益者的合法权益为目标的决策。

（4）公共安全管理在手段和方式上不仅仅是下达指令，要更多地吸纳管理的、法律的、社会的等方式方法，比如对救灾物资的调配可以采取购买的方式实现。

（5）公共安全管理是公共管理的特殊领域，其管理对象就是各类各级突发事件，而不是政府的常态管理。

练一练

1. 简答题

谈谈你对公共安全管理含义的理解。

2. 论述题

为什么说公共安全管理已经成为公共管理的重要领域？

第二节　日本概况

这里讲的日本概况，是与公共安全管理有关的情况，不涉及日本的政治、经济等。

日本是我国的近邻，是太平洋西岸的岛国，从它的地理位置、地形、地质结构及气象条件来看，日本是一个地震、海啸、台风、暴雨、火山等自然灾害频发的国家。

例如：2018 年 9 月 4 日中午，强台风“飞燕”登陆日本德岛县南部，势头强劲，过境时给西日本地区带来强风暴雨，各地受灾情况严重。据菅义伟官房长官在新闻发布会上公布，台风已在大阪府、滋贺县、三重县等地导致 10 人死亡，全国 340 余人受伤。据 NHK 报道，此次台风为 25 年来最强台风。

根据中国地震台网正式测定：2018 年 9 月 6 日 2 时 8 分在日本北海道地区（北纬 42.65 度，东经 142.00 度）发生 6.9 级地震，震源深度 40 千米。

2011 年日本“3 · 11”大地震引发核泄漏事故，到现在其核电站还没有恢复，造成了日本重大的人民生命和财产损失。据日本统计，全世界 6 级以上地震中，日本占了五分之一。

同时，因为经济、文化、宗教等原因，日本也接连发生影响巨大的社会事件，如 1995 年的地铁沙林毒气事件等。

所以，公共安全引起了日本各界的高度重视，特别是自然灾害的应对，更是渗透到了日本公众的日常生活。

这里提供了一些资料，供大家学习参考：

日本有统计的破坏最大、损失最大的 5 次地震：

（1）1896 年：明治三陆大地震。明治 29 年，即 1896 年 6 月 15 日 19 时 32 分，日本宫本县三陆爆发 7.2 级大地震，由于地震引发高达 38.2 米的海啸，造成 9 000 多座房屋被毁，22 000 人死亡，还波及夏威夷。

（2）1923 年：关东大地震。1923 年 9 月 1 日上午 11 时 58 分，东京南部的大岛渚爆发里氏 8.2 级地震，共造成 10.5 万人死亡、4 万人失踪，经济损失 10 亿美元。

（3）1933 年：三陆第二次大地震。1933 年 3 月 3 日，日本宫城县南三陆町发生 8.1 级大地震，造成 3 008 人死亡、12 053 人受伤。地震引发 28.7 米高的海啸，给海岸附近村镇造成了严重的危害，海啸冲毁了 7 000 多座房屋。岩手县一些村镇几乎 90% 的房屋被毁，将近一半人口罹难。

（4）1995 年：阪神大地震。1995 年 1 月 17 日 5 时 46 分，兵库县南部城市淡路市爆发的 7.3 级大地震，震源附近 10 万座房屋倒塌，18.5 万座房屋严重损害，6 343 人被倒塌的房屋压死，其中，离震源最近的神户地区共死亡 4 600 人。另外，地震还造成 41 万余人受伤。阪神大地震造成日本直接经济损失达 1 000 亿美元，约占当时日本 GDP 的 2.5%。

（5）2011 年：日本东北 9.0 级特大地震。2011 年 3 月 11 日，日本东北海岸爆发 9.0 级大地震，震源位于海洋深处，引发 10 米高的海啸，直接冲毁宫城、茨城、岩手三县数以万计的房屋、建筑。地震还引发福岛核电站核泄漏，造成上万人死亡，20 多万人被疏散，其引发的次生灾害及财产损失堪称日本史上之最。

练一练

简答题

结合日本所处的地理位置、国土构成和以往的自然灾害情况，说明日本是一个自然灾害频发的国家。

第三节 日本危机管理体制的演进

在日本，“危机”大致分为大规模自然灾害、重大事故、重大事件、武力攻击事态和其他危机五个类型。除武力攻击事态外，大规模自然灾害包括地震、台风水灾、火山喷发等灾害；重大事故是指空难、海难、铁路公路事故、危险品事故、火灾以及核燃料泄露等事故；重大事件是指劫机、大量杀伤型恐怖活动、重要设施遭受恐怖袭击以及可疑船只侵入等事件；其他危机则指驻外日本人需要撤回避难以及计算机终端遭到黑客袭击等事态。日本《内阁法》第15条第2项把“危机管理”解释为“应对以及防止国民的生命、身体、财产等受到重大损害，或者有可能发生的紧急事态”。

我国社科院的王德迅把日本的危机管理体制的演进分为三个阶段，即以应对自然灾害为主的防灾体制阶段、危机管理体制初建阶段和构建综合性国家危机管理体制阶段。

知识点1 防灾体制阶段

与我国一样，历史上日本的“危机管理”主要是围绕应对地震等自然灾害而展开的。1960年之前，日本灾害管理的重点主要放在灾害发生之后的救助和重建上。

（1）1947年10月日本颁布了《灾害救助法》。针对1946年12月发生的南海地震（里氏8级，死亡1 443人），该法明确规定了灾害救助的实施体制、适用标准、救助种类、经费支出以及国库负担比例。

（2）1961年出台了《灾害对策基本法》。在反思1959年9月的“伊势湾”台风袭击（5 098人遇难及失踪，经济损失超过7 000亿日元）的惨痛现实的基础上，将过去的灾后救助与灾害预防等应急对策加以整合，明确了防灾组织、防灾计划、灾害预防、灾害应急以及灾后重建的各项标准。之后，为了配合《灾害对策基本法》的实施，日本政府相继出台了一系列有关防灾救灾的法律。

（3）先后设立了一大批有关防灾救灾的研究机构和行政部门。包括东京大学地震研究所（1925年）、建设省（1948年）、京都大学防灾研究所（1951年）、国家消防本部（1952年）、气象厅（1956年）、自治省消防厅（1960年）、中央防灾会议（1962年）等。

练一练

单项选择题

下面关于日本防灾体制阶段的说法中正确的是：

A. 在 1960 年之前，日本的灾害管理的重点是灾害发生后的救助和重建

B. 在日本防灾体制阶段的工作重点是减灾防灾

C.1947 年日本的《灾害救助法》提出了灾前准备的思想

D.1948 年日本设立了防灾研究所，专门研究灾害预防

知识点 2 危机管理体制初建阶段

从 20 世纪 70 年代开始，日本政府对“危机”的认识发生转变，初步建立起适合自己需要的危机管理体制。

（1）20 世纪 70 年代初期，爆发了世界性石油危机。日本的自然资源匮乏，经济上高度依赖进口石油。石油危机使日本经济一度陷入负增长，导致股价大幅下挫、对外贸易由顺差变成逆差。这次石油危机激发了日本人强烈的危机意识，日本政府开始关注“日本的生存空间和经济安全问题”。

（2）1982 年 4 月，日本“经济安全保障问题特别小组”指出：“经济安全战略是遏止和排除经济或非经济威胁的方略，是以经济手段为中心维护国家安全；全面理解国家经济安全战略必须树立综合观、全球观和全民观，建立相应的反危机体制。”

（3）1984 年 5 月 7 日，日本行政管理厅长官后藤田正晴正式向“临时行政改革审议会”提出包括确立“危机管理体制”在内的 4 项研究课题，这标志着“危机管理”的研究在日本政府高层第一次启动。

（4）1984 年 7 月 1 日，日本总务长官中西一郎根据中曾根总理大臣的特别指示，组织力量对“危机管理问题——突发紧急事态时的政府对策”进行重点研究；同时，作为第一个政府危机管理机构的“内阁官房危机管理等特命事项担当室”开始运转。该室先后研究和制定了“关于应付劫机、绑架和暗杀等恐怖活动的对策”“关于应付震灾、水灾、火山爆发等重大灾害的对策”“关于应付侵犯领空、强行着陆等的对策”。

（5）1986 年，政府接受第一届“临时行政改革推进审议会”提出的有关“强化内阁机能”的建议，分别设立了“内阁官房内阁安全保障室”与“内阁总理大臣官房安全保障室”。两室作为处理有关国家安全保障事务的职能部门，其工作重点有所不同，前者负责内阁会议议案在各省厅的统一实施；后者侧重省厅之间的事务联络和制定规划。

练一练

单项选择题

日本的第一个政府危机管理机构是：

A. 内阁总理大臣官房安全保障室

B. 日本国土厅防灾局

C. 内阁官房内阁安全保障室

D. 内阁官房危机管理等特命事项担当室

知识点3 构建综合性国家危机管理体制阶段

从20世纪90年代中期开始，日本政府开始加快建立“综合性国家危机管理体制”的步伐。主要原因是国际政治环境发生变化，苏联解体，冷战结束，世界进入多极化。危机的特点发生变化，经济全球化和信息网络技术的发展，世界范围内的危机日趋增加，且呈现种类繁多、传播迅速、手段多样和后果严重的特点。国内重大事件频发，1995年，日本先后发生了阪神大地震和东京地铁沙林毒气事件。政府危机管理能力不足，以内阁安全保障室为中心的危机管理系统，缺少统一的中央危机管理中枢决策指挥机构，结果造成系统内部各个职能部门在突发事件面前互相推诿，使危机管理功能整体失灵。舆论普遍要求政府应“重新认识危机管理的内涵，尽快建立新型危机管理体制”。日本政府不得不对过去的危机管理理念和手段进行适时的调整和重新定位。

主要措施包括：

（1）改革内阁危机管理体制。

1）把防灾减灾上升到国家危机层次；

2）加强行政长官指挥能力和现场办公能力，强化部门之间的合作和资源、技术的整合；

3）改革中央政府机构和组织形式，危机管理直接置于首相管辖之下；

4）改变以行政为中心的救灾体系，提出建立行政、居民、民间企业、非政府组织、非营利团体、志愿者相互合作的公救、共救、自救体系；

5）中央加强以政府危机管理和部门协调为主要内容的每年一度的防灾训练。

（2）加强机构建设和调整。

1995年2月成立了由各省厅局长组成的“紧急召集小组”，主要任务是在紧急事态发生时自动向首相官邸集结，代表政府迅速制定应急对策。

1996年4月在首相官邸设置“危机管理中心”。

1996年5月设立24小时轮流值班制的“内阁情报集约中心”。

1998年4月在内阁官房增设了由首相任命的“内阁危机管理总监”一职；将“内阁安全保障室”改组为“安全保障与危机管理室”。

2000 年 12 月在官邸周围建成危机管理宿舍，使危机管理主要成员能在 20 分钟内徒步赶到官邸。

2001 年 4 月设置“内阁卫星情报中心”。

2002 年 4 月设在首相新官邸地下一层的“官邸危机管理中心”开始运转。

2003 年 3 月首次发射用于收集情报的卫星。

2003 年 11 月在安全保障会议下设置了“事态应对专门委员会”。

2004 年 10 月设置“内阁官房冲绳危机管理总监”，12 月成立了以内阁官房长官为部长的“国际组织犯罪等以及国际恐怖活动对策推进本部”。

2005 年 4 月设立“内阁官房情报安全中心”，以加强电脑网络系统的危机管理。

（3）完善法律法规。

1995 年 6 月日本政府对《灾害对策基本法》的部分内容进行修订。同年 7 月，由中央政府自然灾害危机管理最高决策机构“中央防灾会议”按照严格的法规程序对《防灾基本计划》进行了全面的修改。1997 年 5 月日本行政改革会议向政府提交《关于强化内阁危机管理机能的意见汇总》中间整理报告。

1998 年 4 月内阁通过《发生重大恐怖事件时政府初期应对措施》。

2001 年 4 月内阁通过《防卫计划大纲》和《政府应对可疑船只初期应对措施》。

2003 年 6 月日本参议院通过《武力攻击事态应对法案》。

2004 年 6 月通过《国民保护法》等 7 个有事相关法案。

2004 年 12 月出台《预防恐怖活动行动计划》，其内容包括“出入境管理、爆炸物管理、对机场与核设施管理、强化恐怖活动信息收集能力以及对外国人住宿登记管理”等 16 个方面的应对措施。

经过十多年的潜心营造，日本的危机管理体制发生了很大的变化，使日本原来较单一的危机管理体制演变为能够应对大规模灾害和各种紧急事态的综合性国家危机管理体制。

练一练

1. 单项选择题

不属于日本在建立综合性国家危机管理体制过程中采取的主要措施的是：

A. 把防灾减灾的任务下放给地方政府

B. 改革内阁危机管理体制

C. 加强机构建设和调整

D. 完善法律法规

2. 多项选择题

日本为了建立综合性国家危机管理体制，采取了三个方面的措施，它们是：

A. 首相不再直接参与危机处置

B. 改革内阁危机管理体制

C. 加强机构建设和调整

D. 完善法律法规

E. 授予地方政府更大的危机处置权

3. 简答题

日本从哪三个方面着手逐步建立了综合性国家危机管理体制?

第四节 日本危机管理体制的基本框架

纵观日本的国家危机管理体制，可以用 5 句话概括其基本框架：

（1）以法律法规为依托。从建立危机管理体制的过程来看，日本政府一贯重视管理的法规和程序，从机构设置到具体的对策实施，一般都是通过法制化手段来实现，为危机管理提供了制度保障。

（2）以首相为最高指挥官，内阁官房负责整体协调和联络。通过对内阁法的修改，扩大了首相在危机管理中的权力，保证了在发生危机时日本首相可以迅速制定相应政策，在特殊紧急情况下，首相可以直接下令调动自卫队。

（3）通过安全保障会议、中央防灾会议以及相关省厅负责人紧急协议等决策机构制定危机对策。安全保障会议主要承担日本国家安全危机管理的职能，由首相召集。中央防灾会议负责制定和促进对自然灾害的防灾规划的实施。

（4）由国土厅、气象厅、防卫厅和消防厅等部门负责具体实施。

（5）中央各部门和地方政府分别建有各自的危机管理体系。当危机发生时，一般是根据危机的类型启动不同的危机管理部门：

1）突发公共卫生事件由“厚生劳动省”牵头应对；

2）自然灾害危机主要由“中央防灾会议”负责；

3）经济危机由“金融危机对策会议”处理化解；

4）国家安全事宜由“安全保障会议”研究对策；

5）当危机事态满足以下条件时则由内阁官房代表政府负责综合协调应对：必须立即应对的事态（紧迫性）、出现或可能发生国民的生命财产遭受重大损害的紧急事态（重大性)、必须由政府统一应对的事态(应急的统一性)。

日本内阁危机管理组织关系与日本危机管理组织体系如图6－1、图6－2所示。

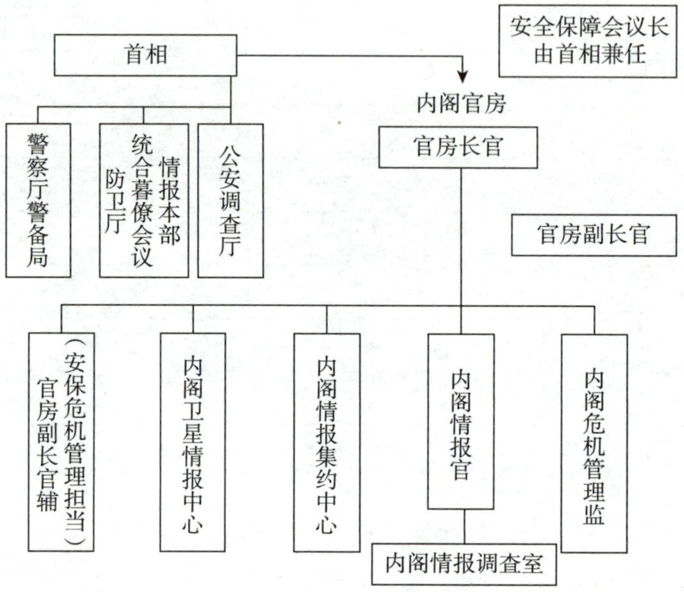

图6－1　日本内阁危机管理组织关系

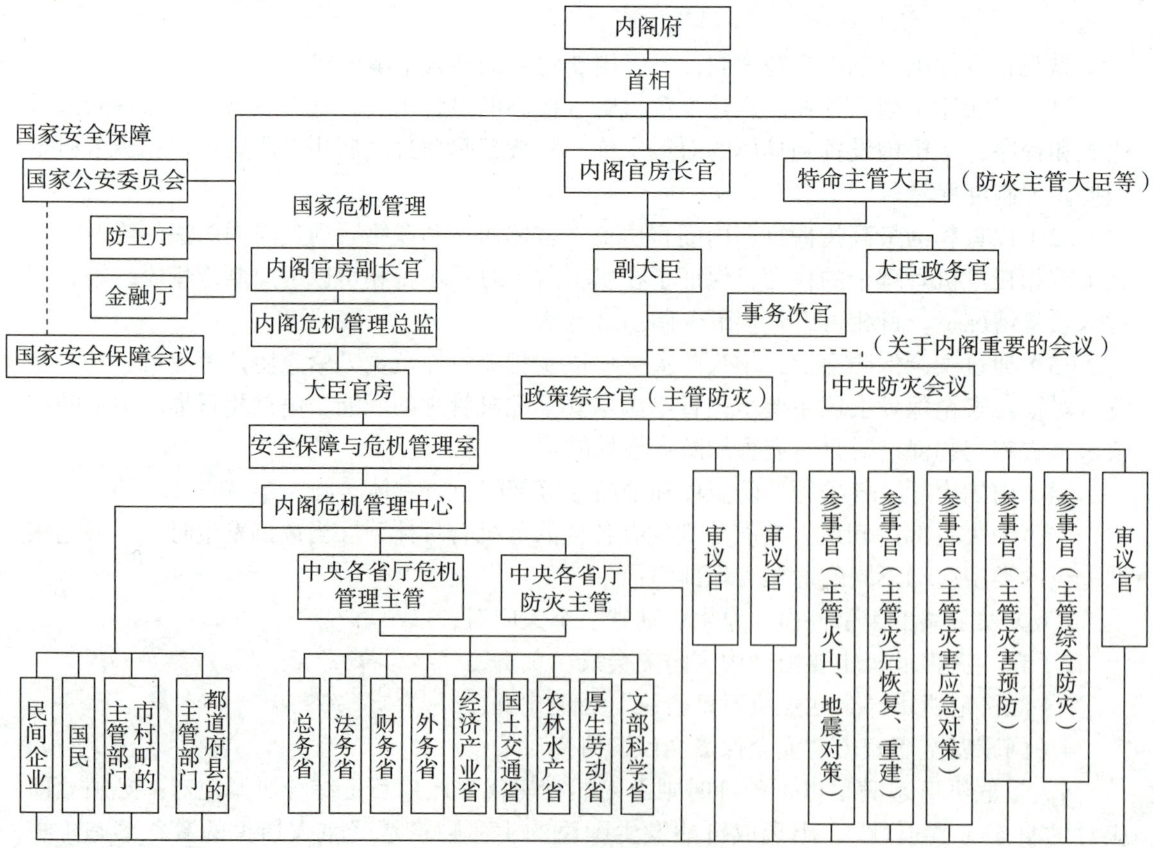

图6－2　日本危机管理组织体系

练一练

论述题

简要论述日本公共安全管理的基本框架。

第五节 日本危机管理体制的内容及特点

知识点 1 日本危机管理应对流程

按照日本的有关规定，当突发事件发生，一般遵循下面的流程应对：

（1）由设在首相官邸的内阁情报集约中心迅速收集和确认情报，并在第一时间报告给首相、内阁官房长官、内阁官房副长官和内阁危机管理总监。

（2）危机管理总监接到报告后，立即进入官邸危机管理中心，主要任务是召集有关省厅的局长成立官邸对策室（室长由危机管理总监担任），确定紧急事态的类型，提出政府的应对方案。

1）如果发生的危机属“武力攻击事态和紧急应对事态”，则召开事态应对专门委员会（委员长由内阁官房长官担任）；

2）如遇大规模自然灾害则由紧急召集对策小组负责应对（由危机管理总监主持）。

（3）根据发生事态的范围和程度来判断是否继续召开“相关省厅阁僚会议”（总理大臣、官房长官以及相关阁僚参加）、“安全保障会议”（议长是内阁总理大臣）、“临时内阁会议”或设置由内阁总理大臣担任部长的“政府对策本部”。

（4）按规定，当发生 6 级以上地震时，内阁官房副长官、危机管理总监、有关省厅的局长（包括警察厅警备局局长、防卫厅保卫局局长、国土防灾局局长、海上保安厅救援总监、气象厅次官、消防厅次官等）都将自动被召集至官邸危机管理中心开展工作。

日本中央政府危机管理流程与日本发生紧急事态时的情报流程如图 6－3、图 6－4 所示。

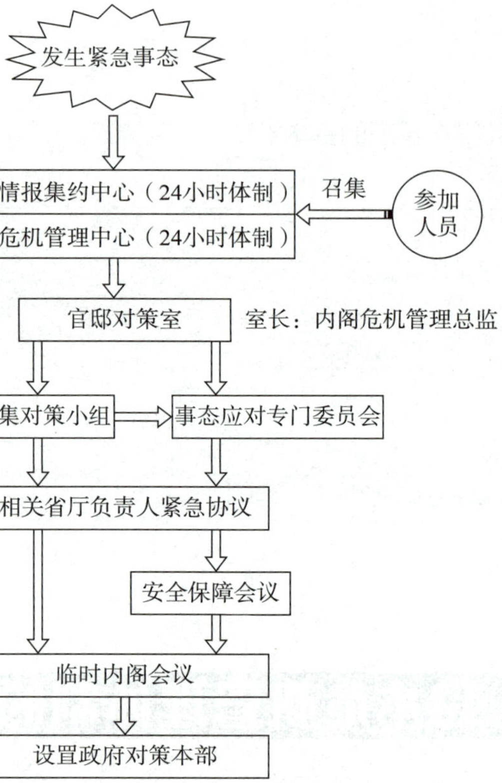

图 6－3　日本中央政府危机管理流程

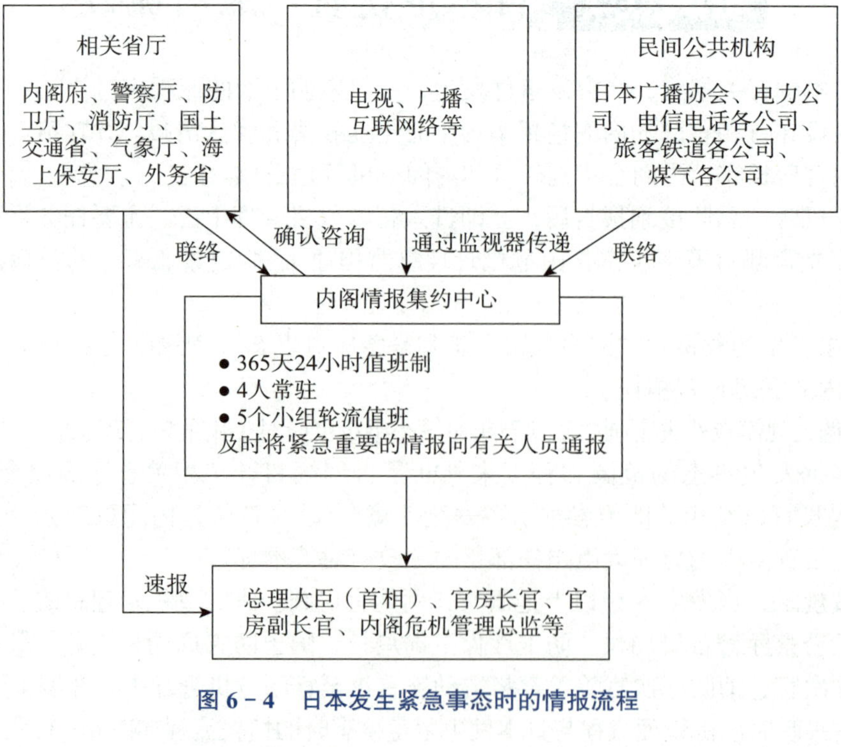

图 6－4　日本发生紧急事态时的情报流程

练一练

简答题

请简要回答日本中央政府的危机管理流程。

知识点 2 日本危机管理体制的特点

综合来看，日本的危机管理体制比较完善，显现出如下几个特点：

（1）对法律、法规、制度的高度重视，形成一套完备的制度体系。日本较早制定了灾害管理基本法，拥有各类减灾防灾法律近 40 部。

（2）首相具有最高危机管理权，建立强大而高效的内阁危机管理系统，中央政府行使危机管理主导权。

（3）政府主导、全民广泛参与、多元主体相互配合的危机管理合作体系。

（4）强调防护、有效利用、协调环境相结合，平时正常运作与危机管理相结合。

（5）发达的信息管理与技术支撑系统。

日本在中央政府建设有中央防灾无线网，在都道府县和市村镇都建设有防灾行政无线网，在政府职能部门之间建设有防灾相互通信网。

（6）以时效性、安全性为前提的强大的、配套完备的现场办公指挥系统。

专门建有首相官邸危机管理中心，具有同时处置两个以上危机事态的多功能系统、食品储备系统、信息安全系统、与全国各地互通的多媒体多渠道通信系统、防止断水断电断通信的储备保障系统以及直升机起降场所。

（7）严密高效、分工细致具体的情报分析系统。

日本建有情报总部，专门负责收集整理战略情报。内阁建有情报集约中心，实行 365 天 24 小时值班制度，有 4 人常驻，5 个小组轮流值班，按分工及时将紧急重要情报向有关方面报告。

（8）中央地方相配套的垂直分级政府危机管理体制。

1）中央政府以首相为核心。

2）地方建立由知事直管的全政府危机管理组织体制，中央可对地方提出劝告，地方不得违反中央的防灾计划。

3）市村镇参照都道府县的危机管理组织范例。

练一练

1. 单项选择题

对于日本的危机管理体制的特点，表述不正确的是：

A. 日本内阁官房长官具有最高危机管理权

B. 日本的危机管理法律制度相对完备

C. 强大的、配套完备的现场办公指挥系统

D. 强调防护、有效利用、协调环境相结合

2. 多项选择题

下列选项中，属于日本危机管理体制特点的是：

A. 首相具有最高危机管理权

B. 完备的法律制度体系

C. 政府主导，多元参与

D. 发达的信息管理与技术支撑系统

E. 严密的情报分析系统

3. 简答题

从法律建设、首相职能、信息系统和情报分析系统等方面简要分析日本危机管理体制的特点。

4. 列举题

试列举日本危机管理体制的 5 个特点。

5. 论述题

日本的危机管理体制比较完善，试论述日本危机管理体制的特点。

第六节 日本危机管理体制对我国的启示

讨论日本的危机管理体制，目的是分析案例，找出其优势和长处供我们学习借鉴。我们认为，日本的危机管理体制对我国有如下几点启示：

（1）建设一个现代化、强有力的危机管理中枢指挥系统，集中高效指挥。

（2）加快系统性危机管理立法，包括法律法规和具体的工作制度。

（3）建设功能强大、安全高效的信息管理和通信网络。

（4）注重发挥地方政府、其他社会组织的作用，形成上下响应、左右协作的机制。

（5）防灾教育和演练制度化，增强减灾防灾意识。

练一练

简答题

日本危机管理体制对我国有什么启示？

第七章

公共安全管理流程

学习导引

如果说组织体系是按照组织行为的分析框架对应急管理进行梳理，那么流程就是按照时间序列进行的应急管理的分析。

公共安全管理的流程，是建立在突发事件阶段理论和危机周期理论基础上的。它是以时间为顺序，以保护人们的生命财产、社会秩序等为目的进行的一系列活动。

本章主要介绍通常的应急管理流程，特别结合我国《突发事件应对法》，对流程进行了较为细致的梳理。

学习目标

（1）了解灾害与危险的含义及对社会的影响。

（2）重点理解应急管理中危机周期理论和突发事件阶段理论。

（3）掌握公共安全管理流程的基本内容。

（4）结合我国《突发事件应对法》，掌握我国突发事件应急管理的流程。

知识结构

本章在结构上可以分为两部分：第一部分为第一节，讨论灾害与危险，其目的是引发大家的讨论——人类在灾害面前应当采取什么样的态度？是消极顺应、躲避，还是积极减灾防灾和救灾？第二部分为第二节和第三节，通过讲解公共安全管理中危机生命周期理论和突发事件的阶段理论，阐释公共安全管理流程的基本逻辑与基本内容。在此基础上，以我国《突发事件应对法》为依据，整理了我国突发事件应急管理的流程与内容。

本章知识结构图如下。

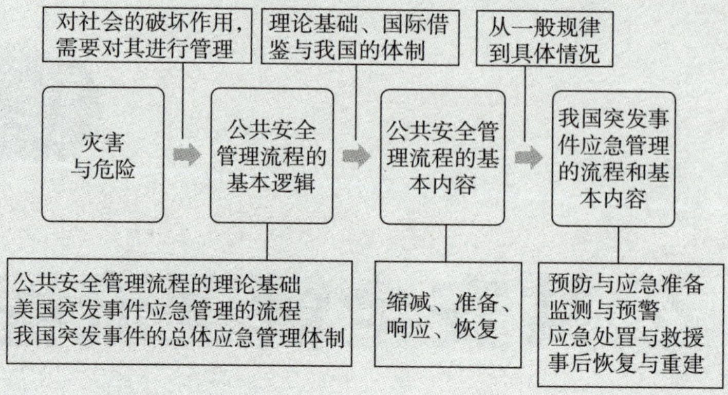
对社会的破坏作用，需要对其进行管理
理论基础、国际借鉴与我国的体制
从一般规律到具体情况
灾害与危险
公共安全管理流程的基本逻辑
公共安全管理流程的基本内容
我国突发事件应急管理的流程和基本内容
公共安全管理流程的理论基础
美国突发事件应急管理的流程
我国突发事件的总体应急管理体制
缩减、准备、响应、恢复
预防与应急准备
监测与预警
应急处置与救援
事后恢复与重建

第一节　灾害与危险

知识点1　灾　害

通常，我们把对能够给人类和人类赖以生存的环境造成破坏性影响的事物统称为灾害。《新华词典》对灾害的定义是：“自然现象和人类行为对人和动植物以及生存环境造成的一定规模的祸害。”

现代灾害学根据灾害的特征，将灾害定义为：由于自然变异、人为因素或自然变异与人为因素相结合的原因所引发的对人类生命、财产和人类生存发展环境造成破坏损失的现象或过程。

有学者给出了这样的定义：灾害是由于社会／生态系统失衡，或者受到外因干扰，致使社会／生态系统的结构、功能遭到破坏，人类生命、财产或生态环境造成破坏损失的现象或过程。

（1）对于灾害的概念需从以下几个方面理解：

1）灾害可以由自然原因产生，也可以是人类行为导致。这可能与我们平时口头表达不太一样。在平时人们讲到灾害，一般指自然灾害，对于人类行为引起的灾害往往用事故、事件等来表示。

2）对人或者对人类的生存环境造成了破坏。这里对环境要有一个广泛意义上的认识，是与我们人类所有的有关的事物，不同于平时讲的“保护环境”的意义。

3）造成的破坏要达到一定程度，或者说超越了人们能够接受的程度，否则不构成灾害。例如干旱是一种自然现象，一般情况下，只要有干旱，农作物、草原、畜牧业肯定受影响，但并非干旱都达到了旱灾的程度。又如地震，3级以下地震一般没有破坏力，就不构成灾害。

4）在自然现象中，那些与人或人的生活生产相关的现象才能成为灾害。比如，在遥远的太空发生的天体爆炸，只要碎片没有落到地球上，对人类就不构成威胁，也就不能称之为灾害。

（2）需要再次强调的是，灾害并不等于突发事件。这一点我们在第二章已简单涉及。有的灾害是可以预知的，而突发事件是不可预知的；灾害的范围与突发事件是不同的，比如股票的突然暴跌，可以作为某种意义上的突发事件，但是不能列入灾害的范畴。

（3）我们需要区分灾害与自然现象本身。虽然在平时往往会用同一个词表示。如我们前面讲过的地震，3级以下的我们也称之为地震，但是它不是灾害意义上的地震。

（4）在公共安全管理中，甚至在公共管理中，也用“灾难”一词。美国联邦安全局把灾难定义为“引起重大的人员和经济损失，需要超出地方和州资源的范畴的危机应对的危险性事件”。在汉语中，灾难更多地指向人受到的伤害及伤害达到的严重程度，灾害达到严重级别就是灾难。

练一练

1. 单项选择题

下列说法中，不正确的是：

A. 灾害是因为自然原因造成的

B. 灾害一定产生了损害

C. 灾害与突发事件不是同一个概念，是不同的

D. 没有破坏力的 3 级以下的地震不能称为灾害

2. 简答题

谈谈你对灾害的理解。（导致因素、破坏程度、与突发事件的区别等）

知识点 2 危　险

危险是指存在遭受损害的可能。在应急管理中，对于危险也有不同的描述。

美国联邦安全局把危险定义为：具有潜在的引起不幸、伤害、财产损失、基础设施损坏、农业损失、环境破坏、经营中断或其他类型损害和损失的事件或客观条件。

我们认为，在公共安全领域理解危险，需要把握以下几点：

（1）危险是一种可能性和倾向性，这种可能性在条件具备后就会变成现实。

（2）危险一旦成为现实，那么其结果一定是对人、财产、物的损失或者损害，是破坏性的，是人们不愿意看到和接受的。

（3）危险是有程度变化的，可以大、可以小，还可以由小变大或由大变小。

（4）危险是客观存在，在人们认识到危险后，可以根据情况对危险进行管理和控制，有的危险甚至可以消除。

练一练

多项选择题

下面关于危险的说法，正确的是：

A. 危险是一种可能性和倾向性

B. 危险一旦变成现实，结果一定是产生损害

C. 危险一旦存在，就不可改变

D. 危险是有程度变化的

E. 危险可以进行管控甚至避免

知识点 3 灾害的分类

（1）灾害可以分为原生灾害、次生灾害和衍生灾害三个层次。原生灾害（Primary Disaster）是指最早发生、起主导作用的灾害，如地震、滑坡、台风等。次生灾害（Secondary hazards，Secondary Disaster）为由原生灾害直接诱发或连锁引起的灾害，如地震引起的火灾、滑坡、海啸。衍生灾害（Derive Disaster）是指由原生或次生灾害演变衍生形成的灾害，造成生态或社会结构、功能的破坏。

以地震为例：地震本身是原生灾害；地震造成了山体滑坡，这是次生灾害；震区由于防范不利发生了传染病，这属于衍生灾害。

（2）灾害可以分为自然灾害和人为灾害。这是根据灾害发生的原因进行的分类，自然原因导致的就是自然灾害，其他都归属为人类原因，即人为灾害。但是在现实中，有许多灾害发生的原因是复杂的而不是单一的，有的是自然原因和人类原因的叠加。

练一练

案例分析题

试以地震为例，说明原生灾害、次生灾害和衍生灾害的区别与联系。

知识点 4 危险的分类

我们需要区分危险的程度，把它按等级进行划分是比较好的办法。

目前我们见到的关于危险的分类，大多是关于危险源的分类，也就是致灾因子的分类。在第二章中我们已经讨论过，在这里就不再讨论了。

练一练

简答题

你认为危险与危险源的分类是否存在区别？

知识点 5 灾害与危险的社会影响

灾害与危险的社会作用用一句话表述就是严重的破坏。当然，从人类社会的发展来讲，人类的发展历史在一定意义上也是与灾害进行斗争的历史。

（1）灾害与危险直接造成人的生命的灭失或身体的伤害。

（2）灾害与危险改变着人类生存的自然环境和生态环境。

（3）灾害与危险改变着人类社会的秩序和结构。

（4）灾害与危险对于一个国家而言又影响着其基本建设、社会管理重心、经济状况和社会稳定等。

（5）灾害和危险影响着人们对世界的认识和心理、思想的变化，甚至会影响宗教等。由于人类在巨灾面前的弱小，导致人们对世界的认识发生变化。

我们看一下四川汶川地震的影响：

（1）人员伤亡：据民政部报告，截至 2008 年 9 月 25 日 12 时，四川汶川地震已确认有 69 227 人遇难，374 644 人受伤，17 923 人失踪。

（2）经济损失：截至 2008 年 9 月 4 日，汶川地震造成的直接经济损失达 8 452 亿元人民币。四川损失最严重，占到总损失的 91.3%，甘肃占到总损失的 5.8%，陕西占总损失的 2.9%。

（3）自然环境的严重破坏。产生大量的堰塞湖、山体滑坡、泥石流等。

（4）对灾区社会秩序、民众家庭，乃至人的心理的影响无法估量。例如由于地震发生在学校上课时间，学校的人员伤亡严重，从而产生了许多失独家庭，这个损失无法用数字衡量。

那么，人类应当如何对待灾害与危险呢？我们从人类的发展历史就可以看出这样的一条脉络：

最初的无知、恐惧和躲避—希望改变并进行引导—认知、研究和探索其规律并希望改变—积极进行防灾减灾。

所以公共安全管理的一项任务就是防灾和减灾，在灾害发生后就要救灾，并进行善后处理。我们在这个基础上进行公共安全管理流程的讨论。

练一练

论述题

结合现实发生的自然灾害，论述灾害对人类社会的影响。

第二节　公共安全管理流程的基本逻辑

知识点 1　公共安全管理流程的理论基础

在第二章“公共安全管理的理论”中，我们非常简单地对于生命周期理论进行了介绍。其实，公共安全管理的流程也与其他工作一样，要遵循事物发生、发展直至消亡的一般规律，在这个规律指导下有针对性地把握不同阶段的特点，提出应对办法和措施，才能事半功倍，取得良好效果。

突发事件的应急管理也是如此。在此，我们给大家介绍几个为学界认同、有代表性的理论观点。

（1）芬克（Fink）的四阶段生命周期模型，简称F模型。

20世纪90年代，芬克用医学术语形象地对突发事件的生命周期进行了描述：

第一阶段，征兆期：有线索显示有潜在的突发事件可能发生。

第二阶段，发作期：具有伤害性事件发生并引发更大的危机。

第三阶段，延续期：突发事件影响持续，同时也是人们努力管控突发事件的过程。

第四阶段，痊愈期：突发事件完全解决。

芬克认为，在引发突发事件之前必然存在着预警的信号（不以人们是否感知为前提，就是说客观上是一定有的，只是我们未必能认识到），所以，应急管理不仅是在突发事件发生后应对，而且要积极地识别并预防可能的突发事件。因为突发事件是有一定周期的事件，所以应急管理也就不是一个简单的一次性行动。

（2）米特罗夫（Mitroff）把突发事件分成五个阶段，简称M模型。

第一阶段，信号侦测：识别突发事件发生的警示信号并采取预防措施。

第二阶段，探测和预防：组织成员搜寻已知的风险因素并尽力减少潜在损害。

第三阶段，控制损害：突发事件发生后，组织成员努力使其不影响组织运作的其他部分或外部环境。

第四阶段，恢复：尽可能快速地让组织恢复正常运转。

第五阶段，学习：组织成员回顾和审视所采取的突发事件管理措施，并整理使之成为后续的运作基础。

M模型与F模型相比，有一定的积极意义：不仅认为突发事件可以预防，而且开始着手设计如何预防；更加重视如何控制和限制突发事件的损害，避免其影响进一步扩大；强调如何促进组织更快地从突发事件中恢复正常运转；学习阶段实际是强调政策的反馈和环境的沟通，也是恢复的构成部分。

（3）伯奇（Birch）和古斯（Guth）的三阶段模型。

第一阶段，突发事件发生前。

第二阶段，突发事件过程中。

第三阶段，突发事件处置后。

三阶段模型比较清楚，也可以与前面的四阶段模型和五阶段模型相对应。

（4）奥古斯丁（Augustine）的六阶段理论，通常称作“奥古斯丁法则”。

第一阶段，突发事件的避免阶段。预防是既简便又经济的办法。

第二阶段，突发事件管理的准备阶段。制订行动计划、通信建设、消防演练等准备工作。

第三阶段，突发事件的确认。突发事件有其基本属性，有其特定的含义和指向，不是所有的突然发生的都能称为突发事件，需要判定和区分。

第四阶段，突发事件的控制。

第五阶段，突发事件的解决。处置速度和效率是关键。

第六阶段，获利阶段。即经验总结。

（5）罗伯特·希斯的四阶段理论，一般称为4R模型（见图7-1）。

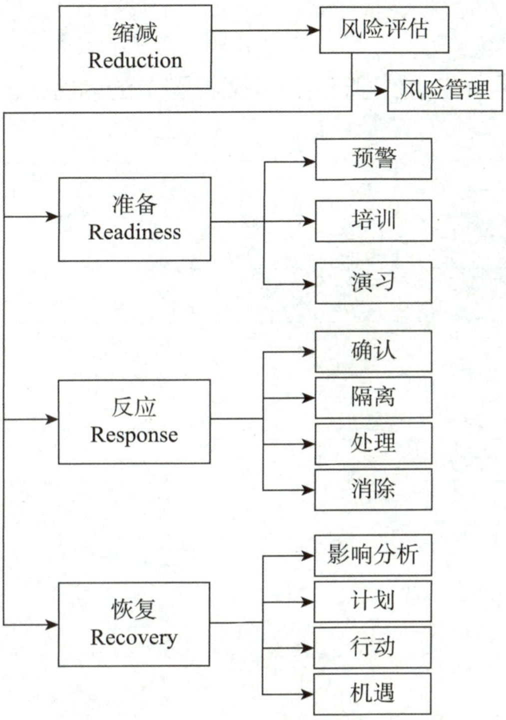

图7-1 4R模型

1）缩减（Reduction）：减少突发事件的发生。
2）准备（Readiness）：做好应对突发事件的准备。
3）反应（Response）：掌控局面，迅速处置。
4）恢复（Recovery）：恢复正常运转。

（6）我国的薛澜等把突发事件应急管理分成五个阶段。

包括预警和准备阶段、识别阶段、隔离阶段、管理阶段、后处理阶段（见图7-2）。

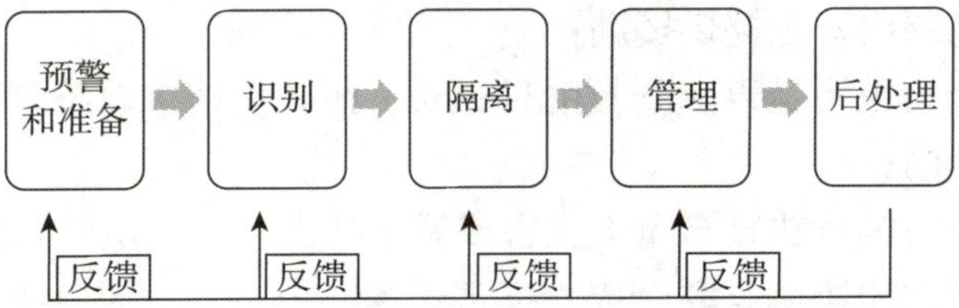

图7-2 突发事件应急管理五个阶段

练一练

简答题

简要回答罗伯特·希斯的四阶段理论（4R 模型）的内容。

知识点 2 美国突发事件应急管理的流程

美国的联邦应急计划（FRP）是美国政府总体上应急管理的制度设计，根据这个文件，美国通常的应急管理流程（从组织行为的角度看）是：

（1）灾害发生；

（2）地方政府做出响应，进行自救；

（3）地方政府若能力不足，请求州政府支援；

（4）州政府调动州内资源提供援助；

（5）若州政府能力也不足以达到救助目标时，州长可请求总统宣布重大灾害或紧急状态，从而获得联邦援助；

（6）总统根据斯塔福特法宣布重大灾害或紧急状态，并指定联邦协调官；

（7）联邦协调官与州协调官联合成立灾害现场办公室，在应急响应小组的协助下，实施应急支持功能，调动和提供联邦救灾资源；

（8）若有协调官协调不了的问题，交由国家应急支持小组和国家灾难性灾害响应小组决定。

针对恐怖主义美国还有专门的运作纲要。

练一练

开放性简答题

根据美国的应急管理流程，州政府根据自身应对能力决定是否向联邦政府求助；我国建立有突发事件报告制度。你认为这两种做法各自的道理和优势是什么?

知识点 3 我国突发事件的总体应急管理体制

基于前面几章的讨论和学习，我们知道，如果想深入理解和学习我国的应急管理的基本流程，需要对我国的应急管理体制有所认识。下面我们从总体上进行讨论。

（1）统一领导。在党中央的领导下，在全国范围内，国务院是突发事件应急管理的最高领导，统一负责。地方各级人民政府在同级党委的领导下，是本行政区域范围内突发事件应急管理工作的行政领导机关和责任主体，统一负责本辖区各类突发事件的应急管理。

（2）综合协调。包括上级部门对下级部门的协调（因为不是隶属关系），同一级政府内部各职能部门之间的协调，政府之外的各参与主体的协调等。

（3）分类管理。我国把突发事件大体分为 4 类：自然灾害、事故灾难、公共卫生事件和社会安全事件。分类的目的就是安排不同的部门为主进行应急处置。

（4）分级负责。一般和较大的自然灾害、事故灾难、公共卫生事件由发生地县级和设区的市级人民政府统一领导；重大和特别重大的，由省级人民政府统一领导；影响全国、跨省级行政区域或者超出省级政府处置能力的特别重大的突发事件，由国务院统一领导。社会安全事件视情况上级政府可以直接处置。

（5）属地管理为主。这与分级负责并不矛盾，也是大多数国家的普遍做法，即一般情况下都由地方政府负责，更加强调主体责任。

练一练

简答题

1. 简要回答我国应急管理体制的基本内容。
2. 我国应急管理体制中的“分类管理”的含义是什么?
3. 简要回答“分级负责”的主要内容。
4. 谈谈你对“统一领导”和“分级负责”的辩证关系的理解。

第三节　公共安全管理流程的基本内容

知识点 1　公共安全管理流程

公共安全管理的流程可以分成多种，比如宏观总体的时间序列、政府行为的主体序列，还可以是信息的流向序列以及决策行为的执行反馈等序列。

（1）按照时间序列的管理流程。我们采用希斯的 4R 模型，公共安全管理流程包括缩减、准备、响应和恢复四个阶段。

这是从整体上抽象地描述公共安全管理流程，所有的突发事件都适用。但是要具体进行管理，还是离不开组织体系。

（2）责任主体流程。即从最基层的责任主体开始，逐一按照自身的职责边处置边上报的流程，同时还存在着上级责任主体处置、下达指令、向上报告的流程。最高端为中央政府的首脑，最基层为基层政府的预警员。在这个流程中需要考虑对社会媒体的沟通和引导环节。

（3）决策分析流程。在实践中，任何突发事件的应急管理都建立在信息不全的基础上，甚至许多重要信息短缺，每一个决策都是分析信息、确定方案、执行方案、评估方案、反馈信息的流程。薛澜给出了应急管理的一般决策流程，如图 7－3 所示。

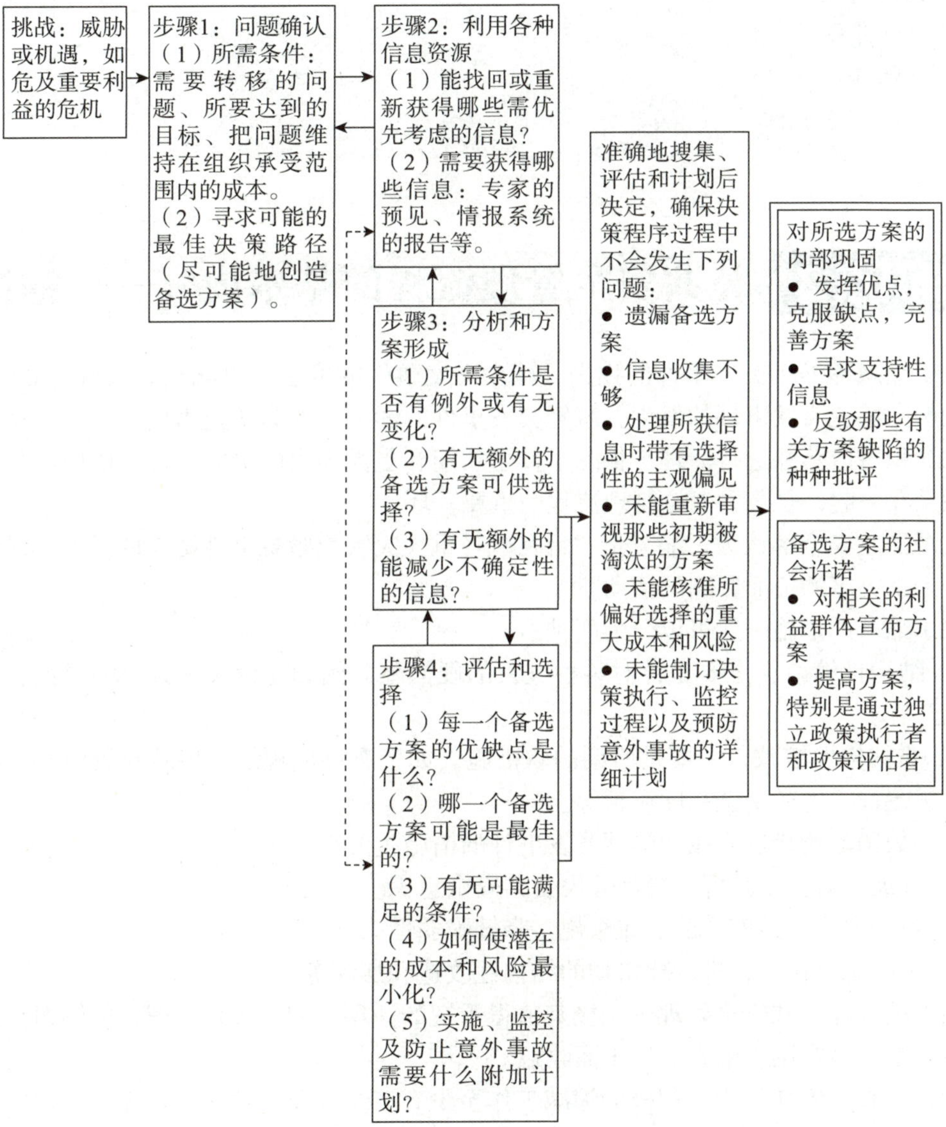

图 7－3 应急管理的一般决策流程

练一练

单项选择题

公共安全管理的流程有多种构建逻辑，下列选项中，不正确的构建逻辑是：

A. 时间流程

B. 主体流程

C. 决策流程

D. 损害程度流程

知识点 2 公共安全管理流程的基本内容——缩减

（1）缩减即缩小突发事件的损失，减少突发事件的发生。也就是要采取有效的行动，尽最大努力避免突发事件的发生，减轻突发事件的影响。如为防止雪崩，工人主动用炮击的方法让积雪散落并进行清理，根除了发生雪崩和更大损失的可能。这个阶段与日常管理紧密联系在一起，是公共安全管理流程的重要一环。

美国国土安全部认为，缩减是“旨在减轻重大灾害或紧急事件影响的活动，或最大限度减轻未来灾害的负面影响的活动”。

（2）缩减的措施一般可以分为两种：

1）结构性缩减，主要是针对某种灾害的硬措施，例如建设大江大河的堤坝、城市排水系统。

2）非结构性缩减，主要是所谓的软措施，如生态环境规划、保险政策引导、专项的法律法规建设、生产安全制度完善等。

为多数国家所普遍采用的缩减突发事件的措施主要有：

1）开展公共安全教育，提高公民公共安全意识。

2）执行关乎公共安全的法律法规，降低脆弱性。

3）进行隐患排查，进行建筑物的结构性改造和加固等。

（3）缩减在公共安全管理中是极其值得重视的一环，积极进行缩减，能够对公共安全产生最经济、最实用、最有效的正面收益。

我国学者王宏伟认为，积极的缩减工作至少有三个方面的意义：首先，可以减少突发事件的发生，例如建设房屋之前进行地下勘测，不在地质结构不良的地带建设等；其次，可以有效降低突发事件的影响与损失，如同一次地震中相邻的两栋建筑一个倒塌而另一个安然无恙；最后，能够有效保护环境和生态，利于人类的长远可持续发展。

美国国土安全部从 10 个方面列举了积极进行缩减的意义：

1）挽救生命，减少伤亡；

2）预防或者减少财产损失；

3）减少经济损失；

4）实现社会扰动与压力的最小化；

5）实现农业损失的最小化；

6）维持关键设施的正常运行；

7）保护基础设施不受损坏；

8）确保公众精神健康；

9）减小政府和官员的法律责任；

10）使政府行为取得积极的政治结果。

（4）常用的做好缩减的主要路径有以下几方面：

1）识别致灾因子，或者说对危险源进行梳理和检查。各级政府分级负责，把本级政府区域内的各种潜在的隐患整理出来并进行不断的监控和检查，包括专门人员到现场的检查和现代技术手段的巡查。这需要结合本地域的地质、经济、社会特点进行，比如山区的主要精力是防范山洪、塌方和泥石流等，本地域有矿业的需要防范生产事故等。

2）强化各项标准建设，特别是建筑标准。不仅仅是指建设房屋，还包括道路、桥梁、铁路、电力设施、长途大型运输管道等。

3）制定土地使用规划。土地使用要符合公共安全的基本要求，有利于减灾防灾。这一点与日常的规划审批等紧密相关，如化工厂的选址就不宜在城市水源的上游，学校等人员密集区要远离河道、低洼地区等。在这方面我们有非常深刻的教训。

4）经济手段的引导。在常规状态下，只凭教育和劝导很难实现目标，难以引起人们对公共安全的重视和投入，可以通过经济手段进行刺激和引导社会积极进行缩减工作。如资金补贴、物质奖励、报酬标准提高等。

5）大力发展保险。一方面转移可能的损失，另一方面推动全社会重视减灾防灾。不是投了保险之后任由灾难发生，而是在保险公司的积极引导下更加重视减灾防灾，加强教育和宣传。在国际上，巨灾保险赔款一般占到灾害损失的30%~40%，但我国还不到1%。比如汶川地震直接经济损失是8 451亿元，保险只赔了20多亿元，占比仅0.2%。

6）高度重视生态环境保护，加大投入和防范。虽然这方面效益要长远才能显现，但是效益是巨大的。

7）加强基础性工程建设，推进结构性控制。结合政府和社会力量，虽然不能避免致灾因子出现，但是能大幅度减少损失。

练一练

1. 单项选择题

下面关于缩减的说法中错误的是：

A. 缩减的目的是减少突发事件，降低损失

B. 缩减可以分为结构性缩减和非结构性缩减

C. 修筑堤坝属于结构性缩减

D. 制度建设不属于缩减

2. 简答题

缩减的主要措施有哪些?

3. 论述题

试论述缩减在应急管理中的重要意义。

知识点 3 公共安全管理流程的基本内容——准备

我们常说的一句话是“有备无患”，还有“凡事预则立，不预则废”，这些都是长期的经验教训的总结。我们做任何一件事情，要想实现自己的目的，都需要进行精心而充分的准备。公共安全管理也是一样，应对给人们带来巨大生命财产损失的突发事件，准备工作的重要程度勿用多言。

我们从应急预案的制定和资源的准备两个大的方面进行讨论。

（1）制定应急预案。

有学者提出，应急预案是静态的、是死的，要发挥人的能动作用，突发事件是动态变化的，不能以不变应万变等。此种观点有一定的道理，但是同时对应急预案本身产生了误解。

第一，什么是应急预案?

简单说就是应对突发事件的预先设定的方案。刘铁民认为，应急预案又称应急计划，是针对可能的重大事故（事件）或灾害，为保证迅速、有序、有效地开展应急与救援行动、降低事故损失而预先制订的有关计划或方案。它是在辨识和评估潜在的重大危险、事故类型、发生的可能性及发生过程、事故后果及影响严重程度的基础上，对应急机构职责、人员、技术、装备、设施（设备）、物资、救援行动及指挥与协调等方面预先做出的具体安排。

第二，应急预案包括哪些内容？

1）总则部分，包括目的、依据、术语、适用范围、基本原则。

2）参与应急管理的主体构成，即组织体系，包括哪些主体参与，谁是主导、谁是参与、谁是协同，各自的职责有哪些。

3）按照应急流程，逐一说明预防、响应、救助等具体措施和办法。

4）后勤保障和资源准备，包括通信和信息系统。

5）启动条件及运行机制。

6）附则部分，包括修改、补充、完善的要求，制定与解释的负责部门，生效时间等。

第三，应急预案分为哪些类型？

1）一定区域内的总体预案，可能涉及多种类型、多个等级的突发事件。

2）专项应急预案，针对特定领域、行业等。比如针对森林防火、地震、重大交通事故、劫机等的专项应急预案。

3）企事业单位、社会组织的应急预案，以本单位、本组织可能遇到的主要突发事件为主，比如一个化工企业与一所学校各自的应急预案在内容上肯定有着重大的区别。

第四，如何制定并形成一个针对性强、内容完备、实操效果好的应急预案？

1）组织专门人员队伍，吸收专家成员；

2）深入、细致调查和梳理潜在隐患、致灾因子；

3）进行科学的风险评估；

4）进行利益相关者分析；

5）合理确定责任主体、参与主体和各自职责；

6）确定应急所需的各种资源和服务；

7）建立有效的运行机制和程序；

8）特别要列出存在的问题；

9）征求多方意见和建议，特别是职责分配和工作流程部分；

10）进行演习和演练；

11）总结经验、教训，不断修改完善。

第五，制定应急预案特别应当注意哪些问题？

1）必须找准立足点，预案要有针对性，不能眉毛胡子一把抓，一是区域、二是行业、三是类型，一定要清楚；

2）致灾因子、安全隐患的梳理和评估要慎重，不要盲目求全而忽视重点；

3）对预案所涉及的通信、信息、物资状态要给予高度重视，不能想当然；

4）目标要切实，以人的生命健康为第一要务，目标不要盲目扩大和提高；

5）利益相关者分析是必要的环节；

6）术语要准确，语言要简练，用字要规范；

7）明确演练要求和标准。

（2）资源的准备。

关于应急管理的资源，我们在第五章已经进行了专门的讨论学习，在这里具体研究如何准备资源。

1）人力资源的准备。人力资源是最重要、最核心的应急资源。应急人力资源要进行分类和专业化准备，分为常备类型和紧急调用类型。

专业化的人力资源包括消防人员、防疫人员、医务人员、大型设备操控人员等。

可紧急调用的人力资源如部队等（多数国家的武装力量在突发事件时都是可依靠的力量之一）。

人力资源的准备还包括人员的培训和演练，这是提高人力资源水平的有效手段。

2）设施、设备、装备等物资资源的准备。一是解决有没有的问题；二是解决能不能用的问题；三是解决使用的程序性问题；四是解决在多长时间内能够投入使用的问题；五是解决常备不足时如何尽快补充的问题。

应急管理时需要大量的物资装备，不可能所有的物资都准备，也没有必要那样做。所以要区分必要程度、通用程度、保存难易程度。一般物资准备的重点是生产周期长、救援通用性强、维护维修容易、不易腐烂变质的物资。

物资准备可以采用按类别分别准备、分地点存放的办法进行。

3）应急资金的准备。应急资金包括物资设施、设备、装备等投入的资金，也包括突发事件处置过程中所需资金。这两者之间有着复杂的关联。例如，按照抗击百年一遇的洪水的标准，保证施工质量，修建了防洪大堤，投入资金巨大；在洪水来临时，损失很小或者完全避免了因洪水造成的灾难，那么用于突发洪水灾害的资金就极少甚至不需要了，同时避免了洪水造成的财产损失和经济损失。

政府是应急资金的主要来源，这是政府必须承担的责任，所以应急资金应当列入政府的财政预算。我国的《预算法》在这方面就有明确规定，各级政府应当按照预算支出总额的 1%~3% 设置预备费，用于自然灾害救助或者其他突发事件。

在资金准备中，保险是值得注意的一个重要方面。保险是应急资金的重要来源（在我国还没有引起足够的重视）。利用保险，可以分担政府的财政支出，还可以将突发事件的风险分散到不同的时间和地区。美国 1968 年颁布了《全国洪水保险法》，“9·11”事件之后，又出台了《恐怖主义风险保险法案》等。在这方面，我国发展的空间非常之大。

4）应急通信的准备。通信设施、设备的准备、维护的重要程度是无论怎么表述都不过分的，通信在应急管理中的地位和作用日益得到各方面的重视，我们在前面也把通信与信息管理系统从指挥系统中分离出来进行重点研讨。

通信的准备，一是要准备两种方式以上的通信系统；二是要考虑卫星、网络、电话等多种方式立体交叉的分配；三是经常性地检查和维护，保障畅通。

练一练

案例题

2012 年 7 月 21 日，北京及其周边地区遭遇 61 年来最强暴雨及洪涝灾害。截至当年 8 月 6 日，北京有 79 人因此次暴雨死亡。北京市政府举行的灾情通报会公布的数据显示，此次暴雨造成房屋倒塌 10 660 间，160.2 万人受灾，经济损失 116.4 亿元。此后，北京市高度重视防洪防涝工作。请据此回答以下问题：

1. 应急预案的内容框架是什么？
2. 根据自己掌握的知识，设计一个关于北京防止城市内涝的应急预案。
3. 准备阶段中的资源准备有哪些？
4. 北京防止城市内涝应当准备哪些应急资源？

知识点 4 公共安全管理流程的基本内容——响应

响应是指从预测到突发事件的那一刻起，应急管理所采取的一切减轻损失、挽救生命、保护财产和环境的行动。这是一个极其复杂的多方面、多层次、多维度的立体交叉系统。

（1）应急响应有哪些作用呢？

1）灾情评估和预测，为决策提供条件。

在接到报警信息或者突发事件突然发生后，立即综合判断情况，即所谓摸清灾情。有的人误以为响应就是救援，那是错误的，救援是响应的一个具体方面，甚至评估不清会影响救援的实施。例如 2013 年四川雅安发生了 7 级地震，有些救援机构和队伍在灾情不清的情况下，简单比照汶川地震的需要，组织了大批的大型设备运往灾区，结果不仅用不上，还造成了严重的交通拥堵。本意和出发点都极其正确，只是灾情评估不清，响应措施不得当。

评估包括灾害的影响和损失评估，也包括处置灾情所需的资源评估。迅速把评估信息报送应急指挥系统，有助于救援的实施。

2）影响控制。所谓影响控制就是把损失降低到最低限度，尽力把握突发事件的发展趋势，对其影响进行控制。

有一种分类方法，把突发事件分成龙卷风型、腹泻型、长投影型和文火型，其依据就是有的突发事件有一定的持续性，而有的则发展极其快速。

影响控制是针对那些有一定持续时长的突发事件，要采取响应措施控制它不向不良方向发展，减少损失。

3）挽救生命，保护财产和环境。在应急管理中，没有什么比挽救生命更重要。第一步，根据突发事件的性质和类型确定是否需要撤离人员（核泄漏时无条件撤离）；第二步，转移到安全地带避险；第三步，清点应有人员，对失踪人员进行搜救；第四步，保护救助受伤人员；第五步，为灾民提供基本生活条件。

当突发事件一经发生，一般要对危险的区域进行封锁控制，禁止非施救人员进入，防止事态扩大，并保证救援的秩序。

实施救助行动，保护财产和环境。如火灾的消防救助。

4）资源调配。根据评估结果，合理调配应急资源，包括向市场采购、动员社会捐助、启动特定资源的生产、救援队伍的调集等。科学高效的资源调配能够大幅提高突发事件的处置效果，有效维护救援的秩序，减少资源的浪费。

（2）应急响应应当遵循什么样的原则？

1）以人为本，生命优先；

2）统一领导，分级负责；

3）社会动员，协调协同；

4）属地为主，多方支援；

5）依靠科学，专业处置；

6）合法合规，适度反应。

这里的合法合规，适度反应原则有着独特的意义，应急管理虽然是非程序决策，快速反应，但是不能允许违法乱纪的行为，各个主体的行为和决策必须在法律范围内进行。既不能夸大事态，无限制调用应急资源，也不能大事化小，漠视人民生命财产的损失，任由损失发生发展。

（3）应急响应的一般流程。

1）接警与评估；

2）初步处置与报告；

3）启动应急预案；

4）现场指挥协调；

5）救助救援；

6）救援与再报告；

7）信息公布。

（4）突发事件现场的应急响应。

在应急管理中，一个原则就是属地为主，所以通常在突发事件所在地域要求当地政府部门快速反应。

1）设置警戒线，保护秩序，避免事态扩大。对于范围较大的突发事件，在必要时应当进行交通管制，并通过应急通信系统向社会公布。

2）进行力所能及的先期处置。在向上级政府报告后，不能等待，当地应当立即开展处置，对于人员的撤离、避难，危险物品的抢险等需要立即启动。

3）组织人员安全撤离和疏散。

4）救助受伤人员。

5）维护现场秩序。

6）重要目标和设施的保护。

7）突发事件基本信息的整理和报告。

（5）应急响应中的决策。

应急响应头绪多，情况变化快，涉及面广，决策信息不完整，所以对决策的要求极高。应急响应中决策的一般步骤（我们没有用程序表述，因为我们将这个决策归结为非程序决策）包括：

1）评估事件基本情况；

2）商讨控制事件的初步方案，要有备选和变通方案；

3）下达指令实施方案；

4）追踪和监督方案实施过程；

5）接收方案实施情况反馈及综合其他信息；

6）修正决策或进行新的决策。

（6）应急响应的一般性措施有哪些？

1）救助性措施，这是以人为本原则的体现，必须将生命安全放在响应的第一位，包括救治、疏散、撤离等。

2）控制性措施，包括警戒、隔离、重点目标保护、秩序维护等。

3）动员性措施，包括社会动员、组织捐助、临时依法征用、人力召集等。

4）调度性措施，主要是指各种应急资源的调配。

5）预防性措施，在控制事态的基础上，减少次生灾害，防止二次伤害等。

6）保障性措施，基本生活条件的配置，包括医疗、交通、住宿等。

（7）应急响应中的特殊问题。

1）必须做好参加救助人员的人身安全保护，包括设备装备的配置、劳动防护、强制休息等。对于社会安全事件的应急响应还需要对参与处置人员进行特殊的防护。

2）突发事件现场的指挥与协调。现场指挥可能不是最高领导，但是现场指挥在应急响应时应当是全权处置，不能政出多门，更不能依据日常工作分工要求有关部门只能按常规分工接受指令，应维护现场指挥的权威和指令的畅通。

3）对次生灾害的防范。在某些突发事件中，次生灾害的影响不容轻视，有时会产生大于原生灾害的损失，所以，应急响应中需要动态监测和关注事态发展，做好必要的防范。例如地震之后还要防止瘟疫的爆发等。

练一练

1. 简答题

（1）应急响应应当遵循的原则有哪些?

（2）如何理解应急响应的作用?

（3）简要回答应急响应的一般流程。

2. 论述题

试分别论述应急响应的一般流程与现场应急响应的基本做法。

知识点 5 公共安全管理流程的基本内容——恢复

在应急管理的整个流程中，随着各项响应决策的实施，事态逐步得到控制，不再向不良方向延展，说明响应阶段取得了成效，但是并不是应急管理的结束，只是进入了后一个阶段，即恢复阶段。所谓恢复，是由政府及社会各方利用多种措施进行复原和重建的过程。包括经济、社会、环境等内容的恢复，也包括对受到影响的组织和个体的恢复。

（1）如何理解和认识恢复？

1）若按恢复的字面理解，即恢复原状，回到突发事件发生前的情况。实际上，突发事件必然造成一定的损失，有的损失和破坏是可以复原的，而有的却永远不可能再回到原来状态（人员死亡、伤残等），有的是没有必要一定使之复原（如山体滑坡）。

2）这里的恢复，是应急管理的一个阶段，是个概括性用语，包含丰富的内容，理解这个词需要注意两点：第一，包括生产生活秩序的恢复，也包括对生活基本设施的重建；第二，包括短期内社会安定和生活，也包括长远的安全和发展。

所以，对恢复阶段要有更加广泛和深入的认识。

（2）恢复工作的原则。

1）政府主导，多元参与。政府是整个应急管理过程的主导和责任主体，在恢复阶段也是如此，不能认为控制紧急事态后政府就可以撤出了。政府仍然要组织协调力量，调动和配置所需资源，尽快恢复突发事件所在区域的生活生产。

2）全面恢复，突出重点。全面恢复是长期目标，需要长期努力，重点是对受损失地区的生命线系统的重建和恢复，包括供水、供电、交通、通信等，同时积极开展受灾人员的心理抚慰等。

3）生产自救，多方支援。除去政府调集和社会捐助之外，要积极组织财产受损者在秩序和环境允许的情况下开展基本生产和自救。

4）着眼减灾，寻求发展。在消除突发事件造成的破坏的基础上，在恢复重建中要根据实际情况建立防灾标准，按照缩减的要求，防止灾难的再次发生，同时抓住重建的机会，重新规划，为未来长远发展奠定基础。

5）公平公正，照顾弱小。由于社会系统、生态环境、家庭个体的脆弱性不同，所以在突发事件中受损程度不一，人们的心理感受也不同。所以，在救助、安置、物资分发等工作中应公平公正，对于老人、儿童、伤者等要给予更多的关照。

（3）恢复的主要内容。

1）对突发事件造成损失和破坏的信息的整理、分析和评估。清晰地统计出受损情况，并进行详细的分析和评估，不仅仅是估量其价值，还需要估量损失是否能够恢复，恢复所需资源的种类和数量等。如：房屋损毁无论是原址重建还是另选地址，都是可以恢复的，但是如果是山体滑坡掩埋了农田，则很难恢复农田原状，要估算其财产损失。

2）对突发事件所在地的整体环境进行评估，包括是否适合人类生活、生产设施的重新布点、生态环境的重建等。如 2011 年日本东北大地震引发福岛核电站核泄漏，相当范围的区域都被核污染，为保证居民的健康，当地不适合原址重建，需要对灾民另行安置。

3）确定所有恢复工作的对象和需求。恢复工作的对象包括个人、家庭和组织，具体情况千差万别，应当利用一切可能进行沟通，这一方面是一种心理抚慰，另一方面也是自救的动员，还可以通过沟通增加各方对恢复的认同和支持，取得更好的恢复效果。

4）制订恢复的整体计划和轻重缓急顺序。恢复工作异常复杂，既有人的思想情感沟通，也有资金物资的调配和协调，有的灾难性突发事件还涉及土地的重新规划等，需要进行整体的设计。由于突发事件的类别不同，造成的损害也不同，需要恢复的内容也存在差异，在不可能整齐划一的情况下，要分出主次、轻重和缓急，与生命生活相关的一定是排在最优先的位置。

5）多方调配恢复所需资源。对于影响巨大、破坏严重的突发事件，仅靠政府行政调拨是不够的，还要积极动员社会力量、企业单位、志愿者组织等进行社会捐助，共渡难关。有的恢复和重建工作是专业性较强的工作，必须要由专业人员完成，如电力设施、燃气管道、高层建筑等。

6）组织力量按恢复计划落实并监督整改。恢复的过程是计划实施的过程，也是不断整改完善的过程，是对突发事件之前的调整，也是对恢复计划本身的完善；还要着眼于减灾防灾，执行标准，保证质量。例如，因为原来选址不科学，导致化工厂爆炸后污染了城市饮水源，在恢复时就需要对原来的土地使用规划进行调整。

7）总结和反思。恢复还包括对突发事件的诱因、发生、过程处置、损失情况进行全方位的反思，找出薄弱环节，分析人为原因和自然原因等，目的是减少和避免突发事件的发生，为突发事件的应急管理提供经验。

恢复的主要内容如图 7－4 所示。

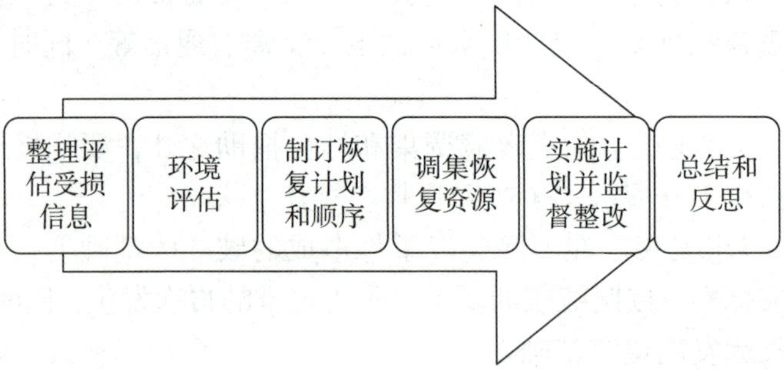

图 7－4　恢复的主要内容

（4）恢复中的特殊问题。

1）恢复与响应是应急管理的两个不同阶段，但是两者之间有许多是交叉在一起的，有人力队伍的交叉、物资资金的交叉，还有时间上的交叉。所以是否在应急响应指挥之外另行成立恢复工作领导组织、什么时间成立，都要依据突发事件的具体情况而定，并没有固定的模式。

2）与利益相关者的沟通协调是恢复工作的重要环节。恢复的目的和目标与他们紧密关联在一起，他们本身是突发事件的受损者，但是在恢复中有着不同的利益需求，对恢复计划、实施方案可能存在着支持度上的差异，需要尽可能争取利益相关者的认同，扩大支持面，减少恢复的阻力，增大恢复的力量。

3）对弱势群体的照顾是恢复中需要坚持的一个原则，但是如何界定弱势群体、他们需要在哪些方面获得照顾、如何使得对弱势群体的照顾落到实处，是需要一定的理论功底和政策水平的，同时需要说服其他的利益相关者，得到他们的支持。

4）在恢复中尽可能地考虑发展性恢复，要把突发事件的发生和响应看作是一个提升减灾防灾标准、强化社会脆弱性建设、谋求更高层次发展的契机，在更高水平上进行规划和重建。

练一练

1. 多项选择题

恢复工作的原则包括：

A. 政府主导，多元参与

B. 全面恢复，突出重点

C. 生产自救，多方支援

D. 着眼减灾，寻求发展

E. 现金为主，其他为辅

2. 论述题

试论述恢复的主要内容。

知识点6 我国突发事件应急管理的基本流程

根据我国《突发事件应对法》，可以归纳出我国法定的应急管理的基本流程：

（1）预防与应急准备（该法第二章）。

（2）监测与预警（该法第三章）。

（3）应急处置与救援（该法第四章）。

（4）事后恢复与重建（该法第五章）。

流程示意图如图 7－5 所示。

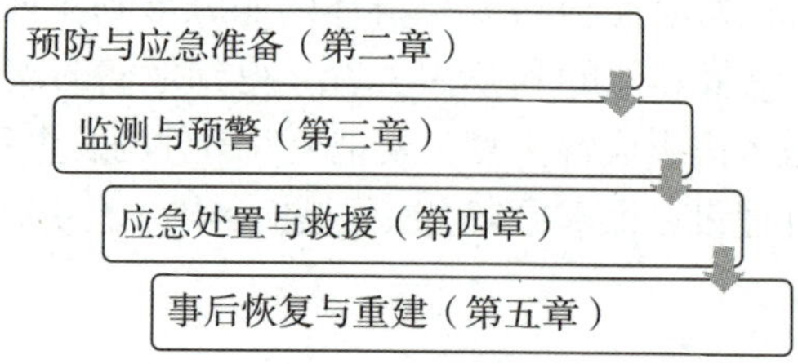

图 7－5　我国突发事件应急管理流程

练一练

简答题

按照我国《突发事件应对法》，我国突发事件应急管理的基本流程是什么？

知识点 7　我国突发事件应急管理的内容

（1）预防与应急准备。

包括：分级制定相应的应急预案；设备和应急基础设施、避难场所建设；风险评估、检查、监控；制度建设和完善；消除安全生产生活隐患；公共安全教育和培训；应急救援演练；经费、物资、应急处置装备等保障；通信设备设施建设维护；专业人才培养等。

（2）监测与预警。

包括：统一的信息系统建设；报告制度；监测制度；预警制度；应急预案的启动；预警期的主要措施；警报解除制度等。

（3）应急处置与救援。

包括：措施的确定；资源的调配；信息发布；人力动员；秩序维护等。

针对自然灾害、事故灾难和公共卫生事件，我国《突发事件应对法》第四十九条规定了 10 项措施：

1）组织营救和救治受害人员，疏散、撤离并妥善安置受到威胁的人员以及采取其他救助措施；

2）迅速控制危险源，标明危险区域，封锁危险场所，划定警戒区，实行交通管制以及其他控制措施；

3）立即抢修被损坏的交通、通信、供水、排水、供电、供气、供热等公共设施，向受到危害的人员提供避难场所和生活必需品，实施医疗救护和卫生防疫以及其他保障措施；

4）禁止或者限制使用有关设备、设施，关闭或者限制使用有关场所，中止人员密集的活动或者可能导致危害扩大的生产经营活动以及采取其他保护措施；

5）启用本级人民政府设置的财政预备费和储备的应急救援物资，必要时调用其他急需物资、设备、设施、工具；

6）组织公民参加应急救援和处置工作，要求具有特定专长的人员提供服务；

7）保障食品、饮用水、燃料等基本生活必需品的供应；

8）依法从严惩处囤积居奇、哄抬物价、制假售假等扰乱市场秩序的行为，稳定市场价格，维护市场秩序；

9）依法从严惩处哄抢财物、干扰破坏应急处置工作等扰乱社会秩序的行为，维护社会治安；

10）采取防止发生次生、衍生事件的必要措施。

（4）事后恢复与重建。

包括：防止次生、衍生和新生灾害；损失评估；制订重建计划；公共基础设施的修复；救助、抚恤、抚慰、补偿等政策制定与执行；事件的总结与反思等。

我国突发事件应急管理的内容如图 7－6 所示。

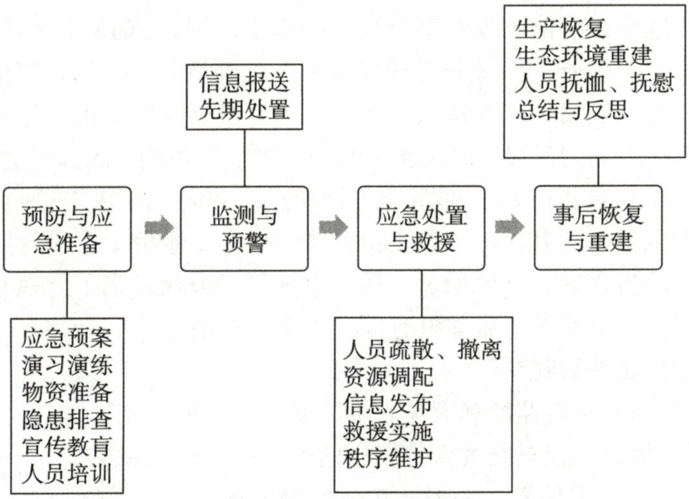

图 7－6　我国突发事件应急管理的内容

练一练

论述题

依据我国《突发事件应对法》，试述我国突发事件应急管理的主要内容。

知识点 8 我国的突发事件预警制度

我国《突发事件应对法》第四十二条规定："国家建立健全突发事件预警制度。"

预警是减少突发事件发生的突然性和意外性，减轻应急管理者在事件发生时的被动和无准备状况的必要手段，也是警示可能受到突发事件影响或损害的主体，危险发生的可能性正在增大，需要采取必要措施，从而降低损失的有效机制。

预警在应急管理中经常能够发挥事半功倍的作用。例如 2018 年 8 月 11 日北京房山发生的山体滑坡事件，近 3 万立方米的泥石瞬间滚落在道路上，前后方都是车辆和人员，却没有人员伤亡，没有车辆损失。为什么？是因为预警机制发挥了重大作用。负责此区域的监测员是一位居住在附近的村民，他在连续的降雨中坚持观测，认真负责地进行监测评估，他判断此处可能发生山体滑坡后立即阻止车辆通过，并向上级报告了险情，在不到 10 分钟的时间内滑坡发生了，预警挽救了数十位人员的生命，避免了车辆等财产损失。当地政府在得到该监测员的报告后，立即通过广播、电视等向公众发出了此地有可能发生山体滑坡的预警信息，所以在滑坡发生后并没有造成过度的拥堵。

（1）预警的过程是什么呢？

1）获取信息。信息来自监测和有关人员、部门的上报。

2）分析和评估信息。包括突发事件发生的可能性、原因和类型、可能的影响程度等。

3）按照规定程序上报信息。一般会对事件程度规定一个限度，事件在达到限度后必须立即上报，同时也是要求事件在达到这个限度后才上报。但是信息的分析评估本身主观性比较强，而且突发事件本身也是不确定的，我们并不能过度要求信息分析和评估人员做到准确预报，所以存在一定的误差是正常现象。预警本身的目的是警示大家有所准备，避免过大损失，预警并不能阻止突发事件的发生，也不能确定它必然发生。

4）预警反应。有学者认为预警只是针对应急管理决策者的，是为了让决策者有所准备。这只是一方面，更主要的是向可能受到损害的主体发出警示。我国《突发事件应对法》就明确规定，县级以上政府在判定后要定时向社会公布与公众有关的突发事件的预测信息和分析结果，向社会发出警告，宣传避险知识，公布应急电话等。

（2）发出预警或者预警系统运行应当遵循什么原则呢？

1）及时性。突发事件预警功能得以实现的前提是在突发事件发生前已经识别存在的威胁，并警示民众、敦促民众采取必要的行动。

2）客观性。预警是从客观信息中分析得出的结论，是建立在真实的信息基础和历史资料之上的，不能是纯粹的主观臆测。客观的预警不等于准确的预警，完全准确的突发事件的预警是不存在的，突发事件本身就是出乎人们预料的。如果按照逻辑推理分析就可以完全准确的预测，那是具有规律的客观实际，而不是突发事件。比如，预测说如果把手伸进滚开的水中就会被烫伤，这是准确的，但是即使真正把手伸进滚开的水中被烫伤了，那也不是突发事件。

3）简单易懂性。预警的目的是警示，而不是宣讲，不需要概念、理论、逻辑等，不需要所谓的科学依据。那些是必要的，但是不能用来进行预警。预警一定要让所有的警示对象都听得懂、看得明白，没有歧义，不需要猜测。

4）无歧视送达原则。突发事件预警是政府行为，是为了公共安全，而不是个人或少数人的秘密。所以，预警是要通过多种方式反复公开播报，加上重点提示的方法进行的。对于绝大多数民众而言，通过现代通信系统获取信息是足够的，同时要考虑到独居老人、失明或失聪者等。

（3）预警如何向社会发出才能取得预期的效果？

如果对一个突发事件，政府有关部门及时发出了预警，但是没有引起民众的重视，出现本来可以避免的悲剧局面，那是非常可惜的。那么如何才能更好地实现向社会传达预警信息呢？

1）平时需要加强突发事件应急管理的教育和培训，让更多的社会成员知晓突发事件的危害。

2）建立权威的、固定的信息发布渠道，当然其他多种手段配合发布是必要的，但是一定是要有一个公众给予高度信任的渠道，如固定电视频道、无线电波段等。

3）针对不同的群体采取必要的不同的手段。比如我们认为一般情况可以通过手机信号系统提醒到每一位市民，那对于没有手机信号的地方的居民就应当通过有线电话、人工传达等方式通知他。前面所举的北京房山山体滑坡的例子就是相关人员以直接在路上拦截过往行人与车辆并告知的方式发出预警。

4）广泛利用社会组织体系。如学校向学生传达、单位向职工传达、社区向居民传达等。

5）及时调整预警级别或者取消预警。突发事件是在不断变化之中的，有的在向社会发出预警的同时，政府已经采取了减灾行动并取得了良好的效果，发生突发事件的可能性已经大大降低了，政府一定要向社会告知政府的努力和取得的成效，并调整预警级别或者取消预警。

练一练

1. 简答题

预警系统运行必须遵守的四项原则是什么？

2. 开放式论述题

结合你居住社区的人口、建筑、通信、物业等具体情况，谈谈如何向社会发出预警。

第八章

公共安全规划

学习导引

本章内容是在前面七章的基础上，了解了公共安全的重要性和加强应急管理的必要性之后，理解从源头做起的重要意义，即从公共安全规划做起。

公共安全规划既有全面的整体性规划，也有专项的具体性规划；既有以工程、项目、建设为主的硬规划，也有以政策、教育、培训、演练为主的软规划。

公共安全规划是有针对性的，而非盲目的，需结合一定区域的灾害构成和法律法规的要求来制定公共安全规划。

城市是公共安全规划的重点区域。本章综合分析了我国城市的防灾形势、灾害类型，从总体与专项的不同视角提出了解决方案，特别是以城市防洪防涝和抗震防灾为例，为大家提供了城市公共安全规划的参考。

家庭是社会的细胞，在公共安全管理中有着独特的地位。所以，本章专门从一个家庭的视角出发，从软硬两个方面给出了一般性家庭的公共安全规划。

学习目标

（1）了解公共安全规划的含义以及与突发事件应急预案的关系。
（2）掌握城市的主要灾害和居住区的灾害构成。
（3）能够分析我国的城市防灾形势并提出城市建设防灾体系的建议。
（4）掌握软规划和硬规划的区别，特别要掌握硬规划的主要内容。
（5）以城市防洪防涝为例提出专项规划。
（6）以抗震防灾为例提出专项规划。
（7）了解公共安全规划的重点区域。
（8）以家庭为例制定公共安全规划。

知识结构

本章内容的内在逻辑性比较强，有一条主线，就是公共安全规划。什么是公共安全规划？为什么要进行公共安全规划？按照什么来制定公共安全规划？公共安全规划的内容有哪些？重点在哪里？从国家到城市、社区，直至一个家庭都需要进行公共安全规划。

本章知识结构图如下。

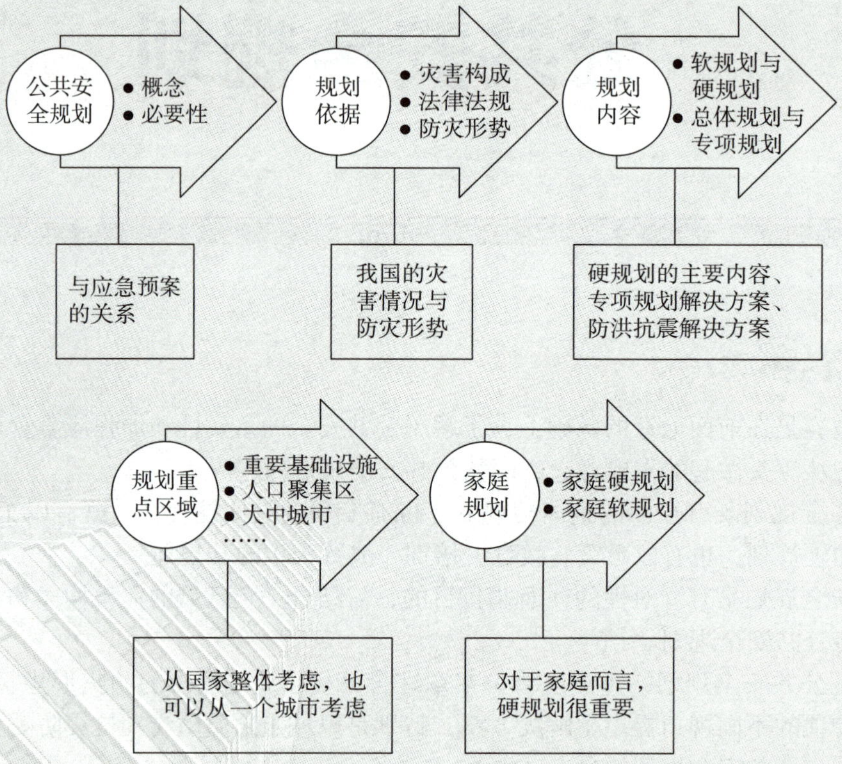

第一节　公共安全规划的概念与必要性

党的十九大报告明确要求，健全公共安全体系，遏制重特大安全事故，提升防灾减灾救灾能力，加快社会治安防控体系建设等。国务院印发的《国家突发事件应急体系建设“十三五”规划》提出，到2020年，建成与有效应对公共安全风险挑战相匹配、与全面建成小康社会要求相适应、覆盖应急管理全过程、全社会共同参与的突发事件应急体系的总体目标。所以，无论是国家还是城市，乃至一个家庭，都需要对公共安全给予高度重视，采取必要措施。我们认为，制定公共安全规划就是有效措施之一。

知识点1　公共安全规划的概念

公共安全能不能通过规划和设计的方式得到一定程度的维护？答案是肯定的。这一点我们已经从灾害的发生机制、人类社会对灾害的认识和管理历程等多个角度进行了讨论。

公共安全规划就是为了保障公共安全而对人们的生活、生产设施和环境的规划设计。

（1）规划的目的是保障公共安全；

（2）规划的内容包括人们的生活设施、生产设施和环境；

（3）公共安全规划是一个持续的、动态的过程；

（4）公共安全规划的直接产出是应急预案，与此相关的是社会公共安全意识的提高。

那么，是不是进行了公共安全规划，公共安全就有保障了呢？与这个问题相似，是不是制定了突发事件应急预案，就不发生突发事件了呢？显然不是。当前在认识上存在着把公共安全规划神化的现象，以为只要有了这个规划，一切就都安全了。这实际上是一种错误的认识。以前，对于公共安全的认识没有达到一定的程度，所以对于预防突发事件多数出于自发的状态或者仅是局部、行业得到重视的状态，还没有能够从公共安全的高度成系统地、全面地、分层次地进行规划和设计。我们现在应当给予高度重视，但是并不能过分夸大规划的作用。

实际上，我国古代积累了大量的关于生活设施、生产设施规划设计的思想。比如，在古代战争中，就有许多关于选址安营扎寨的故事，扎营必须考虑水源方便，易守难攻，不给对方提供水淹、火攻等可能性。再如，由于我国所处的地理位置在北半球，所以一直有建设房屋时正房的门窗向南开的要求，还有在总体上要靠山邻水、面南背北的要求。这并不是迷信，而是经验的总结，是朴素的安全思想对生活生产的规划和设计。

练一练

1. 单项选择题

下列关于公共安全规划的说法中，错误的是：

A. 公共安全规划就是总的应急预案

B. 公共安全规划是持续的、动态的过程

C. 公共安全规划的目的是保障公共安全

D. 公共安全规划包括生产设施和环境

2. 简答题

什么是公共安全规划？它与应急预案是什么关系？

知识点 2 公共安全规划的必要性

要讨论规划的必要性，就必须研究一下规划的作用。我们认为，公共安全规划的作用主要包括以下几个方面：

（1）有利于更好地做好防范准备。公共安全规划与设计本身是一个过程，这个过程是我们进行应急管理的准备环节的重要组成部分，同时也是加强准备工作的针对性的基础性工作。我们在讨论公共安全管理流程时，研究过制定应急预案，如果存在一个公共安全规划，应急预案的制定就有了良好的基础，同时在规划中提出的一些标准性要求、结构性减灾防灾措施和工程必然会在整个管理流程中发挥应有的作用。

（2）减少人为的致灾因子，或者减少人类行为与自然灾害的耦合条件。人类与环境和谐相处，限制和规范人们自己的行为，不去对环境做无知无畏的大肆破坏，可以减少因为人类不良行为带来的灾害。例如，过度放牧—草原退化—土壤沙化—沙漠进逼—沙尘暴肆虐，就是一种恶性循环。

（3）强化或弥补承灾体的脆弱性。我们知道，灾害的发生不仅取决于致灾因子，也与脆弱性有关。我们通过积极的规划设计，使原本脆弱的部分或者方面得到加强，也是有效减灾防灾的努力方向。如果我们已经认识到一个社会问题具有普遍性，极易引发社会矛盾，导致群体事件，及早地通过规划设计提出改进措施和办法，对之进行化解，有些矛盾就不会激化，恶性事件就不会出现。

（4）促使公共安全的保障体系更加配套。在规划和设计过程中，必须对相应的资源进行整理，包括对资源的存储和分布。规划可以发现资源管理方面的不足，进行及早的调配和强化。比如医疗设施的配备，现在城市发展中往往忽视医院的布点和配备。从公共安全的角度讲，对于多大地域、多少人口应当配备什么规格的医院要做出规划和要求，在突发事件应急管理中资源的调配会更高效。

（5）明确政府的责任主体地位，建立多元主体参与的公共安全管理组织体系。通过规划，让更多的社会主体知道并明确自己在公共安全体系中的作用与承担的职责，增强参与的主动性。

公共安全规划的过程如图 8－1 所示。

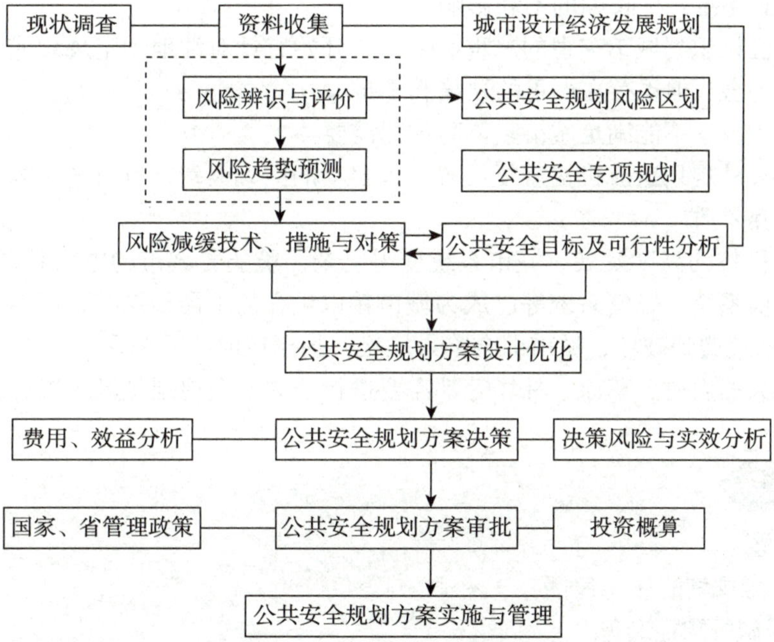

图 8－1　公共安全规划的过程

笼统地讲，公共安全规划的目的就是保护人的生命安全、财产安全和社会秩序、生态环境。这与公共安全管理的目标是一致的，但是公共安全规划应当是具体的、动态的、可执行的，而不能停留在方向性的、静态的、无操作要求的一次性工程上。所以，对于公共安全规划，应当提出几个基本的要求：一是规划主体的广泛参与性；二是对面临风险的全面评估；三是社会灾后反应的确知性；四是责任主体的协调性；五是应急决策的创新性；六是教育培训的重要性。

有学者总结了做好公共安全规划的预期收益：

（1）明确各相关主体的责任范围与分工，保证公共安全管理工作秩序，避免因为多元主体参与而产生的混乱现象。

（2）辨识潜在的风险，避免或防止危机扩大或升级，最大限度地减少突发事件给社会公众的生命、健康和财产造成的损失。要求各主体按照分工加强动态监测，防微杜渐。

（3）将突发事件的应急管理格式化、制度化，提高应对的效率。

（4）培养和提高全社会的忧患意识，塑造预防为主的公共安全文化氛围。

（5）推进应急预案的及时更新与完善。

综合来看，当前城市公共安全规划的必要性更为突出。国家统计局的报告显示，到2017年年末，我国城镇常住人口已经达到8.1亿人，全国城市达到661个，500万人口以上城市达到16个（按户籍计算，不计算流动人口）。随着城市化的进程加快，城市人口大幅度增加，城市化带来的风险也在增大，除了自然灾害，如地震、洪水、台风等外，还会遇到各种突发性和非突发性的人为灾害，如火灾、爆炸、燃气泄漏、交通事故、环境污染等。同时，灾害导致的后果严重程度也大为增加，因为城市人口、财产密度增大，不管发生人为灾害还是自然灾害，其人员伤亡和财产损失都是巨大的，还存在很强的远期效应，对社会、经济、生态系统产生长期的不利影响。

虽然人们已认识到城市灾害的严重后果，并开始有针对性地制定规划或采取措施来预防或减缓城市灾害，但也存在严重的缺陷和不足：

（1）各自为政，不能满足城市整体防灾的需要。

（2）各单灾种规划造成机构重复设置、人财物的巨大浪费，有时各规划之间不能互相协调，甚至相互矛盾。

（3）随着科技的高度发展，城市系统变得复杂而脆弱，城市的电力系统、交通系统、供水系统、通信系统、燃气系统等已成为城市赖以生存的生命线系统，所谓"牵一发而动全身"，任何系统遭到破坏，城市即会陷入瘫痪，甚至造成严重恶果。

当然，广大的农村、草原、林场等都需要进行公共安全规划是毋庸置疑的。

练一练

多项选择题

1. 公共安全规划的作用包括：

A. 有利于做好防范准备

B. 有利于减少人为致灾因子

C. 能够强化承灾体的脆弱性

D. 促使保障体系更加配套

E. 明确政府主体地位

2. 公共安全规划应当符合哪几项基本要求？

A. 规划主体的广泛参与性

B. 对面临风险的全面评估

C. 社会灾后反应的确知性

D. 责任主体的协调性

E. 教育培训的重要性

第二节　公共安全规划的依据

知识点 1　居住区的灾害构成

依据什么进行或者开展公共安全规划？最为基础的就是所在地区的灾害构成，即本地区都发生过什么灾害、可能发生什么灾害。这就需要对本地区的致灾因子或者危险源进行调查和评估。应主要考察以下问题：

（1）本地区内历史上发生过什么灾害？直接原因是什么？造成的损失和影响如何？政府采取了什么样的措施？社会对灾害处置结果的满意度如何？

（2）本地区存在着哪些危险源？包括自然的、社会的、生产的、医疗卫生的等。这些危险源分布在什么位置？对哪些人群有危险？危险性多大？预计后果如何？

（3）相邻地区存在着哪些可能影响本地区的危险源？在什么情况下可能发生影响？有无与相仿地区的沟通协调渠道？有无建立与相邻地区的共同应急联动机制？

（4）各危险源的主要责任部门是哪些？这些部门是否知晓？有无化解或减轻的措施？对可能产生的事态有无准备？

（5）本地区在应对存在的灾害与危险中应当加强的有哪些方面？是结构性措施还是非结构性措施？

（6）本地区用于公共安全应急管理的资源构成情况、分布情况、基本状态如何？这些资源存在哪些不足？应当如何加强？

以致灾因子为主线进行公共安全规划与设计，易于得到民众的支持，因为这些是看得见、摸得到的，现实感比较强。但是这种规划也存在着不足之处：

（1）灾害本身的原因具有复杂性和多重性，往往多种原因交织在一起、叠加在一处，很难区分，有时甚至是多个灾害同时发生、先后陆续发生，次生灾害、衍生灾害频发。以单个致灾因子为主线进行公共安全规划显得力不从心、无能为力。

（2）灾害本身具有较强的不确定性，人类的认识总是有限的，是不可能完全掌握灾害的发生、发展情况的，多数情况下经验性居多，亡羊补牢者居多，而真正能够未雨绸缪的是少数。

所以，在公共安全规划中应当进一步加强对致灾因子的综合性考虑和系统性考虑，同时更多地考虑功能性规划，即缩减、准备、响应和恢复，把两者结合起来。

练一练

举例说明题

以你居住的社区为例，说明以致灾因子为主线进行公共安全规划的可行性。

知识点 2 城市的主要灾害

城市的灾害构成是城市公共安全规划的主要依据，对于城市而言，有哪些灾害呢？

（1）自然灾害。如地震、暴雨导致的城市内涝、市内山体滑坡、绿化的虫灾、沙尘暴等。

（2）城市公共基础设施事故。如被称为“城市生命线”的自来水、电力、天然气、热力、地铁、通信和网络系统等发生事故。

现在有一类设备频发恶性事故，就是公共场所的电梯。作为特种设备，必须引起高度的警觉。

城市中公共设施的生产过程是安全事故的多发、频发领域，比如地铁建设过程发生的塌方事故。

（3）城市道路交通重大事故。道路交通是城市的命脉，一旦发生重大事故，人员伤亡率特别高。需要说明的是，有的交通事故与自然灾害有关，比如雨雪天气时车辆控制困难，往往导致恶性交通事故。

城市道路危险品的运输是特例。

城市道路中的隧道是危险程度极高的区域。

（4）城市人群密集场所的灾难。如影剧院、体育馆（场）、车站、机场、码头、大型商场等，这些地方人群密集、流动性强，极易发生群死群伤的恶性事故。

有一种情况必须引起我们的注意，即临时性组织的公众活动及其所在场所，比如庙会、游园会、大型展览等。

（5）城市范围内的生产企业危险源。主要包括企业产品或材料有毒有害、易燃易爆等，还有不当操作相关设备设施引起的事故等。

由于城市的需要，往往在城市中建设有天然气贮罐库、油库、粮库等，这类危险源是重点防护目标，也是容易发生恶性事故的场所。

（6）公共卫生事件。包括突发传染病、集体性食物或药物中毒等。

（7）恐怖活动。如投毒、制造爆炸、枪击、纵火、无明确目标的严重伤害等。

（8）火灾。之所以把火灾单独列出来，是由于火灾危害巨大、损失严重、救助困难，同时原因多种多样，前面几种情况都可能导致火灾的发生，有时是间接导致，有时是直接导致。雷电可能直接引发火灾，地震也可能导致电线短路而起火；人的行为中如抽烟、做饭可能过失性引起火灾，也可能故意纵火；道路上可能发生车辆自燃，也可能由交通事故中撞击导致火灾；生产和生活过程都可能引起火灾，如装修、燃放烟花爆竹等。

（9）重点文物建筑和园区、大型文化设施，如博物馆、图书馆、学校等，需要特殊保护。

之所以我们把城市灾害单独进行讨论，是因为城市中发生灾害具有如下特点：

（1）灾害的高损失、高破坏性；

（2）灾害发生的高频率；

（3）灾害的群发性；

（4）灾害的高扩张性；

（5）灾害的区域性。

练一练

1. 列举题

列举任意 5 项你所知道的城市灾害。

2. 简答题

（1）简要回答导致城市火灾的原因。

（2）简要说明城市灾害的几个特点。

知识点3 公共安全规划的法律法规依据

在公共安全应急管理体系建设中，法律法规建设得到各国普遍重视，在前面的研究中，我们看到美国、日本等都是十分强调法律法规的建立与完善。同时，这些法律法规为公共安全规划提供了制度性依据。

（1）宪法。在宪法中设立专门的章节规定公共安全管理制度。比如德国、巴基斯坦、土耳其等国的宪法。

（2）专门的公共安全管理法。如法国的紧急状态法、美国的全国紧急状态法等。

（3）与政府公共安全管理相关的专门法律，如日本的灾害对策基本法和警察法、英国的紧急状态权力法和国内防御法等。

（4）政府颁布的法令法规。

（5）地方性的法规。

在我国，哪些法律法规是进行公共安全规划和设计的依据呢？

（1）《突发事件应对法》。规定了关于突发事件处置的所有内容，包括预案制定、主体责任、预警、培训等。

（2）《城乡规划法》。其中许多内容关系到公共安全，如制定和实施城乡规划，应当遵循城乡统筹、合理布局、节约土地、集约发展和先规划后建设的原则，改善生态环境，促进资源、能源节约和综合利用，保护耕地等自然资源和历史文化遗产，保持地方特色、民族特色和传统风貌，防止污染和其他公害，并符合区域人口发展、国防建设、防灾减灾和公共卫生、公共安全的需要。

（3）《建筑法》。包括建筑质量标准、与环境的关系、生产管理、质量管理、不得侵犯公共利益等。

（4）《防震减灾法》《水法》《草原法》《森林法》《环境保护法》等部门法。

（5）《刑法》。刑法分则第二章专门是关于公共安全的。

（6）《治安管理处罚法》。

（7）《食品安全法》。

（8）《安全生产法》。

（9）各级政府公布的应急预案及实施办法。

（10）其他相关法律法规。

练一练

单项选择题

下面哪一项不属于公共安全规划的法律依据?

A.《突发事件应对法》

B.《民事诉讼法》

C.《城乡规划法》

D.《安全生产法》

知识点 4 我国灾害情况

（1）自然灾害。

2018 年 2 月，民政部、国家减灾办发布 2017 年全国自然灾害基本情况。经核定，2017 年，我国自然灾害以洪涝、台风、干旱和地震灾害为主，风雹、低温冷冻、雪灾、崩塌、滑坡、泥石流和森林火灾等灾害也有不同程度发生。各类自然灾害共造成全国 1.4 亿人次受灾，881 人死亡，98 人失踪，525.3 万人次紧急转移安置，170.2 万人次需紧急生活救助；15.3 万间房屋倒塌，31.2 万间严重损坏，126.7 万间一般损坏；农作物受灾面积 18 478.1 千公顷，其中绝收 1 826.7 千公顷；直接经济损失 3 018.7 亿元。

总体来看，2017 年灾情与近 5 年均值相比明显偏轻。其中，倒塌房屋和损坏房屋数量减少 6 成以上，受灾人口、因灾死亡失踪人口和紧急转移安置人口减少 4 成以上，农作物受灾面积和直接经济损失减少 2 成以上。与 2016 年相比，2017 年灾情明显偏轻。2017 年，全国自然灾害主要呈现以下特点：

1）灾害影响范围广，局部损失严重。全国 31 个省（自治区、直辖市）的近 2 400 个县（市、区）不同程度受到自然灾害影响，受灾县数量占全国县级行政区总数 80% 以上。灾害造成的损失在时空分布上相对集中。从时间上看，洪涝、干旱、地震等自然灾害造成的损失集中在 6 月下旬至 8 月上旬，各项灾害损失占全年损失的 4~8 成。从区域上看，灾情严重的省份主要集中在湖南、吉林、四川、广东、陕西、湖北、新疆、广西、江西等省（自治区），特别是湖南和吉林两省灾情较近年明显偏重，两省的因灾倒损房屋数量和直接经济损失均为 2012 年以来最高值。

2）西部地区人员伤亡较重，特困地区灾害救助任务较重。2017 年各类自然灾害共造成西部地区 545 人死亡（含失踪），占全国因灾死亡失踪人口总数近 6 成；5 人以上死亡失踪的重大自然灾害事件共计 39 次，涉及 19 个省份，其中 6 成以上发生在西部地区。集中连片特困地区受自然环境和抗灾能力等因素影响，全国特困县几乎全部受灾，县均重复受灾近 5 次，各项灾害损失占全国总损失约 5 成。灾贫叠加导致集中连片特困地区受灾群众应急救助、过渡期安置以及倒损民房恢复重建等救助任务繁重。

3）主汛期暴雨洪涝集中发生，秋汛灾害影响较重。2017 年全国共出现 43 次大范围强降雨过程。其中，6 月下旬至 7 月初，南方地区连续出现 11 天的强降雨天气，局地最大累计降雨量超过当地年均降水量的三分之二，造成长江中下游发生区域性大洪水，湖南、江西、贵州、广西、四川等省（自治区）发生严重洪涝灾害。7 月中下旬至 8 月上旬，东北、西北等地接连出现强降雨过程，吉林省吉林市重复内涝、陕西无定河发生超历史洪水，吉林、陕西两省灾情严重。9 月中旬至 10 月，安徽、河南、湖北、陕西等省持续出现连续阴雨天气，汉江等江河发生流域性洪水，秋汛灾害损失为近 5 年同期最高。据统计，2017 年洪涝和地质灾害共造成全国 6 951.2 万人次受灾，674 人死亡，75 人失踪，397.5 万人次紧急转移安置；13.4 万间房屋倒塌，23.2 万间严重损坏，77.7 万间一般损坏；直接经济损失 1 909.9 亿元。

4）台风登陆集中，部分区域重复受灾。2017 年西北太平洋和南海共有 26 个台风生成，其中 8 个登陆我国，登陆个数较常年偏多，登陆的时间集中在 7 月末至 9 月初。7 月 30 日、31 日，第 9 号台风"纳沙"、第 10 号台风"海棠"先后在福建福清沿海登陆，24 小时内登陆同一地点，属历史首次，造成福建省灾情较重。8 月 23 日至 9 月 3 日，第 13 号台风"天鸽"、第 14 号台风"帕卡"、第 16 号台风"玛娃"接连在广东沿海登陆，特别是第 13 号台风"天鸽"为 2017 年登陆我国的最强台风，也是 1949 年以来 8 月登陆广东的最强台风之一。短时间 3 个台风连续登陆，造成广东省珠海市等地重复受灾、灾情严重，广东省直接经济损失占全国台风灾害总损失的 8 成以上。据统计，2017 年台风灾害共造成全国 587.9 万人次受灾，35 人死亡，9 人失踪，109.1 万人次紧急转移安置；近 4 000 间房屋倒塌，5 000 余间严重损坏，3.3 万间一般损坏；直接经济损失 346.2 亿元。

5）高温少雨天气导致北方部分地区春夏连旱。2017 年全国旱灾时段、区域相对集中，主要是北方部分地区出现春夏连旱。其中，4 月至 5 月，东北、华北和山东等地出现阶段性高温少雨天气，东北、内蒙古、河北、山东等地旱情初露；6 月下旬至 7 月中旬，北方地区出现近 12 年以来最强持续性高温天气，内蒙古中东部、华北、西北地区东南部等地降水量较常年同期偏少 3 成以上，造成山西、内蒙古、辽宁、吉林、山东、陕西和甘肃等 7 省（自治区）旱情较重。据统计，2017 年干旱灾害共造成全国农作物受灾面积 9 874.8 千公顷，其中绝收 752.4 千公顷，直接经济损失 375 亿元。

6）地震发生次数偏少，但震级偏高。2017 年我国大陆地区共发生 5 级以上地震 13 次，发生次数处于 2012 年以来偏低水平，但发生在西部地区的地震震级偏高。其中，8 月 8 日四川九寨沟发生 7.0 级地震，震级为 2012 年以来次高（仅低于 2014 年 2 月 12 日新疆于田 7.3 级地震），8 月 9 日新疆精河发生 6.6 级地震，5 月 11 日新疆塔什库尔干发生 5.5 级地震，这 3 次地震均造成较重损失，占全年地震灾害总损失的 8 成以上。据统计，2017 年地震灾害共造成全国 12 个省（自治区、直辖市）和新疆生产建设兵团 64.8 万人次受灾，

33 人死亡，5 人失踪，15.9 万人次紧急转移安置；1.3 万间房屋倒塌，6.1 万间严重损坏，33.8 万间一般损坏；直接经济损失 164.4 亿元。

（2）生产类事故。

2018 年 2 月，国家安监总局通报了 2017 年全国安全生产情况：

2017 年全国共发生各类生产安全事故 5.3 万起、死亡 3.8 万人，同比下降 16.2% 和 12.1%。

较大事故、重特大事故起数和死亡人数同比都下降了 18% 以上；其中特别重大事故 1 起，同比减少 3 起，为 2001 年安全监管监察体制改革以来历史最少。

煤矿、金属非金属矿山、烟花爆竹等 10 个行业领域实现事故起数和死亡人数“双下降”。

2017 年 7 月至 11 月开展的全国安全生产大检查，共停产整顿企业 6.3 万家，关闭取缔 3.1 万家，追究刑事责任 3 543 人。

练一练

简答题

简要说明我国自然灾害的特点。

知识点 5　城市防灾形势

2017 年 9 月，全国第一部城市公共安全发展报告《公共安全蓝皮书：中国城市公共安全发展报告（2016—2017）》发布。该蓝皮书全面分析了我国城市公共安全的现状和特点，对我国关于公共安全建设的政策进行深入解读，将我国城市公共安全问题划分为社会安全、事故灾难、自然灾害、公共卫生四大领域，分析我国城市公共安全管理面临的挑战，并给出相应的政策建议。

该蓝皮书采集了 35 个城市数据，根据上述指标体系计算城市公共安全综合指数以及各城市公共安全一级指数、二级指标指数，并对部分三级指标指数进行了排序，对全国 35 个城市公共安全情况有了初步认知。

报告指出，总体上我国城市应急管理体制机制不健全，当前我国城市公共安全存在的主要不足有：

（1）社会治安防控体系不健全，事故灾难防御能力不强，防灾减灾能力有待提高。

（2）城市公共安全基础设施比较薄弱，城市公共设施脆弱性增大，城市自然灾害预警能力有待加强，设备老化或标准不高、隐患不断。城市道路交通事故不断，运输线路的脆弱性凸显。城市中的建设生产项目安全隐患较多。城市消防资源不足，应急救险能力有待提升。城市公共场所管理薄弱。城市事故灾难防御面临诸多挑战。

（3）公众缺乏公共安全意识，参与度不足。

（4）城市流行性疫情防控难度不断加大，食品药品安全问题没有得到有效解决，城市公共卫生应急能力亟待提升。城市公共卫生治理的公众参与度不高，公共卫生形势依然严峻。

（5）城市应急管理体制机制不健全，应急能力有待进一步提升。

练一练

多项选择题

我国城市公共安全管理存在的主要不足包括：

A. 社会治安防控体系不健全

B. 公众参与度不足

C. 城市自然灾害预警能力有待加强

D. 食品药品安全问题没有得到有效解决

E. 应急管理体制机制不健全

知识点6 城市防灾体系的构建

蓝皮书针对问题提出了完善我国城市公共安全管理体系的四个建议：

（1）完善以政府为核心的城市公共安全治理机制。完善相关法律法规体系，使公共安全管理有法可依、有规可循；政府发挥核心作用，完善公共安全监管组织机构设置；把更多资源放在风险预防上，防患于未然；探索综合风险管理体系建设。

（2）构建政府、社会组织和全民参与的协同机制。以政府为核心，对相关社会组织进行统一领导和综合协调，加大培育扶持力度，积极推进防救专业人员队伍建设，充分发挥传统媒体和新媒体的宣教作用。

（3）构建“互联网＋公共安全”新模式。将城市公共安全管理信息化建设纳入智慧城市建设总体规划，充分运用物联网、互联网、大数据、云计算等新技术提高城市公共安全的数字化、网络化和智能化水平，并搭建信息化综合平台。

（4）进一步健全公共安全保险保障体系。社会保险是公共安全事件最主要的善后力量之一，是社会的安全网与减震器。建立强大完善的社会保障体系是公共安全管理的一个助力与坚强后盾，可以有效降低城市公共安全风险。

我们认为，蓝皮书提出的对策有一定的针对性和创新性，是完全正确的，但是是不完整的、有欠缺的。城市的防灾体系包括的内容更多，涉及的范围更广。

（1）按照组织行为逻辑，建立以政府为核心的城市防灾组织体系，包括多元主体构成、各自的职责分工、相互之间的协调与合作等。

（2）按照时间序列，规范城市防灾工作的流程，包括监测、准备、预警、报告、处置、救助、善后等。

（3）从狭义的角度分析，把防灾作为准备环节的一部分，从两个角度构建城市的防灾体系：一是结构性防灾措施；二是政策性防灾措施。

练一练

论述题

你认为应当如何构建城市防灾体系?

第三节 公共安全规划的内容

有学者把公共安全规划从内容上分为两种：一是软规划，包括政策、制度、教育、宣传等；二是硬规划，包括减灾防灾、基础设施、避难场所等（见图8－2）。

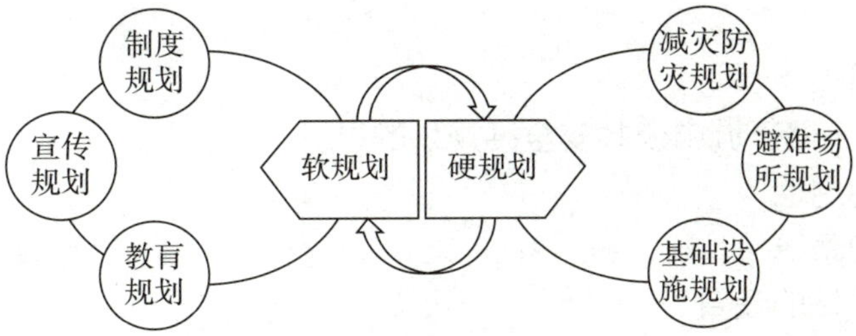

图8－2 公共安全规划的内容

知识点 1 硬规划——综合减灾防灾的主要内容

公共安全规划的软规划和硬规划，对于公共安全的管理分别发挥着自己应有的作用，并且这两者之间紧密地联系在一起。对于减灾和防灾而言，硬规划是主要内容。

硬规划的内容包括哪些方面呢？

（1）城市建设用地规划。建设用地规划是指建造建筑物、构筑物的土地进行统筹和管理，包括规划城乡住宅和公共设施用地、工矿用地、交通水利设施用地、旅游用地、军事设施用地等。

建设用地规划的法律依据包括土地法、城乡规划法、环境保护法等。对于防灾减灾，建设用地规划的作用是前置的，而其效果是通过灾害来体现的。

我们认为，城市建设用地规划对于长期的减灾防灾目标的影响要从 4 个方面考虑：

1）人口密集程度，以及由此带来的生命线建设、交通设施建设等；

2）本地域多年以来的气候气象因素及其影响（盛行风向、河流河道两边的土地使用性质等）；

3）本城市地质构造及地形地貌的影响（山坡下土地的使用情况）；

4）公用设施和工矿企业用地与周边环境的关系等。

近期或者短期的减灾防灾目标必须服从长远目标，不能为了追求短期效益特别是经济效益而置公共安全利益于不顾。例如，为了吸引投资，解决当地就业，提高当地利税，企业提出的在饮用水源处（往往是水库、江河湖泊取水口）建设高档宾馆，这会在用地规划上造成城市水源污染的危险源。

（2）城市的生命线（水电气暖等）抗灾能力的提升。城市生命线的脆弱性，是城市减灾防灾的重要对象。包括线路的选择（如高压电线与居民区、高层建筑的关系等）、质量的保证、标准的升级、应急管理设施设备的配套等。

（3）防灾避难设施建设与管理。防灾减灾设施包括防洪防涝的堤坝、排水渠、山坡防护、防火通道、重点目标的保护设施等，避难设施包括避难广场、人防工程等。

（4）城市综合防疫救护系统的提升。主要包括医疗资源的布点和配备、快速反应系统等。

练一练

1. 单项选择题

下面选项中，不属于城市公共安全硬规划的是：

A. 高层建筑的用地

B. 高压线路的路线

C. 社区避难广场的设置

D. 应急预案的论证

2. 多项选择题

城市公共安全硬规划包括：

A. 城市建设用地规划

B. 城市水源地防污染建设

C. 城市减灾避灾设施

D. 城市医疗资源的布点

E. 城市天然气管道的规划

3. 简答题

城市建设用地规划对于长期减灾防灾目标的影响体现在哪些方面？

知识点 2　公共安全专项规划

城市公共安全规划根据层级不同可以分为公共安全总体规划和专项规划。专项规划更加具有针对性，对于特定的灾害种类有其一般性、通用性的标准和做法。

天津南开大学城市管理学院的刘茂根据城市面临的灾害类型，提出了 7 项专项规划，分别针对：

（1）城市工业危险源；

（2）城市公共场所；

（3）城市公共基础设施；

（4）城市自然灾害；

（5）城市道路交通；

（6）恐怖袭击与破坏；

（7）城市突发公共卫生事件。

我们依然认为，对于城市而言，火灾是一个独立且极其重要的灾害；文物文化设施对于我国城市公共安全而言有着独特的意义，这是我国的悠久历史留给我们的宝贵财富，必须得到高度重视。所以，我们认为，城市公共安全专项规划以设置 9 个大的专项为宜。

当然，也可以而且应该进行更加细致具体的划分，比如设置地震专项、防洪防涝专项等。

练一练

列举题

请列出城市公共安全规划的任意 5 个专项规划。

知识点 3 城市防洪防涝对策

城市防洪防涝历来得到各级政府的重视。

（1）1994 年住房城乡建设部发布了国家标准《防洪标准》，并于 2014 年进行修订，其中对城市防洪做了专门的规定。

1）城市应根据其政治、经济地位的重要性或常住人口的数量分为四个防护等级。各等级的防洪标准按表 8－1 确定。

表 8－1　城市防护区的防护等级和防洪标准

防护等级	重要性	常住人口（万人）	当量经济规模（万人）	防洪标准［重现期（年）］
Ⅰ	特殊重要	≥150	≥300	≥200
Ⅱ	重要	<150，≥50	<300，≥100	200~100
Ⅲ	比较重要	<50，≥20	<100，≥40	100~50
Ⅳ	一般	<20	<40	50~20

注：当量经济规模为城市防护区人均 GDP 指数与人口的乘积，人均 GDP 指数为城市防护区人均 GDP 与同期全国人均 GDP 的比值。

2）城市可以分为几部分单独进行防护的，各防护区的防洪标准应根据其重要性、洪水危害程度和防护区常住人口的数量，按规定分别确定。

3）位于山丘区的城市，当城区分布高程相差较大时，应分析不同量级洪水可能淹没的范围，并根据淹没区常住人口和损失的大小，按规定确定其防洪标准。

4）位于平原、湖洼地区的城市，当需要防御持续时间较长的江河洪水或湖泊高水位时，其防洪标准可取标准规定中的较高值。

5）位于滨海地区的防护等级为Ⅲ及以上的城市，当按标准的防洪标准确定的设计高潮位低于当地历史最高潮位时，还应采用当地历史最高潮位进行校核。

（2）2013 年 3 月，国务院办公厅印发了《关于做好城市排水防涝设施建设工作的通知》（国办发〔2013〕23 号）。明确任务目标是：2013 年汛期前，各地区要认真排查隐患点，采取临时应急措施，有效解决当前影响较大的严重积水内涝问题，避免因暴雨内涝造成人员伤亡和重大财产损失。2014 年底前，要在摸清现状基础上，编制完成城市排水防涝设施建设规划，力争用 5 年时间完成排水管网的雨污分流改造，用 10 年左右的时间，建成较为完善的城市排水防涝工程体系。该通知还从规划、建设、保障等方面提出了具体要求，进行了部署。

（3）2015 年 10 月，国务院办公厅印发了《关于推进海绵城市建设的指导意见》（国办发〔2015〕75 号），提出工作目标：通过海绵城市建设，综合采取"渗、滞、蓄、净、用、排"等措施，最大限度地减少城市开发建设对生态环境的影响，将 70% 的降雨就地消纳和利用。到 2020 年，城市建成区 20% 以上的面积达到目标要求；到 2030 年，城市建成区 80% 以上的面积达到目标要求。

海绵城市建设的基本原则：

1）坚持生态为本、自然循环。充分发挥山水林田湖等原始地形地貌对降雨的积存作用，充分发挥植被、土壤等自然下垫面对雨水的渗透作用，充分发挥湿地、水体等对水质的自然净化作用，努力实现城市水体的自然循环。

2）坚持规划引领、统筹推进。因地制宜确定海绵城市建设目标和具体指标，科学编制和严格实施相关规划，完善技术标准规范。统筹发挥自然生态功能和人工干预功能，实施源头减排、过程控制、系统治理，切实提高城市排水、防涝、防洪和防灾减灾能力。

3）坚持政府引导、社会参与。发挥市场配置资源的决定性作用和政府的调控引导作用，加大政策支持力度，营造良好发展环境。积极推广政府和社会资本合作（PPP）、特许经营等模式，吸引社会资本广泛参与海绵城市建设。

（4）2018 年 7 月 19 日，住房城乡建设部公开《室外排水设计标准（征求意见稿）》，提出了一系列标准，例如城市雨水管渠的设计标准和城市内涝防治设计标准，如表 8－2、表 8－3 所示。

表 8－2　　　　雨水管渠设计重现期（年）

城区类型 城镇类型	中心城区	非中心城区	中心城区的重要地区	中心城区地下通道和下沉式广场等
超大城市和特大城市	3~5	2~3	5~10	30~50
大城市	2~5	2~3	5~10	20~30
中等城市和小城市	2~3	2~3	3~5	10~20

表 8－3　　　　内涝防治设计重现期

城镇类型	重现期（年）	地面积水设计标准
超大城市	100	1. 居民住宅和工商业建筑物的底层不进水； 2. 道路中一条车道的积水深度不超过15cm。
特大城市	50~100	
大城市	30~50	
中等城市和小城市	20~30	

（5）北京市出台了《下凹桥区排水防涝标准》，其体系如图 8－3 所示。

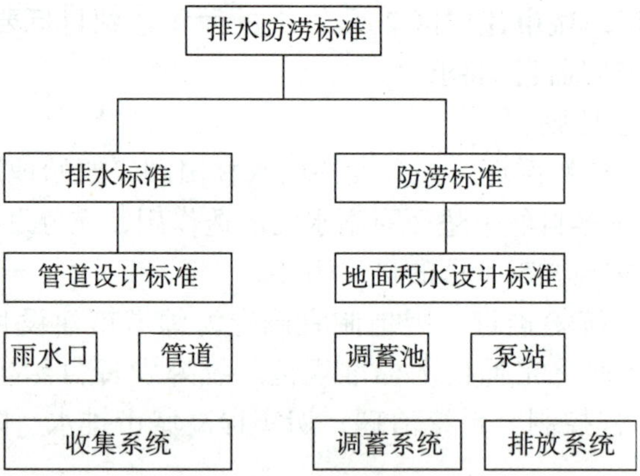

表 8－3　下凹桥区排水防涝标准体系

总之，城市防洪防涝专项规划要根据国家标准，结合城市自身需要，一方面做好蓄水防洪，另一方面做好排水防涝。具体包括水库、堤坝、防洪闸、行洪区、排水管渠、抽水设备设施等的建设，并不断强化教育和培训。

练一练

1. 简答题

请简要回答我国海绵城市建设的基本原则。

2. 案例分析题

请结合你所居住地区任一下凹桥、地下通道、下沉式广场的地势结构，从排水和防涝两方面谈谈城市防洪防涝专项规划。

知识点 4 城市抗震解决方案

与防洪防涝一样，城市抗震的解决方案也包括多个方面。

2007 年，建设部联合国家质量监督检验检疫总局，共同印发了《城市抗震防灾规划标准（GB 50413-2007）》，从 5 个方面提出了刚性要求：

（1）城市用地。

要求城市用地抗震适宜性评价应进行分区，综合考虑城市用地布局、社会经济等因素，提出城市规划建设用地选择与相应城市建设抗震防灾要求和对策（见表 8－4）。

表 8－4　城市用地抗震适宜性评价要求

类别	适宜性地质、地形、地貌描述	城市用地选择抗震防灾要求
适宜	不存在或存在轻微影响的场地地震破坏因素，一般无需采取整治措施： （1）场地稳定； （2）无或轻微地震破坏效应； （3）用地抗震防灾类型Ⅰ类或Ⅱ类； （4）无或轻微不利地形影响。	应符合国家相关标准要求
较适宜	存在一定程度的场地地震破坏因素，可采取一般整治措施满足城市建设要求： （1）场地存在不稳定因素； （2）用地抗震防灾类型Ⅲ类或Ⅳ类； （3）软弱土或液化土发育，可能发生中等及以上液化或震陷，可采取抗震措施消除； （4）条状突出的山嘴，高耸孤立的山丘，非岩质的陡坡，河岸和边坡的边缘，平面分布上成因、岩性、状态明显不均匀的土层（如故河道、疏松的断层破碎带、暗埋的塘滨沟谷和半填半挖地基）等地质环境条件复杂，存在一定程度的地质灾害危险性。	工程建设应考虑不利因素影响，应按照国家相关标准采取必要的工程治理措施，对于重要建筑尚应采取适当的加强措施
有条件适宜	存在难以整治场地地震破坏因素的潜在危险性区域或其他限制使用条件的用地，由于经济条件限制等各种原因尚未查明或难以查明： （1）存在尚未明确的潜在地震破坏威胁的危险地段； （2）地震次生灾害源可能有严重威胁； （3）存在其他方面对城市用地的限制使用条件。	作为工程建设用地时，应查明用地危险程度，属于危险地段时，应按照不适宜用地相应规定执行，危险性较低时，可按照较适宜用地规定执行
不适宜	存在场地地震破坏因素，但通常难以整治： （1）可能发生滑坡、崩塌、地陷、地裂、泥石流等的用地； （2）发震断裂带上可能发生地表位错的部位； （3）其他难以整治和防御的灾害高危害影响区。	不应作为工程建设用地。基础设施管线工程无法避开时，应采取有效措施减轻场地破坏作用，满足工程建设要求

（2）基础设施。

对城市基础设施的抗震防灾要求和措施包括下面几点：

1）应针对基础设施各系统的抗震安全和在抗震救灾中的重要作用提出合理有效的抗震防御标准和要求。

2）应提出基础设施中需要加强抗震安全的重要建筑和构筑物。

3）对不适宜基础设施用地，应提出抗震改造和建设对策与要求。

4）根据城市避震疏散等抗震防灾需要，提出城市基础设施布局和建设改造的抗震防灾对策与措施。

（3）城区建筑。

1）应提出城市中需要加强抗震安全的重要建筑，并对重要建筑和超限建筑提出进行抗震建设和抗震加固的要求和措施。

2）应划定高密度、高危险性的城区，提出城区拆迁、加固和改造的对策和要求，应对不适宜用地上的建筑和抗震性能薄弱的建筑进行群体性抗震性能评价，结合城市的发展需要，提出城区建设和改造的抗震防灾要求和措施。

3）新建工程应针对不同类型建筑的抗震安全要求，结合城市地震地质和场地环境、用地评价情况、经济和社会的发展特点，提出抗震设防要求和对策。

（4）次生灾害防御。

1）进行城市抗震防灾规划时，应对地震次生火灾、爆炸、水灾、毒气泄漏扩散、放射性污染、海啸、泥石流、滑坡等制定防御对策和措施。

2）在进行抗震防灾规划时，应按照次生灾害危险源的种类和分布，根据地震次生灾害的潜在影响，分类分级提出需要保障抗震安全的重要区域和次生灾害源点。

3）根据次生灾害特点制定有针对性和可操作性的各类次生灾害防御对策和措施。

4）对可能产生严重影响的次生灾害源点，应结合城市发展，控制和减少致灾因素，提出防治、搬迁改造等要求。

（5）避震和疏散。

1）避震疏散规划时，应对需避震疏散人口数量及其在市区分布情况进行估计，合理安排避震场所与避震疏散道路，提出规划要求和安全措施。

2）城市避震疏散场所应按照紧急避震疏散场所和固定避震疏散场所分别进行安排。

3）城市规划新增建设区域或对老城区进行大面积改造时，应对避震疏散场所用地和避震疏散通道提出规划要求；新建城区应根据需要规划建设一定数量的防灾据点和防灾公园。

城市公共安全管理中，抗震的解决方案不仅是上述内容，还应当包括地震预测预警、宣传教育，特别是地震发生时的紧急救助、自救培训等。

练一练

1. 多项选择题

我国城市抗震防灾规划的刚性要求包括：

A. 城区建筑

B. 基础设施

C. 避震和疏散

D. 城市用地

E. 次生灾害防御

2. 简答题

城市基础设施抗震防灾的主要要求是什么?

3. 论述题

试论述我国城市抗震防灾专项规划的主要内容。

第四节　公共安全规划的重点区域

知识点 1　重要基础设施

重要基础设施是指直接为人民生活和生产提供条件和公共服务的基础性设施。主要包括以下方面：

（1）铁路、公路、航空、水运、道桥、隧道、港口等交通运输设施；

（2）石油、煤炭、天然气、电力等能源动力设施；

（3）水库、大坝、自来水、泵站、污水处理等供水排水设施；
（4）北方城市的集体供暖设施；
（5）电信、通信、信息网络等邮电通信设施。
这类设施直接关系人民生活、生产，各级政府在公共安全规划时应当给予重视。

练一练

单项选择题

下列选项中，不属于重要基础设施的是：

A. 铁路
B. 水库
C. 电信设施
D. 电影院

知识点 2 人口聚集区

对于一个国家来说，人口的分布是与经济、历史等紧密相关的。我国的人口主要分布在东部沿海地区，相对而言，西部地区人口密度较小。从公共安全的角度考虑，人口密集的地区相对隐患就多，是减灾和防灾的重点区域。

对于城市而言，人群聚集的原因有多种，主要的一个原因是为了一个共同的目的有意识地聚集，如体育比赛、演唱会、电影、戏剧表演、大型展览等；另一个原因是人们各自有着不同的目的，无意识地形成了聚集，如商场等。

除去其他灾害之外，人群聚集区主要防范拥挤踩踏事故。

踩踏事故之所以发生一般是由于以下几个因素：
（1）人群出现恐慌（不问原因）；
（2）恐慌的人群进行逃跑或者疏散；
（3）恐慌的人群在特定的狭窄区域出现非理智状态的不可控的避害求生行为。

练一练

1. 单项选择题

下列选项中，从人口分布的角度考虑，哪一个不属于我国公共安全管理的重点区域？

A. 黄河中下游地区
B. 塔克拉玛干沙漠地区
C. 长江中下游地区
D. 珠江中下游地区

2. 简答题

简述城市人员聚集场所容易发生踩踏事故的主要原因。

知识点 3 大中城市

对于国家整体而言，大中城市不仅人口密度大，而且公共设施、公共资源相对集中，是国家的经济支柱。所以国家在制定各种专项的防灾减灾规划时，都会按照城市的分类分级做出要求。

练一练

简答题

从公共安全管理的实质出发，谈谈我们为什么把大中城市作为重点区域。

知识点 4 灾害频发地区

灾害频发地区，是指对于一个地区而言，灾害发生的频繁程度超过全国的平均值，一种情况是单一种类的灾害多次发生，另一种是多种类的灾害叠加在一起。

灾害频发，可能是自然条件的原因，但是更多的可能是来自人的认识和行为本身，对减灾防灾的不重视、操作不规范。对于这样的地区，需要明确提出要求，加强公共安全管理的规划。

练一练

简答题

能否通过硬规划避免或减少灾害频发地区的灾害？

知识点 5 脆弱性地区

脆弱性地区并不完全等同于灾害频发地区，脆弱性地区容易受到灾害的影响，同等条件下会造成更大的损失，并且对于灾害的应对能力相对较弱。

脆弱性地区相当于木桶理论中的短板，需要投入更多的精力和财力进行公共安全规划，从而弥补存在的不足，改善和提升对灾害的应对能力。

练一练

简答题

为什么脆弱性地区应当作为公共安全规划的重点区域？

第五节　家庭公共安全规划

家庭是社会的细胞，也是参与公共安全应急处置的主体之一，特别是对于社区而言，家庭是重要的利益相关者和权益人，一个家庭在公共安全方面一般有着共同的诉求。同时，家庭成员之间的血缘关系和姻亲关系，使得人们在遇有突发事件时自然自觉地相互救助。所以，做好家庭公共安全规划，对于国家、城市、社区都有着重要意义。

从硬规划的角度需要考虑：

（1）家庭所在社区的有关公共设施情况，如水、电、暖、气、交通等基本状况和脆弱性，特别是紧急疏散避灾场所和固定疏散避灾场所情况。

（2）了解社区所在地域的建设用地是否适宜居住、灾害发生的历史情况和潜在隐患。包括地质、地貌、地形；距危险源的距离，附近的化工厂、加油站、车站等重点防范对象的构成与分布；距离消防、医院等救助资源的远近等。

（3）所住房屋的抗灾标准和建设质量，疏散通道的设置和通畅程度，家庭防火的必要设备和逃生渠道等。

从软规划的角度需要考虑：

（1）家庭成员中的老幼病残者对灾害的脆弱性，需要特殊保护；

（2）家庭成员的抗灾避灾常识和技能培训；

（3）家庭成员对社区周边避灾设施的了解、熟悉程度；

（4）家庭成员对于社区公共安全规划的支持程度和参与程度。

练一练

开放式案例题

以自己的家庭为例，从软硬规划两个角度谈谈你对家庭公共安全规划的理解。

第九章

公共安全管理法律法规

学习导引

公共安全管理作为公共管理的特定领域，要遵循依法治国、依法行政的总体要求。法律法规建设也是公共安全管理的重要和必要手段，发挥着无可替代的重要作用。

大家需要在了解我国公共安全形势和立法状况的基础上，分析我国公共安全管理法律体系建设取得的进展和存在的不足，思考公共安全法律建设的路径。

作为体系性介绍，我们分别用一节的篇幅重点讨论了公共安全管理的基本法——《突发事件应对法》和专门法——《安全生产法》。

学习目标

（1）了解我国公共安全的总体形势和公共安全管理的法制背景。

（2）掌握法律手段对于公共安全管理的重要意义。

（3）掌握我国公共安全管理领域的立法状况和实行中的主要问题。

（4）了解公共安全法的内涵和特征，以及其效力范围和调整对象。

（5）能够简要阐述我国公共安全法的渊源和法律关系的主要内容。

（6）重点掌握作为我国公共安全管理基本法——《突发事件应对法》的立法背景、主要内容、重要意义。

（7）掌握《安全生产法》的必要性和主要内容。

（8）重点掌握修订后的《安全生产法》的 10 大亮点。

知识结构

本章讨论了在公共安全领域法律手段的重要性、当前的总体形势、立法上的成绩、法律体系中的不足、在执行过程中存在的问题。在此基础上,讨论了公共安全法的一般性问题,即内涵、特征、效力范围、调整对象、渊源及法律关系等。明确《突发事件应对法》作为公共安全管理基本法的体系性地位和作用,并以《安全生产法》为例讨论了公共安全法的专门法。

本章知识结构图如下。

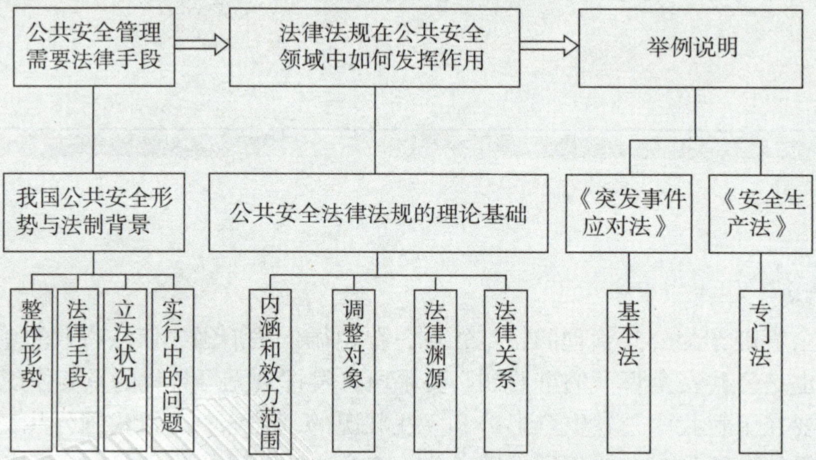

第一节 我国公共安全形势与法制背景

知识点 1 我国公共安全形势

分析我国的公共安全形势，要从国内的基本情况和国际形势趋势两个大的方面着眼；国内的基本情况主要是公共安全的相关因素，包括已经取得的进展、灾害的情况、主要的经验教训等。

当前我国主要突发事件的基本情况：

（1）自然灾害。

据民政部发布的信息，经核定，2017 年，我国自然灾害以洪涝、台风、干旱和地震灾害为主；风雹、低温冷冻、雪灾、崩塌、滑坡、泥石流和森林火灾等灾害也有不同程度发生。各类自然灾害共造成全国 1.4 亿人次受灾，其中，881 人死亡、98 人失踪、525.3 万人次紧急转移安置、170.2 万人次需紧急生活救助；15.3 万间房屋倒塌，31.2 万间严重损坏，126.7 万间一般损坏；农作物受灾面积 18 478.1 千公顷，其中绝收 1 826.7 千公顷；直接经济损失 3 018.7 亿元。2017 年灾情与近 5 年均值相比明显偏轻。其中，倒塌房屋和损坏房屋数量减少六成以上，受灾人口、因灾死亡失踪人口和紧急转移安置人口减少四成以上，农作物受灾面积和直接经济损失减少二成以上。

国家减灾委办公室公布了 2017 年全国十大自然灾害事件，以发生时间为序，分别是：四川茂县“6・24”特大山体滑坡灾害；6 月下旬至 7 月初长江中下游 5 省暴雨洪涝灾害；6 月下旬至 7 月初西南及广西等地严重洪涝灾害；山西内蒙古春夏旱灾；7 月中旬吉林永吉暴雨洪涝灾害；7 月下旬陕西暴雨洪涝灾害；8 月 8 日四川九寨沟 7.0 级地震；1713 号台风“天鸽”；贵州纳雍县“8・28”山体崩塌灾害；10 月上旬皖豫鄂陕等地秋汛。

（2）生产事故。

根据国家安监总局通报的全国安全生产情况，2017 年全国共发生各类生产安全事故 5.3 万起，死亡 3.8 万人；2017 年全国各类生产安全事故实现了三下降和两好转。

据国家煤矿安全监察局公布的数字，2017 年，全国煤矿共发生事故 219 起、死亡 375 人，同比减少 30 起、151 人，分别下降 12% 和 28.7%。其中重大事故 6 起、死亡 69 人，没有发生特别重大事故，重特大事故同比减少 5 起、125 人，分别下降 45.5% 和 64.4%；百万吨死亡率 0.106，同比减少 0.05、下降 32.1%。

据不完全统计，2017 年全国化工行业共发生事故 203 起、死亡 238 人。

（3）公共卫生事件。

我们以传染性疾病和食物中毒两种事件的统计情况来说明。

国家卫计委疾病预防控制局发布的报告显示，2017 年，全国（不含港澳台，下同）共报告法定传染病发病 7 030 879 例，死亡 19 796 人，报告发病率为 509.54/10 万，报告死亡率为 1.43/10 万。

突发公共卫生事件报告管理信息系统结果显示，2017 年全国共报告食物中毒事件 348 起，累计报告病例 7 389 例，死亡 140 例。

从国际环境来看，对我国影响较大的事件有：美国发动的贸易战、泰国普吉发生载有中国游客的游船倾覆事故、日本北海道地震中中国游客被困等。

可以说，我国的突发事件仍然高发、多发，天灾人祸都有，总体形势依然严峻，加强公共安全管理的任务依然艰巨。

练一练

案例分析题

2018 年 7 月 16 日 16 时，北京市交通委通报，暴雨共造成北京公路突发事件 29 起，其中公路塌方 16 起、公路积水 10 起、公路水毁 3 起。其中，公路塌方较为严重的是怀柔区 G111 京加路、密云区琉辛路，目前已抢通公路塌方 5 起、公路积水 6 起，其余 18 处正在抢险进行中。

请你结合此案例，谈谈我国公共安全面临的形势。

知识点 2 法律手段对于公共安全管理的主要价值

从古至今，从世界到我国，应对各类突发事件可以说是多手段、多角度、多主体、多模式。随着管理理论、公共管理、公共治理、危机管理等理论的不断发展，以及各国政府在突发事件应急管理实践中的不断探索，政治手段、行政手段、军事手段、经济手段、道德手段、教育手段、法律手段都已经在应急管理中得到广泛使用。其中，由于法律本身的特定属性，法律手段得到了各国的高度重视。这一点从我们前面几章的学习讨论中就可以得出结论。法律手段对于公共安全管理的主要价值体现在以下方面：

（1）权威性。法律手段是公共安全管理的基本手段，它规范着各个主体在公共安全管理体系中的地位和作用，规范着每一个处置阶段的主要措施和行为，保证了公共安全管理的核心价值目标，通过授权，保证了各有关主体决策的合法性。

（2）高效性。公共安全管理中，法律作为管理手段，维护了在非常态下的社会秩序，突发事件的处置有“规”可循，对于社会资源的调配和征集有法可依，提高了应急处置的效率。高效性更加表现在公共安全规划之中，也是防灾减灾的有效手段，有了法律法规的支持和震慑，社会对于一些人为的破坏行为能够依法予以制止和惩罚，也使得一些人不敢以身试法。

（3）确定性。法律规定了主体的行为与一定后果之间的稳定的因果关系，人们在行为之前就可以依法预知法律对其行为的态度，所以会理性地设计和选择。

（4）公开性。法律为公共安全管理的所有主体提供了行为规范，也为社会提供了公开的、明确的参与、监督依据，公众、各类组织都能通过法律规定知道什么是合法的、什么是违法的，对政府主导的公共管理各个阶段能够积极有效地配合，同时对政策、措施进行依法监督。

（5）例外性。公共安全管理的法律，既规范常态下的政府、组织、公众行为，也授权紧急事态下特殊主体的特殊权力，许多规定只适用于紧急事态和突发事件应急处置过程之中，一旦紧急事态结束，授权也随之结束，所以，表现为法律体系中的一些例外。例如，对社会资源的紧急征用，在平时是绝对不允许的，而在紧急事态中，就是合法的，而且被征用资源的公众或组织有义务积极配合。

（6）基本保障性。在公共安全管理中，政府必须给予民众基本权利保障，也有学者称之为最低人权保障。对于受灾者，政府要负责提供生存、生活的基本条件。

练一练

1. 多项选择题

下列选项中，属于法律手段在公共安全管理中的作用的有：

A. 权威性

B. 高效性

C. 确定性

D. 公开性

E. 基本保障性

2. 简答题

法律手段在公共安全管理中的价值体现在多个方面，请简要回答例外性的含义。

3. 材料论述题

2010 年，国务院颁布了《自然灾害救助条例》，主要目的之一是保障受灾人员的基本生活。请结合此行政法规，论述我国法律法规在公共安全管理中的基本保障性。

4. 论述题

试论述法律手段在公共安全管理中的价值。

知识点 3 依法治理是公共安全管理的客观要求

（1）公共安全管理是公权力在公共安全领域的行使和运用的过程。一方面，公权力在维护社会秩序、增进公共利益、保护社会主体合法权益方面发挥着不可替代的作用；另一方面，公权力是一种具有强制性的支配力量，因为各种因素存在着权力滥用的现象和可能，必须受到监督和制约。通过法律手段规范权力、监督权力是经过实践证明的最基本、最重要的方式，已经成为公共安全管理的必备手段和发展水平的标志。

（2）传统的以行政为主的社会管理模式不能很好地适应公共安全管理的要求。公共安全管理的特殊性已经多次阐述，之所以特殊，就是它突破了社会和国家的常态，是紧急状态，常态下的做法会大范围失效。在现代国家的管理中，已经由行政管理发展到公共管理并向公共治理迈进。在公共安全领域更加需要现代公共治理思想和手段。

公共安全管理中的传统行政管理和现代公共治理的对比如表 9－1 所示。

表 9－1　传统行政管理与现代公共治理的对比

	传统行政管理	现代公共治理
管理目标	维护统治者利益，维护社会秩序	强调社会公共利益，维护公民权益，为社会提供安全保障
价值选择	以财产安全为主，以物质利益为主	以人的生命安全为首要目标
管理模式	由上至下的单向的行政命令	政府主导，多方协商的共同选择
管理主体	政府	政府为主，多元参与
管理手段	行政命令，武装力量	行政、经济、法律、文化、道德等

（3）现代法律思想的发展和演进，与公共安全管理的要求具有一致性。在世界范围内，各国立法思想呈现出一些共同的趋势，其一就是由强调强制性和管制性、以义务性和禁止性规范为主、严格限制行政主体自由裁量权，向强调促进社会发展、更多采用任意性和授权性规范、行政主体主导下社会共同参与发展。这样的法律思想，既是人类社会发展的必然趋势，也符合公共安全管理的客观要求。

（4）保障公民基本权利的需要。现代法治理念要求公权力的行使应当符合比例原则，在实现行政目的的同时满足公民权利损害的最小化。这意味着政府在公共安全管理的过程中不能滥用管理权力，必须保护公民的基本权利、遵循最低人权保障的基本原则。可以说，公民权利保障是公共安全管理法制化的核心内容。公共安全管理的实践中，政府很容易因为滥用紧急处置权而损害公民的基本权利。我国应当借鉴其他国家的经验，在我国公共安全管理的法律规范体系中，将公民基本权利保障作为一项基本原则进行明确规定，从而有助于明确政府在公共安全应急管理领域权力行使的界限，实现对公民权利的切实尊重和维护。

总之，公共安全管理的复杂性需要法律法规明确管理目标、价值选择、基本原则、各主体的权利与义务、管理流程、管理手段、法律责任等，从而保障公共安全总体目标的实现。

练一练

1. 单项选择题

公共安全管理是公共管理的特定领域，下列选项中，不符合现代公共管理理念的是：

A. 强调社会公共利益

B. 主张多元参与、民主决策

C. 以财产安全为重

D. 综合运用行政、经济、法律、文化、道德等管理手段

2. 简答题

简要回答公共安全管理对依法治理的客观要求。

知识点 4 我国公共安全管理法律法规的建设情况

作为社会管理的一个重要领域，我国在公共安全方面的立法取得了巨大进展，但是仍然存在巨大的有待完善的空间。

（1）法律规范体系建设方面。

法律规范体系从立法机关和效力层次上包括宪法、法律、行政法规、部门规章四级（见图 9－1）。

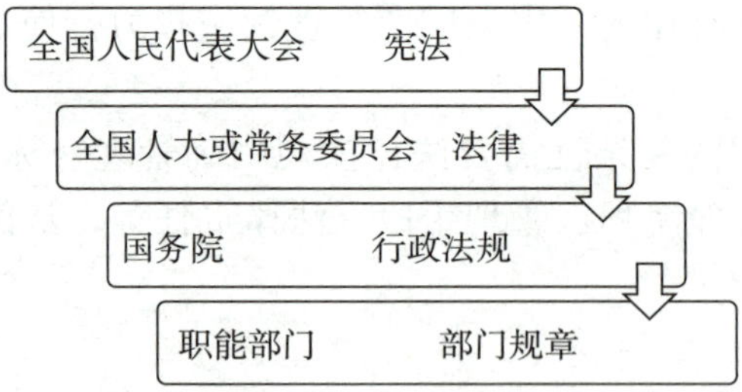

图 9－1 法律规范体系

从内容上包括常态下公共安全法律体系和紧急状态下公共安全法律体系（见图 9－2）。

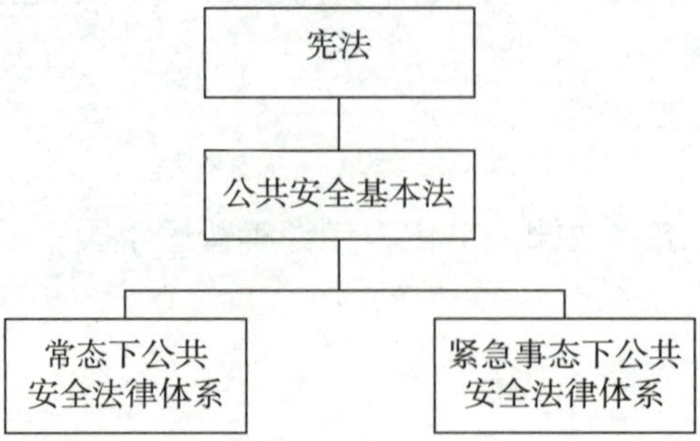

图 9－2 公共安全法律体系

1）2004 年，我国在宪法修正案中将“戒严”一词修改为“紧急状态”。“紧急状态”的入宪，标志着我国的公共安全管理进入了新的法制化发展阶段，同时也为我国紧急状态管理过程中法律规范体系的建立和行政管理机制的完善奠定了合宪性基础。

2）2007 年，全国人民代表大会常务委员会通过了《突发事件应对法》，标志着我国对于突发事件的应急管理有法可依。具体的法律部门有多个，如《防洪法》等。

3）国务院关于公共安全管理的专项条例有多个，如《大型群众性活动安全管理条例》《自然灾害救助条例》等。

4）涉及公共安全的部门规章和规范性文件不计其数。

从总体上看，公共安全管理的法律体系还很不完善，存在《突发事件应对法》本身不适用于紧急状态，部门法表现出构成不完整、体系性不强，个别法律之间存在冲突等情况。

（2）对于公权力的规制方面。

主要包括组织管理机制和责任追究机制两个方面的内容。四川大学的张雯雯对此进行了梳理：

1）公共安全应急管理的组织管理机制，包括应急管理组织机构的组织形式、管理方式、法律地位、职责分工等内容。

《突发事件应对法》第四条规定：“国家建立统一领导、综合协调、分类管理、分级负责、属地管理为主的应急管理体制。”我们仔细分析不难看出问题所在：一是协调互配机制的欠缺。虽然大多数立法都对应急管理工作的协助责任主体及其职责进行了规定，但其内容往往只规定管理责任主体和协助责任主体之间的职责分工或隶属关系，缺乏两者之间协调互配机制方面的制度性规定。例如在行政协助方面就欠缺具体制度设计，导致应急管理在实际操作中“主要依靠更高一级领导协调、机关负责人之间的私人关系等非制度因素来解决”。行政协调机制的欠缺，增加了行政部门之间协调配合的难度，同时也是部门主义、地方主义滋生的重要原因。二是权责划分界限的模糊。明责是协调的基础和前提，但我国相关立法中并没有明确规定各个层级政府及其部门之间的职责界限。这种权力界限的模糊化，往往会造成组织机构之间的权利争抢或者推诿，进一步增加了组织机构之间的协调难度。

2）应急管理责任追究机制包括追责主体、追责对象、追责情形、归责原则、追责方式、追责程序和救济方式等内容。责任追究机制的有效建立能够规范和制约应急管理行政权力的行使，避免行政权力的滥用，保障公民的基本权利免受公权力侵犯。目前，根据《突发事件应对法》第六章等相关规定，我国在应急管理工作过程中采取的责任追究机制存在两个方面的不足：第一，问责阶段缺乏完整性。应急管理具有阶段性的特征，一般分为事前、事中、事后三个阶段。我国相关法律的规定一般只强调事中、事后两个阶段的责任追究，而忽视事前阶段的责任追究，这就导致一些政府组织机构在应急管理过程中比较缺乏风险防范意识和风险评估意识，因疏于防范而导致突发事件事态扩大化的现象时有发生。第二，问责原则缺乏针对性。问责机制的有效建立有两大作用：一是规范性的指导；二是强制性的惩戒。应急管理工作具有灵活性、多样性和实效性三大特点，往往需要应急管理者对应急事件进行灵活多变的处理，所以应急管理者在应急处置过程中往往拥有较大的自由裁量权。也正因为如此，应急管理工作的问责原则不能过于僵化和单一，需要具体情况具体分析。但我国目前这方面的问责原则规定较为单一，缺乏针对性。

（3）对于公民的合法权益保护方面。

建立起一套完整的公民权利救济机制，是我国公共安全应急管理法制化的必然要求。公民权利救济制度主要包括行政补偿、行政赔偿、行政救助、灾害保险等方面的内容。

2010年，国务院发布了《自然灾害救助条例》，这是我国专门的关于自然灾害受灾公民基本生活保障的法规，是在公共安全管理中保障公民基本权利的极大进步，也使得救助有法可依。

但是，对于其他原因造成的公共安全事件以及在其中受害公民的基本权利保障仍然存在重大缺陷，在相应的保险立法中，对此也缺少相应的规定。

练一练

1. 简答题

请以法律效力从高到低为序，简要回答我国的公共安全管理法律法规体系的情况。

2. 论述题

对公权力在公共安全管理中进行规制是法律法规的重要作用。试以我国《突发事件应对法》为依据，从组织管理机制和责任追究机制两个方面论述我国对公权力在突发事件应急管理中的规制。

知识点 5　公共安全法律法规施行中的主要问题

结合我国公共安全管理的法律法规建设情况和多年的实践过程，我们认为在法律法规的施行中存在以下主要问题：

（1）无法可依状况依然存在。由于法律体系不完整、不健全，在公共安全管理的具体实践中，法律法规仍然存在空白，如紧急状态法。

（2）法律法规的执行性、操作性不够。法律法规做出了一般性规定和概括性要求，但是由于缺少执行的机制和具体实施要求，难以操作和落实。

（3）有些主体，特别是责任主体仍然存在着有法不依的现象。法律法规对公权力的制约，在现实中往往受到责任主体的挑战，借口事态紧急、非程序决策、保护国家利益等，不执行法律法规的规定，滥用应急管理权。特别是个别基层责任主体，往往靠经验判断，过分强调现实，置法律法规的规定于不顾。也有的责任主体对缩减和准备不予重视，认为花钱而见不到效益，也存在一定的侥幸心理。

（4）执法不严，特别是对造谣生事者、趁机作乱者依法惩戒不力。依法监督更是基本落空，特别是对于责任主体的监督流于形式。

（5）漠视法律法规，践踏法律。在遇有突发事件时，有人出于其他目的，编造、虚构、搞乱事实，造谣生事；有人以此获取不正当利益，干扰紧急事件的处置；更有甚者趁乱作案，打砸抢事件也屡有发生。

练一练

1. 简答题

请结合实际，简要回答我国公共安全管理法律法规在施行中存在的问题。

2. 列举题

请列举三个你认为在我国公共安全管理法律法规施行中存在的具体问题。

第二节　我国公共安全法律法规理论基础

知识点 1　公共安全法的内涵和效力范围

公共安全法是一个统称，并不是一个实体存在、书面的专门法律。

公共安全法是调整公共安全关系的法律规范的总称，是指关于公共安全的维护与保障、预防公共安全事件的发生以及公共安全事件的应急处理和事后恢复的法律、法规、规章的总和。

公共安全法的效力范围包含三个方面：一是在什么空间范围有效；二是在什么时间范围有效；三是对什么人有效。

（1）公共安全法的空间范围是指地域。全国人大及其常委会制定的法律、国务院制定的行政法规和国务院有关部门制定的部门规章和规范性文件在全国范围内有效，具有强制力；而省级人大和政府制定的地方性法规只对本地有效。需要说明的是，我国的特别行政区按照宪法规定，依照其各自基本法执行。

（2）公共安全法的时间范围，根据法律法规的具体规定，有的是从公布之日起实行，有的规定有明确的生效时间。一般而言，法不溯及既往。时间效力还包括失效情况，新法施行，旧法或与新法相冲突的有关法律法规自动失效，对已有的法律法规进行修订后，修订的原有内容自动失效，也可能根据具体情况由立法机关宣布失效。

（3）公共安全法维护的是我国的公共利益，对于全体公民都适用。对于在我国生活的外国人依照与他国签订的条约和国际公约而定。

（4）由于公共安全的特殊性，有的突发事件和紧急事态会涉及国外、境外，应依我国加入的有关国际公约和我国加入时的声明而定。

练一练

简答题

简要回答我国公共安全法律法规的效力范围。

知识点 2　公共安全法的调整对象

我们知道，法律调整对象是一定的法律关系，这个关系一般应当具有这样的特点：

（1）是一定范围的社会关系，是统治阶级认为最重要的体现和反映国家、组织和个人重要利益的社会关系，而不是全部的社会关系。

（2）是可以体现为意志关系和意志行为的社会关系，是人们为了实现一定目的而在自觉努力的心理状态支配下所形成的社会关系和行为，无意志的行为不能成为法律调整的对象。

（3）是现实中具体存在的、具有明确的主体与客体和具体权利义务的社会关系，而抽象的、观念的关系是不能成为法律调整对象的。

法律调整的直接对象是社会关系参加者的意志行为，一定的社会关系之所以成为立法的调整对象，是由于其能够接受规范性的组织作用，在一定政治条件下，统治阶级要求通过法律加以规定和发挥作用，以实现一定的意志和利益。

那么，公共安全法的调整对象是什么呢？

（1）公共安全利益相关者的行政关系。因为公共安全管理属于公共管理的特定领域，主要关系依然是行政关系。

（2）公共安全利益相关者的财产关系。目的是保护公私重大财产，在管理流程中还有有关资源的调配使用、公民和社会组织财产权的临时限制等。

（3）公共安全利益相关者的人身关系。这里的人身关系是法律术语，是指与人格紧密相关且不可分离的关系。比如，公民的生命存在是拥有相应财产的前提，身份权、名誉权等都是人身关系。

练一练

单项选择题

下列选项中，哪一个不属于公共安全法的调整对象?

A. 利益相关者的行政关系

B. 利益相关者的财产关系

C. 利益相关者的人身关系

D. 利益相关者的姻亲关系

知识点3 公共安全法的渊源

关于法的渊源，属于法律术语，有其特定的含义，不能做字面上的解释和我们常识性的理解。在我国，法的渊源是以宪法为核心的制定法形式。公共安全法的渊源包括：

（1）宪法。宪法是由全国人民代表大会依特别程序制定的具有最高效力的根本法，是我国的根本大法，在我国法律体系中具有最高的法律地位和法律效力，是我国最高的法律渊源。比如宪法中关于紧急状态的规定。

（2）法律。法律是指由全国人民代表大会和全国人民代表大会常务委员会制定颁布的规范性法律文件，即狭义的法律，其法律效力仅次于宪法。分为基本法律和一般法律（非基本法律、专门法）两类。如果我们把《突发事件应对法》看作是基本法律，那么《防洪法》就是一般法或专门法。

（3）行政法规。行政法规是国务院根据宪法和法律就有关执行法律和履行行政管理职权的问题，以及依据全国人大的特别授权所制定的规范性文件的总称。其法律地位和法律效力仅次于宪法和法律，但高于地方性法规和法规性文件。如《国家突发公共事件总体应急预案》《自然灾害救助条例》等。

（4）地方性法规。地方性法规是指依法由有地方立法权的地方人民代表大会及其常委会就地方性事务以及根据本地区实际情况执行法律、行政法规的需要所制定的规范性文件。有权制定地方性法规的地方人大及其常委会包括省、自治区、直辖市人大及其常委会、较大的市的人大及其常委会。较大的市，指省、自治区人民政府所在地的市，经济特区所在地的市和经国务院批准的较大市。地方性法规只在本辖区内有效。比如各地的应急预案等。

（5）规章。国务院各职能部门以及省、自治区、直辖市人民政府和较大的市的人民政府所制定的规范性文件称规章。内容限于执行法律、行政法规、地方法规的规定，以及相关的具体行政管理事项。

（6）民族自治地方的自治条例和单行条例。根据《宪法》和《民族区域自治法》的规定，民族自治地方的人民代表大会有权依照当地民族的政治、经济和文化的特点，制定自治条例和单行条例，其适用范围是该民族自治地方。

（7）特别行政区的法律法规。特别行政区根据宪法和法律的规定享有行政管理权、立法权、独立的司法权和终审权。特别行政区立法会制定的有关公共安全的法律也是我国公共安全法的渊源。

（8）国际条约和行政协定。国际条约指我国与外国缔结、参加、签订、加入、承认的双边、多边的条约、协定和其他具有条约性质的文件（国际条约的名称，除条约外还有公约、协议、协定、议定书、宪章、盟约、换文和联合宣言等）。这些文件的内容除我国在缔结时宣布持保留意见不受其约束的以外，都与国内法具有一样的约束力，所以也是我国公共安全法的渊源。

练一练

多项选择题

下列选项中，属于我国公共安全法渊源的有：

A.《宪法》

B.《突发事件应对法》

C.《安全生产法》

D.《自然灾害救助条例》

E.《北京市突发事件总体应急预案》

知识点 4 公共安全法律关系的内容

（1）保障公民权利，明确公民义务。

在第三章我们在讨论权益人和利益相关者时，对公共安全的权益内容进行过一些探讨。我们认为，对于公民来说，在公共安全领域的权利主要包括：

1）公共安全政策制定的参与权和建议权；

2）对突发公共事件的知情权；

3）对公共安全政策包括突发事件应急处置的监督权；

4）公共安全设施的使用权；

5）对政府滥用公权力侵犯自身合法权益的拒绝权；

6）受到公共突发事件伤害、损失的获得救助权。

公民同样应承担公共安全管理中的法定义务：

1）参加公共安全规划的义务；

2）维护公共安全设备设施的义务；

3）配合政府应急管理措施的义务；

4）参与灾害防治、救助的义务；

5）特定条件下限制自身权利的义务（一般具有时效性）。

（2）明确政府公共安全管理的职责，规范政府公共安全管理的行为。

本届政府正在大力推进权利清单管理，政府职责法定化也是公共治理的发展趋势。在公共安全管理中，政府不仅是管理者，更是责任者，不仅行使公权，限制公民权利、增加公民义务，更要承担保护、保障和救助的责任，承担履责不力的后果。

政府的职责包括：

1）实施公共安全规划，制定应急预案；

2）建立监测和预警系统，并督促实施；

3）积极防灾减灾，建设防灾避难场所；

4）维护公共设施安全，维护社会秩序，保卫重点目标；

5）组织演练、教育和宣传；

6）做好应急处置的资源准备和储备；

7）组织挽救人员生命，抢救公私财产，减少灾害损失；

8）负责应急决策，资源调配，统一指挥；

9）向社会公众通报公共安全相关信息；

10）制订恢复重建计划并组织实施；

11）组织实施赈灾、救助、抚慰、抚恤、安置等，保障公民基本权利；

12）分析造成损失的原因，总结应急经验，追究有关失职、渎职者的责任。

在公共安全管理中，政府的行为必须合乎法律法规：

1）政府是公共安全管理的责任主体，这个主体资格是法定的，是不可推卸的。有的突发事件处置不当，把责任推向其他主体，是不合适的；这个主体资格决定了应急管理决策主体，即使临时授权其他主体，也要主体适格并由授权者承担责任。

2）决策权限的合法。即使是非程序决策，也需要在法律授权的范围之内，可以灵活处置，但不可恣意处置。

3）管理措施和手段的合法。政府在特定状态下可以采取非常措施，如征用公民或社会组织的资产设备等，但是需要法律授权并规定补偿办法。

4）坚持程序正义。为了使政府更好地做好公共安全管理，需要在常态管理之外，专门设计和规定在紧急状态下政府应急管理的基本程序。

（3）规定公共安全管理的法律责任。

公共安全管理的法律责任是指各参与主体在公共安全管理的全流程、各环节中，实施或者存在着违反了法定义务的行为所应当而且必须承担的法定的不利后果。这里的法律责任，应当包括刑事责任、民事责任和行政责任。

1）刑事责任。刑事责任是行为主体实施或者存在着刑法中关于公共安全罪责的行为，必须承担的法律后果。需要特别说明的是，“罪行法定”原则必须得到坚持和维护，我们在前面专门讨论过刑法分则中的有关规定，在此之外，不应再有其他的刑事责任，如果认为刑法的规定不完整、有新情况出现，那必须先修订刑法，然后才能追究刑事责任。

2）民事责任。民事责任是平等主体之间的责任。政府在特定情形下也有民事行为，也承担民事责任。对人主要是人格权，对物主要是财产权。特别是为了公共安全征用公民、社会组织的财产，需要给予赔偿或补偿。因为自然灾害造成的财产损失，政府和社会应当救助，但是并不承担赔偿和补偿责任。

3）行政责任。包括各级行政主体履责不利、一定程度范围内的违法行为的责任追究，也包括社会成员在公共安全管理中的不当行为的行政处罚，如拒不配合应急措施、扰乱社会秩序等。

练一练

1. 单项选择题

下列哪一项不属于公共安全法规定的公民权利?

A. 政策制定的参与权

B. 突发事件管理者的选择权

C. 事件的知情权

D. 应急处置的监督权

2. 多项选择题

下列选项中，属于政府公共安全管理职责的是：

A. 实施公共安全规划，制定应急预案

B. 建立监测和预警系统，并督促实施

C. 积极防灾减灾，建设防灾避难场所

D. 负责应急决策，资源调配，统一指挥

E. 制订恢复重建计划并组织实施

3. 论述题

试从刑事责任、民事责任和行政责任三方面论述公共安全管理的法律责任。

第三节　我国公共安全基本法——《突发事件应对法》

知识点 1《突发事件应对法》的立法背景

从本章的逻辑结构来讲，我们前面两节的多数内容都属于我国公共安全法的立法背景。对于具体的《突发事件安全法》的立法背景，还是需要简单地总结一下，这样有利于我们对这部法律的理解和分析。

2007 年 8 月 30 日第十届全国人大常委会第二十九次会议通过、2007 年 11 月 1 日正式实施的《突发事件应对法》，是我国多年突发事件应急管理不断探索走向成熟的经验总结，也是我国应急法律制度走向统一的标志。它的立法背景可以从以下几个方面考虑：

（1）公共安全管理法制化的国际经验。从世界范围看，突发公共事件发生频率加快，构成种类繁多，诱发原因极其复杂，造成的各种损失越来越大，国际化程度增强。为有效应对，主要国家纷纷加强应急管理法制建设，逐步形成自己的应急法律体系，既保证了突发事件应对措施的正当性和有效性，又规范了政府、社会、公民的职责、程序和行为，保障了公民的基本权利，并将突发事件的破坏有效降低。

（2）我国应对突发事件的客观需要。我国历来自然灾害频发，随着经济、社会、技术发展，事故灾难和公共卫生事件越来越多，社会安全事件时有发生，虽然国家采取了多种措施，积极应对，有力保护人民的生命和财产安全，但是在突发事件应对过程中的一些问题逐渐突出出来。一是责任主体不够明确，没有形成统一有效的指挥协调机制；二是政府部门重视不够，应急能力不强；三是公民基本权利在应急管理中没有得到重视，对责任主体的权力限制缺少依据；四是重处置、轻预防是普遍现象，导致本来可以减少或者得到降低损失的事件未能得到控制等。

（3）依法治国、提高公共治理能力的客观需要。法制是治理国家的基本手段，梳理 2007 年以前的我国应急法律建设，存在着系统性的缺失，亟待完善。突发事件的应对需要动员社会各方面的力量，在政府的主导下，共同参与，共同维护生命和财产安全。多元主体的参与和多种类资源的调配使用等，急需明确的法律规定，从法制的轨道提高公共安全公共治理的能力。

在这样的背景下，借鉴国际经验，从我国实际出发，制定一部突发事件应急管理的基本法律，就成为历史性、客观性、必然性的选择。

练一练

简答题

请简要回答我国《突发事件应对法》的立法背景。

知识点2 《突发事件应对法》在法律体系中的地位

《突发事件应对法》在一定程度上可以视为我国公共安全管理方面的基本法，理由如下：

（1）从法律体系构成看，突发事件的应对是非常态下社会管理，常规的法律体系不能适应实际需要，只能重新树立新的、独立的紧急状态法律体系。在这个体系中，同常规法律体系一样，需要一个根本性的法律作为统率。《突发事件应对法》相对其他单行法和专门法而言，就是这个处于最基本、最核心的地位的具有统率性的法律。

（2）《突发事件应对法》规定了适用范围、基本原则、制度、政府责任以及与其他相关法律的适用关系，规定了一系列基本制度和原则，全面贯彻了行政法的基本原理和精神。所以《突发事件应对法》在调整对象、调整范围以及法律规范等的内容上的合理定位，是其他行政应急法律法规制定修改的依据和基础。

（3）《突发事件应对法》建立了完备、系统的应急框架体系，覆盖了“预防、预备、监测、预警、处置、恢复重建”的全过程，克服了以前的应急法律法规重“危机处置”、轻预防，预测、恢复重建的不足，实现了与应急管理过程相适应的整体覆盖，提供了一个系统、完备的权利、义务框架，明确了各级政府的公共安全管理的法律职责，使不同的法律规范得以更好地衔接、协调适用，满足了在法律上统一和有效应对突发事件的需求。所以，它不是简单地对现行做法进行法律确认，而是着眼于整体应急框架的建立，着眼于基本法律原则和规则的实现，应当是国家公共安全管理的基本法。

（4）它对突发事件的分级处理，廓清了行政应急的法律适用范围；它规定了突发事件处置的基本原则、基本制度和基本程序，为现行和将来的专门应急立法提供了规定标准和要求，是整合各类行政法律法规的依据。

练一练

1. 论述题

为什么说《突发事件应对法》是我国公共安全管理的基本法?

2. 拓展分析题

试分析我国当前制定紧急状态法的必要性。

知识点 3 《突发事件应对法》的总体思路

经过梳理《突发事件应对法》的条文，我们可以发现，我国的《突发事件应对法》遵循着如下总体思路：

（1）高度重视建设统一领导、综合协调、分类管理、分级负责、属地管理为主的应急管理体制。

（2）坚持有效控制突发事件和最小代价原则，即效率优先原则（常态公共管理的原则是公平优先或者公平与效率相结合）。

（3）把突发事件的预防和应急的准备放在优先的位置。

（4）坚持政府主导、社会多元参与的组织体系建设。

（5）保护公民的基本权利和依法限制公民的权利。

所以，在这个思路的引导下，我们认为《突发事件应对法》在一定程度上实现了三个转变：

（1）从事后处置型向循环管理型转变。根据突发事件的阶段和生命周期，规定了应急管理的全流程，即从缩减、准备、响应到恢复。

（2）从以条为主的体制向以块为主的体制转变。在政府的统一领导下，不同类型的突发事件由相应的职能部门进行管理。

（3）从政府垄断型向社会共治型转变。适应了公共治理的需求，调动一切社会力量，多元主体共同参与突发事件的管理，形成社会合力。

练一练

简答题

简述《突发事件应对法》的“三个转变”。

知识点4　《突发事件应对法》的基本内容

《突发事件应对法》共7章、70条，主要规定了突发事件的预防与应急准备、监测与预警、应急处置与救援、事后恢复与重建等方面的基本制度，明确了相应的法律责任，并与宪法规定的紧急状态制度和有关事件的应急管理的专门法律做了衔接。基本内容如下：

（1）国家建立统一领导、综合协调、分类管理、分级负责、属地管理为主的应急管理体制。

（2）明确了我国突发事件的分类和分级，实际上划定了该法的适用范围。

（3）建立了突发事件应对的预防、准备、处置、恢复的管理流程。

（4）明确了各级政府在突发事件应急管理中的职责和权限，形成了政府主导、多元参与的组织体系框架。

（5）规定了违反法律法规的相应的法律责任。

练一练

1. 多项选择题

下列选项中，属于《突发事件应对法》的基本内容的是：

A. 国家建立统一领导、综合协调、分类管理、分级负责、属地管理为主的应急管理体制

B. 明确了我国突发事件的分类和分级，实际上划定了该法的适用范围

C. 建立了突发事件应对的预防、准备、处置、恢复的管理流程

D. 明确了各级政府在突发事件应急管理中的职责和权限，形成了政府主导、多元参与的组织体系框架

E. 规定了违反法律法规的相应的法律责任

2. 简答题

简要回答我国《突发事件应对法》确定的应急管理体制。

知识点5 《突发事件应对法》的意义和作用

《突发事件应对法》是我国公共安全管理的一项基本法，它的意义和作用总结起来有如下几个方面：

（1）通过法律的形式统一规范了我国突发事件应对的各项工作，建立了一个比较系统的突发事件的应对制度体系。第一次系统全面地规定了突发事件应对的各个领域和各个环节，加强了突发事件应对工作的统一性和规范性。如规定了预防、准备、处置和恢复的主要流程，建立了分级管理的组织体系等。

（2）规定了政府在突发事件处理过程中的各项权力，明确了政府的法定职责，体现了依法治国、依法行政的法治原则。规定中既有授权也有制约，对政府在突发事件应急处置的行政措施的度做出了相对严格的要求。

（3）规定了突发事件应对必须遵循的程序，规范了各个参与主体的行为，特别是把政府行为模式用法律的形式确定下来。

（4）把维护公民的生命健康和财产安全作为突发事件应急管理的中心任务，体现了我国法律建设的本质要求。如规定了对灾民的救助、救援、抚慰、抚恤，规定了应急措施要尽量避免损害公民权益，以及对公民合法利益的赔偿和补偿等。

（5）确立了各主体的法律义务和法律责任，保证了突发事件应急处置工作的有序开展，从而提高了应急工作的效率。

练一练

论述题

论述我国《突发事件应对法》的意义和作用。

知识点 6　《突发事件应对法》存在的不足

《突发事件应对法》在实施过程中逐渐暴露出了一系列不足，归纳起来主要有如下几点：

（1）应急管理的体制建设需要进一步加强，特别是机构建设需要落到实处。2018 年，国家成立了应急管理部，是一个巨大的进步。

（2）应急管理工作机制需要进一步细化和完善。如应急管理的督查、考核机制尚未建立，武装力量参与突发事件应急处置的机制尚未涉及等。

（3）相应的配套法律法规建设明显滞后。如执法主体、权限范围、处罚措施等没有专门的规定，宣传教育、演练演习、物资储备并没有得到有效的实施。再如保险的强化等仍然缺少执行的积极性。

（4）应急预案缺乏可操作性，对应急预案的动态完善、启动条件、演习演练没有具体化，往往重制定、轻应用，容易被束之高阁。

（5）应急监测预警系统建设尚不全面，需要进一步完善。

（6）应急管理中的保障能力需要进一步提升。对于减灾防灾的准备还是流于形式，甚至没有执行。由于没有专项督促检查和问责，各地实际中对于应急资源的准备仍然处于比较低的层次。

（7）宣传教育严重缺乏，社会参与程度有待提高。

练一练

举例说明题

试举一例说明我国《突发事件应对法》在实行过程中反映出来的不足。

第四节　我国公共安全专门法——《安全生产法》

我国《安全生产法》由第九届全国人民代表大会常务委员会第二十八次会议于2002年6月29日通过，自2002年11月1日起施行。

2014年8月31日第十二届全国人民代表大会常务委员会第十次会议通过全国人民代表大会常务委员会关于修改《中华人民共和国安全生产法》的决定，自2014年12月1日起施行。

知识点 1 《安全生产法》的必要性

2015年12月1日,《人民日报》发表了一篇评论员文章《加快提升安全生产法治化水平》。这篇发表在新的《安全生产法》施行一周年的评论员文章，从以下几个方面论述了对《安全生产法》的认识：

（1）以人为本，以人民为中心的执政思想的体现。习近平总书记指出：“人命关天，发展决不能以牺牲人的生命为代价。这必须作为一条不可逾越的红线。”在全面依法治国大背景下，将安全生产纳入法治化轨道，善于运用法治思维和法治方式解决安全生产领域的矛盾和问题，我们就能以安全生产筑牢执政为民的生命线、划定法治政府的责任线，为全面建成小康社会和实现中国梦提供坚实保障。

（2）安全生产是重大的政治问题,要从政治的高度认识。安全生产既是经济和社会问题，也是重大的政治问题。党的十八大以来，党中央高度重视安全生产工作，习近平总书记多次发表重要讲话，深刻论述了安全生产红线、安全发展战略、安全生产责任制、企业主体责任、长效机制建设等重大理论和实践问题，为推进安全生产法治化指明了方向。修改后的《安全生产法》确立了以人为本、安全发展的指导原则，丰富完善了“安全第一、预防为主、综合治理”方针，强化了生产经营单位安全生产主体责任，健全了隐患排查治理制度。这是党中央依法治国方略在安全生产领域的重要体现，对预防和减少生产安全事故，保障人民群众生命和财产安全，促进经济社会持续健康发展具有重要的时代意义。

（3）安全生产是实现党和国家总体战略的基础和保障。协调推进“四个全面”战略布局，实现“五个发展”，安全生产是基础也是保障。以法治方式抓安全，以底线意识谋发展，就要看到，安全生产领域仍然存在有法不依、执法不严，非法违法和违规违章屡禁不止等突出问题，加快推进安全生产法治化进程任务依然繁重。安全生产不能好了伤疤忘了疼，不能头痛医头脚痛医脚。面对新形势新任务，各级党委和政府要牢固树立安全发展理念，坚持人民利益至上，始终把安全生产放在首要位置，坚决落实安全生产责任制，切实做到党政同责、一岗双责、失职追责，将依法治安作为依法治国和依法行政的重要内容。

（4）《安全生产法》为配套的法律法规建设奠定了基础。加快提升安全生产法治化水平，就要大力推进安全生产科学立法，加快推进配套法规的制修订工作，建立多元化安全生产法规规章起草机制、立改废释并举的法规建设机制，以及安全生产法规规章运行评估制度；就要进一步严格安全生产监管执法，不断创新安全生产监管执法机制，推行联合执法和委托执法，层层公布安全生产权力清单和责任清单；就要进一步强化安全生产法治监督，严格规范性文件的合法性审查，重点防范违反法律法规的规定，切实纠正一些文件中存在的违法违规现象。

这是在《安全生产法》制定施行15年后的、立足于新时代的高屋建瓴的认识和总结。

我们从安全生产本身和法制的视角具体看，制定《安全生产法》的必要性包括：

（1）是预防和减少生产事故，保护人民群众生命和财产安全的客观需要；

（2）是依法治国，依法行政，加强对安全生产的监督和管理的需要；

（3）是预防和打击生产领域违法犯罪行为的需要；

（4）是建立和完善我国安全生产法律体系的需要。

练一练

论述题

简要论述《安全生产法》在当前的重要意义。

知识点2《安全生产法》的立法宗旨

从《安全生产法》的第一条，我们可以非常直观地得出安全生产法的立法宗旨：

"为了加强安全生产工作，防止和减少生产安全事故，保障人民群众生命和财产安全，促进经济社会持续健康发展，制定本法。"

（1）加强安全生产工作。安全生产是经济发展的前提。着眼于国家的长远战略和发展目标，任何时候都不能放松对安全生产的监督和管理。加强安全生产工作的一个重要手段，就是总结经验，在科学理论的指导下，把实践中的有效做法、制度上升为法律。

（2）防止和减少生产安全事故。法律通过规范相关主体的行为，明确法律责任，一方面减少事故的发生，同时加大了对违法行为的惩戒，间接使各主体主动减少和防范生产事故。

（3）保障人民群众生命和财产安全。这是根本性目的，也是我国法律制度的本质要求，其中，人民群众的生命安全是重中之重。

（4）促进经济社会持续健康发展。这是宏观的长期影响，也是安全生产的结果。

梳理《安全生产法》的具体内容，我们可以更加具体地认识和理解《安全生产法》的立法宗旨：

（1）建立安全生产制度，规范生产经营单位的安全生产行为，明确安全生产责任。

（2）保护从业人员的人身安全和生命健康，维护其合法权益，规范从业人员的安全生产行为。

（3）建立安全生产的监督管理组织体系，明确各级政府的安全生产责任。

（4）建立生产安全事故应急管理制度体系，提升应急管理能力。

（5）规范安全生产的评价、咨询、检测、检验等中介机构的行为，为安全生产提供更好的服务环境。

（6）强化安全生产的责任追究，加强社会监督。

练一练

简答题

从宏观和具体两个层面简要回答我国《安全生产法》的立法宗旨。

知识点3《安全生产法》的主要内容

《安全生产法》共7章、114条，内容很丰富。按照内容的类别，可以重点把握以下几个方面：

（1）建立了7项安全生产制度，包括安全生产监督管理制度、生产经营单位安全保障制度、从业人员安全保护制度、安全服务制度、安全生产责任追究制度、生产事故应急管理制度。

（2）授予安全生产监督管理部门三大职权：现场调查取证权，现场处置权，依法查封、扣押等行政强制权。

（3）规定了43种违法行为和23种处罚方式。

（4）建立了安全生产的4种社会监督方式：工会民主监督、社会舆论监督、公共举报监督和社区报告监督。

（5）确立了安全生产的4个责任主体：生产经营者、生产从业者、服务提供者和生产监督者。

有关方面总结了修订后《安全生产法》的10大亮点，我们提供给大家，以供学习参考：

（1）以人为本，坚持安全发展。新法明确提出安全生产工作应当以人为本，将坚持安全发展写入了总则，对于坚守红线意识、进一步加强安全生产工作、实现安全生产形势根本性好转的奋斗目标具有重要意义。

（2）建立完善安全生产方针和工作机制。将安全生产工作方针完善为“安全第一、预防为主、综合治理”，进一步明确了安全生产的重要地位、主体任务和实现安全生产的根本途径。新法提出要建立生产经营单位负责、职工参与、政府监管、行业自律、社会监督的工作机制，进一步明确了各方安全职责。

（3）落实“三个必须”，确立安全生产监管执法部门地位。按照安全生产管行业必须管安全、管业务必须管安全、管生产经营必须管安全的要求，新法一是规定国务院和县级以上地方人民政府应当建立健全安全生产工作协调机制，及时协调、解决安全生产监督管理中的重大问题。二是明确各级政府安全生产监督管理部门实施综合监督管理，有关部门在各自职责范围内对有关“行业、领域”的安全生产工作实施监督管理。三是明确各级安全生产监督管理部门和其他负有安全生产监督管理职责的部门作为行政执法部门，依法开展安全生产行政执法工作，对生产经营单位执行法律、法规、国家标准或者行业标准的情况进行监督检查。

（4）强化乡镇人民政府以及街道办事处、开发区管理机构安全生产职责。乡镇街道是安全生产工作的重要基础，有必要在立法层面明确其安全生产职责，同时针对各地经济技术开发区、工业园区的安全监管体制不顺、监管人员配备不足、事故隐患集中、事故多发等突出问题，新法明确乡镇人民政府以及街道办事处、开发区管理机构等地方人民政府的派出机关应当按照职责，加强对本行政区域内生产经营单位安全生产状况的监督检查，协助上级人民政府有关部门依法履行安全生产监督管理职责。

（5）明确生产经营单位安全生产管理机构、人员的设置、配备标准和工作职责。新法一是明确矿山、金属冶炼、建筑施工、道路运输单位和危险物品的生产、经营、储存单位，应当设置安全生产管理机构或者配备专职安全生产管理人员，将其他生产经营单位设置专门机构或者配备专职人员的从业人员下限由300人调整为100人。二是规定了安全生产管理机构以及管理人员的7项职责，主要包括拟定本单位安全生产规章制度、操作规程、应急救援预案，组织宣传贯彻安全生产法律、法规；组织安全生产教育和培训，制止和纠正违章指挥、强令冒险作业、违反操作规程的行为，督促落实本单位安全生产整改措施等。三是明确生产经营单位做出涉及安全生产的经营决策，应当听取安全生产管理机构以及安全生产管理人员的意见。

（6）明确了劳务派遣单位和用工单位的职责和劳动者的权利义务。一是规定生产经营单位应当将被派遣劳动者纳入本单位从业人员统一管理，对被派遣劳动者进行岗位安全操作规程和安全操作技能的教育和培训。劳务派遣单位应当对被派遣劳动者进行必要的安全生产教育和培训。二是明确被派遣劳动者享有本法规定的从业人员的权利，并应当履行本法规定的从业人员的义务。

（7）建立事故隐患排查治理制度。新法把加强事前预防、强化隐患排查治理作为一项重要内容。一是生产经营单位必须建立事故隐患排查治理制度，采取技术、管理措施消除事故隐患。二是政府有关部门要建立健全重大事故隐患治理督办制度，督促生产经营单位消除重大事故隐患。三是对未建立隐患排查治理制度、未采取有效措施消除事故隐患的行为，设定了严格的行政处罚。

（8）推进安全生产标准化建设。结合多年来的实践经验，新法在总则部分明确生产经营单位应当推进安全生产标准化工作，提高安全生产水平。

（9）推行注册安全工程师制度。新法确立了注册安全工程师制度，并从两个方面加以推进：一是危险物品的生产、储存单位以及矿山、金属冶炼单位应当有注册安全工程师从事安全生产管理工作，鼓励其他单位聘用注册安全工程师。二是建立注册安全工程师按专业分类管理制度，授权国务院人力资源和社会保障部门、安全生产监督管理等部门制定具体实施办法。

（10）推进安全生产责任保险。根据 2006 年以来在河南省、湖北省、山西省、北京市、重庆市等省（市）的试点经验，重点是为了增加事故应急救援和事故单位从业人员以外的事故受害人的赔偿补偿资金来源，新法规定：国家鼓励生产经营单位投保安全生产责任保险。

练一练

拓展简答题

结合 2014 年对《安全生产法》的修改，任举一例谈谈你对安全生产有关问题的认识。

知识点 4 《安全生产法》与《突发事件应对法》的关系

从立法主体上看，《安全生产法》和《突发事件应对法》都是由全国人民代表大会常务委员会制定的，并不存在谁高谁低的问题。但是，从公共安全管理的角度来说，突发事件包括四种类型，而生产事故是其中的一类，所以《突发事件应对法》是基本法，而《安全生产法》是专门法。二者的关系主要有：

（1）安全生产事故是我国突发事件的一个类型，是总概念和属概念的关系。

（2）安全生产事故的应急管理在总原则上要执行《突发事件应对法》的原则，遵循突发事件应对性确定的应急管理体制。

（3）安全生产事故的责任主体、决策机制和处理流程要遵循《突发事件应对法》的总规定。

（4）安全生产事故的法律责任在《突发事件应对法》的规定中执行。

安全生产的专门法，就是在总原则的基础上，结合生产领域的具体情况和特殊性，做出具体的、专门的规定。所以，一般情况下，安全生产事故的应急管理要优先执行《安全生产法》的各项规定。

练一练

简答题

如何理解《安全生产法》与《突发事件应对法》的关系?

第十章

安全观念与安全文化

学习导引

本章在内容安排上是最后，在现实中却应当是基础，这也是本章学习的重要意义。学习这一门课程，本身就是公共安全教育的一种形式，我们学习了有关内容知识，才能真正体会到安全文化的基础和灵魂作用。通过对观念、行为、制度、物态等安全文化形式的分析，进一步加强安全文化建设，才能更好地维护公共安全。

学习目标

（1）了解文化的一般含义和文化对国家、社会、组织和个人的作用。
（2）能够区分广义的安全文化和狭义的安全文化，并理解其构成。
（3）掌握安全观念和安全文化的功能。
（4）重点理解安全文化的内涵。
（5）能够从正反两方面阐述我国的传统安全文化。
（6）理解安全哲学与安全文化的关系，并能简要阐述四种典型的安全哲学。
（7）了解安全文化建设的途径和方法。
（8）掌握当前安全文化建设的哲学观念。
（9）理解安全文化建设的精神目标与精神层面。
（10）掌握安全文化教育的主要内容。

知识结构

本章从文化对国家、社会和个人的作用入手，阐释安全文化的含义和重要作用。在汲取我国传统安全文化营养的基础上，提出安全文化建设的路径和方法，强调每一个社会成员都是公共安全的参与者，都应当从自我做起，共同维护公共安全。

本章知识结构图如下。

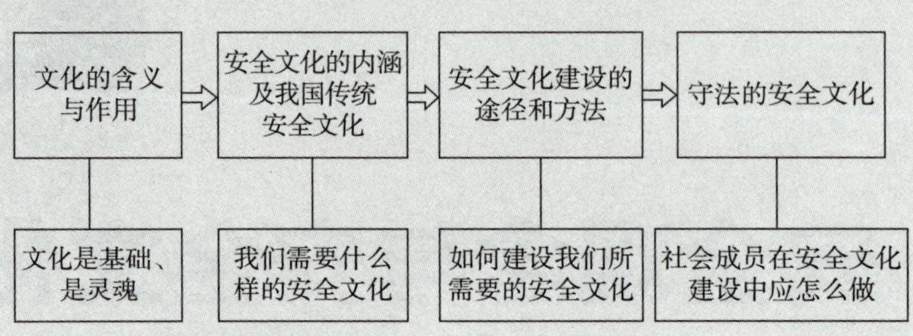

第一节 文化的含义与作用

知识点 1 文化的含义

在学习中，我们会发现，“文化”一词经常被用于不同层次、不同场合、不同人群，似乎文化无处不在。宏观层面强调要建设中国特色社会主义文化，要有文化自信；中观层面，比如学校提出要建设校园文化；微观层面，即我们每个人一生都在学习文化知识。那么，什么是文化？如何理解文化呢？

在汉语系统中，“文化”的本义就是“以文教化”，它表示对人的性情的陶冶、品德的教养，本属精神领域之范畴。兰州大学学者牛龙菲在研究文化人类学的基础上，提出文化在原始意义上应当作为动词，为“文而化之”的意思。在一定程度是提示了文化的本意。

随着时间的流变和空间的差异，“文化”逐渐成为一个内涵丰富、外延宽广的多维概念，成为众多学科探究、阐发、争鸣的对象。

现在使用文化一词，一般指人类社会在不同的历史阶段所创造的物质文明和精神文明的统称。特别是在考古学界，如大汶口文化、红山文化等，就是用的这个含义。

人们也经常把文化与人们的生产、生活结合起来，如建筑文化、餐饮文化等。现在也经常与企业单位、社会组织挂钩，如“打造 ×× 文化”。

现在，文化一般情况下指人类的精神文明的总和。

需要强调的是，所谓的总和，就是没有区别、判定的囊括，是一种事实，而没有价值观上的判断。也就是说文化的内容中有优秀的、符合人类社会发展的、促进社会成员向好向善、催人奋进的文化内容，同时也存在着落后的、糟粕性的、让人沉沦的文化内容。我们在讨论安全文化时，应当进行价值的判断和理性的选择，不能泥沙俱下。

练一练

简答题

谈谈你对“文化”的理解。

知识点 2 文化的作用

习近平总书记指出，文化是一个国家、一个民族的灵魂。在当代中国，文化自信是具有科学性的时代命题，是中华民族生生不息、走向复兴的精神源泉，是中国特色社会主义破浪前行、繁荣发展的精神武器，是中华民族屹立世界、面向未来的精神脊梁。这是对文化的作用给出的评价，虽然抽象，但是适用于我们每一个行业。

具体而言，文化的作用是什么呢？

（1）对于国家而言，先进文化是符合人类社会发展方向、体现先进生产力发展要求、代表最广大人民根本利益的文化，它在推动国家发展和民族进步中具有重大战略意义。人类文明进步史充分表明：没有先进的文化的积极引领，没有全民族创造精神的充分发挥，一个国家、一个民族不可能屹立于世界先进民族之林，文化越来越成为民族凝聚力和创造力的重要源泉，越来越成为综合国力竞争的重要因素，丰富多彩的文化生活越来越成为人民的热切愿望。

（2）对于社会而言，文化作为一种精神力量，能够在人们认识世界、改造世界的过程中转化为物质力量，对社会发展产生深刻的影响。

一定的文化由一定的经济、政治决定，又反作用于一定的经济和政治，给予政治、经济以重大的影响。先进的、健康的文化促进经济社会的发展，落后的、腐朽的文化则会阻碍经济社会的发展。文化与经济相互交融。在经济发展中，科学技术的作用越来越重要；发展科技、发展教育事业，提高劳动者的素质对推动经济建设的作用越来越重要。文化生产力在现代经济总体格局中的作用越来越突出。文化与政治相互交融。随着民主与法制建设的发展，人们为了参与政治生活需要更高的文化素养。随着世界多极化的发展，奉行霸权主义的国家借助文化渗透的方式，竭力推销自己的价值观念，企图削弱和取代别国的民族文化，以推行强权政治。文化越来越成为民族凝聚力和创造力的重要源泉，越来越成为经济社会发展的重要支撑，越来越成为综合国力竞争的重要因素；增强全民族文化创造活力，提高文化软实力，可以为经济社会提供正确的方向保证、不竭的精神动力和强大的智力支持。

（3）对于社会成员个人而言，文化的影响是潜移默化、深远而持久的，通过一定的文化环境和各种形式的文化活动，影响人的行为方式，形成认识和思维方式，丰富人的精神世界，增强人的精神力量，促进人的全面发展。

练一练

简答题

从政治、经济等方面阐述文化对社会的积极作用。

第二节　安全文化的内涵与我国的现状

知识点 1　安全文化的概念

什么是安全文化？是关于安全方面的文化，还是安全范围的文化？如何给安全文化一个合理的解释？

1980 年，以色列的科学家祖哈把安全文化归结为态度等 8 个因素。1986 年，苏联切尔诺贝利发生核泄漏事故，国际原子能机构的核安全咨询组在事故评审时首次提出了安全文化的概念。“安全文化”一词最早正式出现在 1988 年国际核安全咨询组的事故报告中。

从 1995 年开始我国学者对安全文化给出了诸多定义，但是多数在内容上与国外定义相似。

（1）中国矿业大学的傅贵专门对安全文化的定义做了深入的研究，得出下述结论：一是安全文化是组织层面的问题，自然已经包含了组织中的个人，并不存在所谓的个人的安全文化；二是安全文化是组织安全业务的指导思想，强调各安全元素间的相互层次关系，把行为方式、物态看作是安全文化其他元素的作用结果；三是安全文化是一个专业术语，其整体性不能拆分，不能采取词汇拆分方法分别理解“安全”“文化”，再合起来理解具有整体性、很强的专业性的“安全文化”；四是安全文化就是安全理念，其表现形式可以是性格特点、态度、信仰、观念、认识、认知、价值观等；五是安全文化要发挥作用，需要实现安全理念具体化。所以，安全文化可以定义为“安全文化就是安全理念”。它是一个专业词汇，不可拆分理解，是社会组织整体的安全特性，其实质是组织安全业务的指导思想，可以用安全宗旨、安全愿景、安全信仰、安全价值观、安全方针五种形式或其中之一来集中体现。

（2）夏宝成认为，从广义来说，安全文化是指人类安全活动创造的安全生产和安全生活的观念、环境和条件等成果之总和；从狭义来说，安全文化专指围绕安全生产中人这个主体所产生的人文因素和人文环境的研究、控制成果。

（3）南华大学的谭凯旋认为，安全文化的概念可分为广义和狭义两大类。广义的概念是把“安全”和“文化”两个概念都从广义上理解：强调安全不仅包括生产安全还应扩展到生活、娱乐等领域；文化不仅包含观念文化、行为文化、管理文化等人文精神方面，还包括物质文化、生态环境文化等硬件方面。广义的安全文化就是在人类生存、繁衍和发展历程中，在其从事生产活动的一切领域内，为保障人类身心安全并使其能安全、舒适、高效地从事一切活动，预防、避免、控制和消除意外事故和灾害（自然的、人为的），为建立起安全、可靠、和谐、协调的环境和匹配运行的安全体系，为使人类变得更加安全、康乐、长寿，使世界变得友爱、和平、繁荣而创造的物质财富和精神财富的总和。简而言之，安全文化是人类在生产、生活、生存活动中，为保护身心安全与健康所创造的所有物质财富和精神财富的总和。狭义的安全文化强调文化或安全内涵的某一个层面，特别是精神层面的东西，即“安全文化是人类安全活动所创造的安全生产、安全生活的精神、观念、行为与物态的总和”。

2006 年，国家安全生产监督管理总局印发了《“十一五”安全文化建设纲要》，强调安全文化是安全生产在意识形态领域和人们思想观念上的综合反映，包括安全价值观、安全判断标准和安全能力、安全行为方式等。

综上所述，国家在定义安全文化时，是将其限定在意识形态领域和人们的思想观念方面的，并不包括物态的安全文化和安全制度文化；在学者们的研究中，更多地将安全制度文化和安全物态文化包罗在内。从本书的内容构成上考虑，我们仍然将它们一并考虑，而不将其排除。当然，这样并不是认为国家关于安全文化方面的限定是错误的，只是反映出在现阶段，国家关于安全文化的政策重心和工作重点。

练一练

单项选择题

某人要驾车去旅游，他的下列做法中不属于安全文化范畴的是：

A. 总担心路上出问题，准备在出发前到 4S 店对车进行全面的检查

B. 安全第一，绝不为了早些到达目的地而超速行驶

C. 为了留下美好的回忆，专门购买了高档相机

D. 为以防万一，在车上放了拖车绳、拖车杠和气泵

知识点 2　安全观念、安全文化的功能

安全观念是安全文化的重要组成部分，但是安全文化不仅仅是安全观念，还包括更多的内容。

安全观念主要是精神层面，深入社会成员的内心，表现为安全意识、防止危险发生、避免危险伤害的心理、对物态安全文化的看法等。其功能有多种表现形式，概括起来，一般认为安全观念有 4 种功能（见图 10－1）：

凝聚功能	● 共同的观念、目标和价值追求形成心理的认同，表现为向心力和凝聚力
导向功能	● 共同的价值追求形成感召力，引导社会成员规范自己的行为。
规范功能	● 通过安全观念的传播，使人们自觉维护安全，并监督、帮助其他社会成员的行为。
激励功能	● 以人为本，社会成员产生广泛的认同和归宿感，并以此为荣，形成自我激励和相互激励的动力。

图 10－1　安全观念的功能

（1）凝聚功能。每一个人、每一个组织（包括企业组织、政府机关、学校科研单位等）都有自己的安全价值目标和行为准则，安全观念能够在一定程度上使社会成员在安全上的看法、目标、行为准则方面形成心理认同，表现出强大的向心力和凝聚力。

（2）导向功能。安全观念反映了一定组织和社会成员相同的价值理念、共同的安全价值追求，具有一定的感召力，引导社会成员按照安全目标规范自己的行为。例如，交通安全观念的建立、良好的交通安全文化的传播，会使社会成员自觉遵守交通规则，引导更多的社会成员从内心认可这个规则，并能够加入其中。个别人出于自身的原因本想闯红灯过马路，但看到大家都站着等交通信号灯的变化，也会意识到自己行为的不当，迫于心理压力而停下脚步。

（3）规范功能。通过安全观念的建立与传播，能够使更多的社会成员意识到安全的重要作用，明白自己对安全的责任和应当秉持的道德修养，从而规范和约束自己的行为，并帮助规范社会其他成员的行为。

（4）激励功能。安全观念的以人为本的价值理念，能够在一定程度上让社会成员产生广泛的认同感和归属感，从而在心理上形成相互激励和自我激励的内在机制，形成自觉追求、自觉维护安全生活生产的动力。

安全文化是在人的生活过程中、在企业的生产及经济活动中保护人的健康、尊重人的生命、实现人的价值的文化。安全文化的功能就在于将全体国民塑造成具有现代安全观念

的现代文化人。将企业的全体人员塑造成具有现代专业安全文化知识的生产力。企业具有掌握专业安全文化的生产力，才可能实现安全生产良性循环。安全文化的具体功能可以归纳为：

（1）规范人的安全行为。在生活及生产活动中，每一个参与者的行为都与该项活动的安全状况有关，只有使每一个人都可靠，才能保证系统处于安全生活与安全生产的良性发展状态。而提高每一个人的安全觉悟、规范每一个人的安全行为，最有效的方法就是提高全体国民的安全文化素质。在受高度的安全文化熏陶而形成的人文环境中，个别人即使有所怠慢，由于强有力的安全文化的约束与控制，不安全的行为也将被群体所不容而受到纠正。

（2）组织及协调安全管理。协调是指为了实现系统的目标，对系统中各子系统的关系进行匹配的过程。在安全生产管理中，一是需对安全决策执有不同观点的人进行协调；二是需对系统（如企业）中各子系统（如部门）在安全职能上的关系进行协调。以使系统联成一个整体，克服顾此失彼和管理上的片面性。而这种协调就需要有统一的价值观念和行为取向为基础。

（3）安全文化使社会进入有序发展的良性状态。安全文化是社会技术经济发展水平在人的价值观上的综合反映，是人类文明程度的标志。事故对生活及生产的破坏作用，使社会进入无序的混乱状态，从而失去了稳定发展的前提。安全文化的建设和广泛的传播，使社会在良好的安全文化指导下建立一个良好的安全管理体系，这个体系就会带来社会成员安全知识、安全意识和安全习惯，进而带来社会成员的安全行为和安全物态，最终减少和避免事故，从而整体提升社会的安全和秩序，促进社会有序发展。

练一练

1. 多项选择题

下列选项中，属于安全观念的功能的有：

A. 凝聚功能

B. 导向功能

C. 惩戒功能

D. 规范功能

E. 激励功能

2. 简答题

安全文化的功能有哪些？

知识点 3　安全文化的内涵

我们可以从不同的角度对安全文化的内涵做出不同的归纳和分类，例如，从其功能上划分，可以将其分为生活安全文化、体育安全文化、科研安全文化、生产安全文化等，也可以按照主体分为机关文化、企业文化等。

（1）西南交通大学的袁旭从两方面分析了安全文化内涵。

1）从工程的角度将安全文化分为基础安全文化与专业安全文化两大类。基础安全文化是每一个社会成员都应当普遍具备的，它主要是指人类生活过程中应具备的安全文化知识与技能，包括起居安全、煤气安全、电器安全、交通安全、防火灭火等各个方面安全知识，以及避免事故的行为方式和事故中逃生与救援方法等。专业安全文化指各种技术专业中的安全文化。各种专业活动多是以企业的组织形式进行，因此也称为企业安全文化，不同的专业技术中、不同研究领域中有着不同的技术装备、工艺方法、作业环境及操作技艺，因此各专业有不同的安全科学知识、工程技术及管理方法。基础安全文化是专业安全文化建设的基础，而专业安全文化又推动着基础安全文化的提高和发展（见图 10－2）。

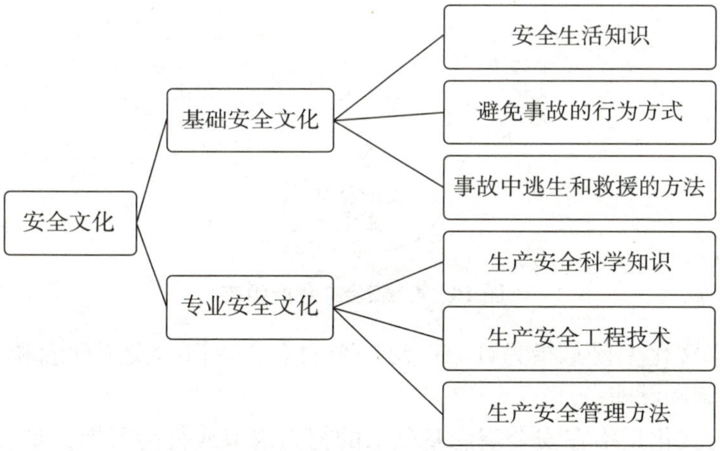

图 10－2　基础安全文化与专业安全文化

2）不论基础安全文化还是专业安全文化，都具有表层与理层两重结构。表层是指安全文化的表象层，它是各种意义明确、内容具体的行为规范和标准构成的文化表象，也可以称为表现层。表层结构由立约类和非立约类两类内容组成：立约是指那些用一定的形式明确规定下来的内容，比如安全法律、条例、规范、标准等；非立约是指那些没有用具体的形式律定，但是约定成俗被人们普通认可的内容，例如安全生活及生产习惯等。由于人们的生活及生产活动种类是千变万化的，而立约的内容总是有限的，大量的非立约的行为规范，是对立约的补充又是对立约的延伸。表层结构规范着人们在生活及生产中自觉有序地支配自己安全行为。安全文化理层结构是指安全文化的思维模式和思维程序，是对表层结构的理解层或解释层，也称为思想层。安全文化的理层包括安全第一的科学思想、道德观念、经营及生产原则等，它集中体现为安全第一的价值观，安全的价值观在一定程度上就是生命的价值观。表层结构是理层结构的外化形式，它具有传递理层思想的功能，也是传递安全文化的媒介（见图 10－3）。

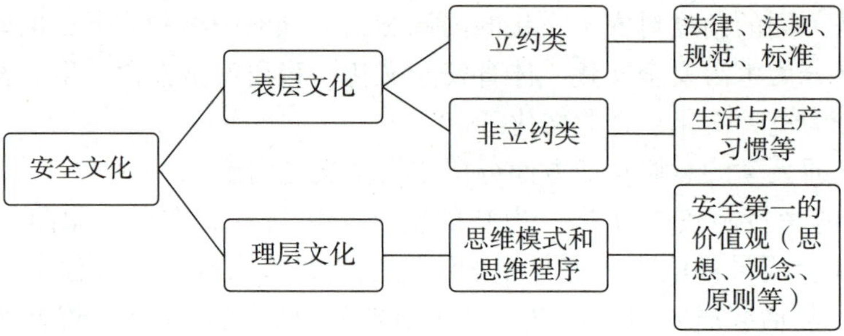

图 10－3　表层与理层安全文化

（2）河南理工大学的夏宝成把安全文化区分为安全观念文化、安全行为文化、安全管理文化和安全物质文化（见图 10－4）。

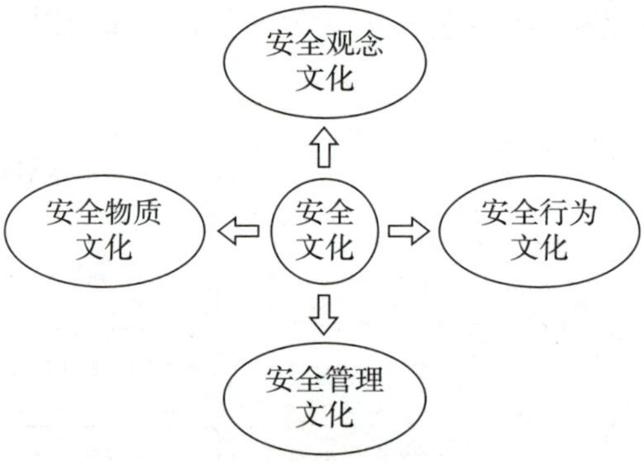

图 10－4　安全文化的组成

1）安全观念文化主要是指为社会广泛接受的安全意识、安全理念和安全标准等，是安全文化中的基础和灵魂。

2）安全行为文化是指在安全观念基础上的行为规范或行为习惯，是安全观念的表现。例如明知闯红灯会有危险，但是对安全不够重视，抱着侥幸心理违法闯红灯过路口；虽然有些行为是因为知识的缺乏导致的，但是并不能因此而无知者无畏，实质上也是安全观念的问题。

3）安全管理文化是指为保证安全而建立的各项制度的总和。在不同的时代有不同价值追求目标，体现在安全管理文化上也是不同的。如我们曾经过分强调国家的财产安全、强调国家利益高于一切等；现在强调以人为本、安全第一，强调科学指导。

4）安全物质文化是指人们在生活生产中有关技术、工具以及采取的应急措施的物态本身的可靠性。例如维护交通秩序的红绿灯和电子测速装置、防空警报的警笛、防止山体滑坡而建设的护坡的安全性等。

（3）南华大学的谭凯旋认为，安全文化包括了有关安全过程的哲学、伦理道德、科学、艺术和政治法律思想所构成的思想观念系统及相关制度、设施，其主要内容包括三方面：

1）由组织政策、程序和管理行为决定的框架。

2）个体与群体的集体反应，如价值观、信念、行为等。

3）安全科学精神、科学知识与技术。具体表现为人工产物、制度、精神、价值规范、技术等多层次的安全文化。其中，价值规范是最重要的，其他各层的目的就是使每个个体形成良好的价值规范，不仅有“安全第一”的观念，还要在各种组织程序中自上而下地考虑安全问题，在日常工作中表现出良好的安全行为习惯。安全科学为指导安全实践提供智力支持，推动各项新的安全技术和安全管理方法的开发和应用，同时，安全科学也是巨大的精神力量。

（4）也有学者把安全文化从结构上分成三个部分：安全精神文化、安全制度文化和安全物质文化。

1）安全精神文化，包括正确的安全价值观和意识流，科学的态度、理念和认知，崇尚的伦理、品德和情感。包括安全第一的哲学观、珍惜生命的情感观、合理安全的风险观、安全生产的效益观、综合效益的价值观、人机环境的系统观、本质安全的科学观。

2）安全制度文化，指严明的法律、明确的责任、规范的管理。包括安全第一、预防为主，监督、监察、管理、法制与全面管理，无隐患管理技术、安全目标管理、安全系统工程、安全行为科学、风险评价等管理制度。

3）安全物质文化，包括隐患控制、信息警示、应急措施等物态安全环境和安全产品。具体的评价指标包括：技术工艺本质安全化、安全检验先进科学、环境监控有效、人机设计合理、安全技术措施达标等。

（5）中国矿业大学傅贵在研究企业安全生产与安全文化关系的基础上，主张将安全文化具体化为其组成元素，给出了企业安全文化的元素条目（见表 10－1）。

表 10－1　　企业安全文化元素

序号	元素	序号	元素	序号	元素	序号	元素
1	安全重要程度	9	安全价值观形成	17	安全会议质量	25	设施满意度
2	一切事故均可预防	10	领导负责程度	18	安全制度形成方式	26	安全业绩掌握程度
3	安全创造经济效益	11	安全部门作用	19	安全制度执行方式	27	安全业绩与人力资源的关系
4	安全融入企业管理	12	员工参与程度	20	事故调查的类型	28	子公司与合同单位安全管理
5	安全决定于安全意识	13	安全培训需求	21	安全检查的类型	29	安全组织的作用
6	安全的主体责任	14	直线部门负责安全	22	关爱受伤职工	30	安全部门的工作
7	安全投入认识	15	社区安全影响	23	业余安全管理	31	总体安全期望值
8	安全法规作用	16	管理体系的作用	24	安全业绩对待	32	应急能力

我们认为，这个思路是可以借鉴的，安全文化不能只停留在空洞的描述上，应当将其具体化。但是需要说明，上述只是生产企业的安全文化元素，对国家整体而言，还需要补充和改进。

练一练

1. 论述题

请从观念、行为、管理和物质四个方面论述安全文化的主要内涵。

2. 简答题

列举并简要阐述你理解的 5 个安全文化元素。

知识点 4 我国传统安全文化

在这里，要向大家强调一点：对待我国的传统安全文化，要本着客观、科学的态度去认识和研究，不能一谈及传统的，就认为是落后的、是糟粕；在我国的传统安全文化中，存在着丰富的、先进的文化内容。

我们在前面讨论过我国古代的救灾赈灾思想和措施，在这里不再重复。但是为了使大家更好地从文化的角度来理解公共安全，我们从两个方面为大家举例说明。

（1）在传统的安全文化中的确存在着一些不科学、愚昧落后的内容，这一点不用讳言，有一些在今天、在诸多的社会成员中还有流传，甚至在某一时间段、在某一个群体中会占有一定的地位。

（2）经过我国劳动人民长期的实践探索和思考，积淀了深厚的精华性的安全文化内容。

1）深刻的人本思想。我国古代先贤就已经认识到“人”的重要和生命安全的无比可贵，尧舜时期以及孔子、孟子等均有论及。古代统治者中的“重民”思想，更是朴素的公共安全观。

2）影响深远的居安思危、有备无患思想，提醒人们时刻不忘安全，要注意社会隐患，要在日常进行应有的准备等。未雨绸缪、防微杜渐等成语非常有力地说明了这一点。

3）在安全事故中、在自然灾难中不断学习、不断总结、不断完善的安全文化。在我国历代都有不同的故事和说法，但是其内在思想是一致的。比如前有车后有辙、人不能在同一个地方跌倒两次、亡羊补牢、吃一堑长一智等。

4）在我国的历史长河中，积累了大量的安全行为规则，统治者也制定了一些关于安全的管理制度。对于社会成员的有《弟子规》中讲的“宽转弯，勿触棱”，提醒大家拐弯的时候要谨慎，不要撞到物品的棱角，以免受伤。在《天工开物》等古代典籍中也有安全生产的规则等。在农业种植中也广泛存在着这些朴素的安全指导性规则。

5）广泛存在的、遍布全国的减灾防灾建筑工程、设施等，是物态的安全文化。比如江河的堤防、各地的粮仓等。

所以，我们不能片面地、戴着有色眼镜看待我国的传统安全文化，而是应当理性、客观、科学地学习和挖掘传统安全文化的精华，进一步坚定文化自信。

练一练

1. 单项选择题

下列选项中，哪一个属于我国传统安全文化中的糟粕？

A. 居安思危

B. 鞭炮驱邪

C. 亡羊补牢

D. 未雨绸缪

2. 简答题

请简要阐述我国传统安全文化中的精华。

知识点 5 安全哲学与安全文化

有什么样的安全哲学就会有什么样的安全文化，安全文化的发展反映着安全哲学的变迁，安全哲学一方面决定着安全文化的走向，同时又从安全文化中汲取着营养。我们讨论安全哲学的目的，就是要研究人类安全活动的认识论和方法论，通过梳理人类社会发展进程中的关于安全的普遍性认识和主要行为特征，我们可以把不同历史时期的安全哲学用不同的认识论和方法论来表达。

（1）宿命论和被动型的安全哲学。认为命运由上天安排，神是人类安全的主宰，人们对自然灾害和生产事故听天由命、无能为力，只能被动地接受各种灾难和事故造成的破坏和损失。“人的命，由天定”“该井里死的河里淹不死”等都是这种哲学的反映。

（2）经验论与事后型的安全哲学。随着工业社会的到来，人类社会的主要生产方式发生了革命性的变更。随之，除自然灾害之外，生产事故的类型更为复杂，事故的破坏力更加巨大，人们也逐渐对灾害和事故进行认识和思考，并在事故之后采取一定的措施对自身的行为进行修正和弥补。“亡羊补牢”就是这种安全哲学的一个好的注解。西方国家开始逐渐建立事故的赔偿和保险制度等，也是这种哲学的反映。

（3）系统论和综合型的安全哲学。建立了对事故的系统性的认识，认识到人类与自然环境、生产设备、行为规则等是事故的综合性要素，主张以工程技术等硬性手段与教育、培训、管理等软手段综合措施减少、避免和应对各种事故。

（4）本质论与预防型的安全哲学。随着人类进入信息化社会，高科技不断进入人类生产领域，人们在安全认识论上有了本质安全化的认识，方法论上追求事先预测和主动防范。在对人与机器和环境的本质安全深入认识和思考的基础上，认识到人的本质安全不但要解决人的知识、技能、意识素质，还要从人的观念、伦理、情感、态度、认知、品德等人文素质入手，从而提出安全文化建设的新思路。那就是：物和环境的本质安全就是要用先进的安全科学技术，推广自组织、自适应、自动控制与闭锁的安全技术；研究人、物、能量、信息的安全系统论、安全控制论和安全信息论等现代工业安全原理；建立职业安全卫生管理体系；技术项目的实施遵循安全措施与技术设施同时设计、同时施工、同时投产的“三同时”原则；安全生产方面要同步规划、同步发展、同步实施的“三同步”原则；对生产现场的危险点、危害点、事故多发点进行提前预防；推行安全目标管理、无隐患管理、安全经济分析、危险预知活动、事故判定技术等安全系统工程方法。

既然安全哲学是如此重要，那么我们进行公共安全管理，建立各项安全制度，完善各种安全设施，建设安全体系，就必须用现代的、先进的安全哲学武装思想，汲取我国优秀的传统安全文化，作为我们行动的指南。

练一练

论述题

试论述人类发展不同历史时期的安全哲学。

第三节 安全文化的建设

文化具有传承性、地域性、层次性、稳定性等基本特征。所以，安全文化也是如此。良好的安全文化是个渐进的、相对缓慢的、积淀性的过程，不可能一蹴而就。良好的安全文化可以通过积极的宣传、教育、传播等途径加快其形成步伐，人的实践对安全文化的建设发挥着根本性、决定性作用。因此，安全文化建设应该采取阶段性步骤，有计划地进行。

知识点 1 安全文化建设的途径和方法

在安全文化建设步骤或者顺序的选择上，在路径和方法的制定上，并没有固定的模式。对安全文化如何理解，就会产生相应的建设路径和方法。我们举出两个观点基本相反的例子，同时以国务院办公厅印发的《安全生产“十三五”规划》中安全文化有关内容为据，引发大家的思考。

（1）中国矿业大学的傅贵在将安全文化具体化为诸多元素之后认为，所谓安全文化建设，实际上只是提高组织成员对安全文化元素的理解程度，建设内容非常简单，建设手段可以采用定量跟踪测量、培训课程、展览板、为组织的安全文化系统取名，也可以采用动画、工装、文具等各种表现手段。无论手段有多少，目标只有一个，那就是提高组织员工对安全文化元素的理解程度。安全文化是安全理念，是组织安全业务的指导思想，是组织安全业绩的关键影响要素，对每个社会组织都是一样的。理念本身并无行业或者组织特色，但是表现形式在每个组织内都可以不同，所以创造安全文化特色，只能在外在表现形式即安全文化载体上做努力，在理念内容上下功夫是徒劳的。所以，组织也不要再试图建设行业的特色安全理念，它们是不存在的。也没有必要将安全文化分为理念文化、制度文化、物质文化、行为文化等，这些提法也是错误的。不要忘记安全文化是一个专业名词，它只是组织安全业务的指导思想，只是理念、思想和认识层面的东西，不是制度、物态、行为方式等（它们是安全文化的指导结果）。所以归纳起来，安全文化建设的内容有理念条目建设、理解程度的提高和载体建设三个方面。

（2）中南大学的王秉结合党中央提出的“十三五”规划，提出了自己对安全文化建设的看法和建议。他认为，就安全文化建设来说，最关键的是“牢固树立安全发展理念，加强全民安全意识教育，健全公共安全体系”这句话。目前安全文化建设应该放大视野，应从传统的企业安全文化中拓展开来，立足于全民、全社会建设大安全文化。简言之，主要包括三个方面，三者相辅相成。

1）新形势下的公共安全文化体系的构建。如对一个城市来说，主要包括家庭安全文化、社区安全文化、城市商业区的安全文化、应对自然灾害的安全文化、交通安全文化、消防安全文化、消费安全文化、休闲娱乐安全文化和保健安全文化等。

2）新形势下的全民安全素质的提升，包括安全态度、知识和技能的提升。

3）积极发展安全文化产业，从而为安全发展服务，创新公共安全文化服务方式。主要包括：一是安全文化传播业（安全文化策划、安全文化出版发行、安全文化影视制作、安全文化舞台艺术、安全文化广告宣传、安全文化展览展示、安全文化传播媒介等）；二是安全文化科技服务业（安全文化产品规划设计、工程设计、城市基础设施规划设计、安全科学技术研究开发、安全设备设施探测检验和环境的安全健康可靠性探测检验、安全科技咨询服务、安全评估认证和事故调查技术鉴定服务、安全管理及软件开发等）；三是功能型安全文化产品生产制造业（安全健康防护用品制造、安全健康仪器仪表设备制造、安全文化基础设施及器材生产等）；四是本质型安全文化产品生产制造业（凡是通过材料、工艺、设计、结构、包装等各方面革新改进，确保消费者在使用其产品过程始终处在安全健康状态的生产企业都属于这一类别。这类企业增加，将会根本改善社会文明程度，促进人们生活方式和生产观念的革新与进步）。

（3）2017年1月国务院办公厅印发了《安全生产“十三五”规划》（国办发〔2017〕3号），其中，对安全文化做出了如下规定：

1）大力倡导安全文化。

鼓励和引导社会力量参与安全文化产品创作和推广。广泛开展面向群众的安全教育活动，推动安全知识、安全常识进企业、进学校、进机关、进社区、进农村、进家庭。深化与“一带一路”沿线国家的安全文化交流合作，建立多渠道、多层次的沟通交流机制。推动安全文化示范企业、安全发展示范城市等建设。强化汽车站、火车站、大型广场、大型商场、重点旅游景区等公共场所的安全文化建设。创新安全文化服务设施运行机制，推动安全文化设施向社会公众开放。

2）文化服务能力建设工程。

建设国家安全生产新闻宣传数字传播系统和安全生产新闻宣传综合平台。建成安全生产网络学院和远程教育培训平台。完善“安全科学与工程”一级学科。实施全民安全素质提升工程和企业产业工人安全生产能力提升工程。建设安全生产主题公园、主题街道、安全体验馆和安全教育基地。

练一练

开放式论述题

按照你对安全文化的理解，阐述我国安全文化建设的路径和方法。

知识点 2 安全哲学观念建设先行

我们在前面的讨论中得出了一个结论，就是有什么样的安全哲学，就有什么样的安全文化。所以我们认为，在安全文化建设的整体进程中，虽然有着多个层次、多个方向、多个步骤，但是应该把安全哲学观念的建设放到重要位置。具体可以从以下 5 个方面着手：

（1）建立和宣传“安全第一”的哲学观。“安全第一”是一个相对、辩证的概念，是在人类活动的方式上（或生产技术的层次上）相对于其他方式或手段而言的，是在发生矛盾时必须遵循的原则。在思想认识上安全高于其他工作；在组织机构上安全权威大于其他组织或部门；在资金安排上，安全的重视程度重于其他工作所需的资金；在知识更新上，安全知识（规章）学习先于其他知识培训和学习；在检查考评上，安全的检查评比严于其他考核工作；当安全与生产、经济、效益发生矛盾时，安全优先。安全既是企业的目标，又是各项工作（技术、效益、生产等）的基础。建立起辩证的“安全第一”哲学观，就能处理好安全与生产、安全与效益的关系，才能做好安全工作。

（2）强化重视生命的情感观。安全维系人的生命与健康，“生命只有一次”“健康是人生之本”；反之，事故对人类安全的毁灭，则意味着生存、康乐、幸福、美好的毁灭。因此，充分认识人的生命与健康的价值，强化“善待生命，珍惜健康”，是每一个人应该建立的情感观。不同的人有着不同层次的情感体现，员工（一般公民）的安全情感主要是通过“爱人、爱己”“有德、无违”来体现的。管理者和组织领导的安全情感主要是以人为本、尊重与爱护职工，其表现是用“热情”的宣传教育激励职工、用“衷情”的服务支持安全技术人员、用“深情”的关怀保护和温暖职工、用“柔情”的举措规范职工安全行为、用“绝情”的管理爱护职工、用“无情”的事故启发众人。

（3）树立安全效益的经济观。实现安全生产，保护职工的生命与健康，不仅是企业的工作责任和任务，而且是保障生产顺利进行、实现企业效益的基本条件。“安全就是效益”“安全不仅能减损而且能增值”，这是企业应建立的安全经济观。安全的投入不仅能给企业带来间接的回报，而且能产生直接的效益。

（4）预防为主的科学管理观。要高效、高质量地实现企业的安全生产，必须走预防为主之路，必须采用超前管理、预期型管理的方法，这是生产实践所证明的科学真理。现代工业生产系统是人造系统，这种客观存在的现象给预防事故提供了基本的前提。从理论和客观上讲任何事故都是可预防的。因此，人类应该通过各种合理的对策和努力，从根本上消除事故发生的隐患，把事故的发生率降到最低限度。采用现代化的安全管理技术，变纵向单因素管理为横向综合管理；变事后处理为预先分析；变事故管理为隐患管理；变管理的对象为管理的动力；变静态被动管理为动态主动管理，实现本质安全化。这些都是我们应建立的安全生产科学观。根据安全系统科学的原理，预防为主的科学管理观是实现系统（工业生产）本质安全化的必由之路。

（5）建立人机环境的系统观。保障安全生产要通过有效的事故预防来实现。在这个过程中，涉及事故系统和安全系统两个系统。事故系统的要素之一是人，而人的不安全行为是事故的最直接因素；事故系统的要素之二是机，机的不安全状态也是事故的最直接因素；事故系统的要素之三是环境，生产环境的不良影响会对人的行为和机械设备产生不良的作用；事故系统的要素之四是管理，管理的欠缺和低下会造成人的行为的混乱和机械设备的低效。安全系统的要素之一是人，人的安全素质（包括心理和生理、安全管理能力、安全文化素质）是决定性因素；安全系统的要素之二是物，包括机械设备和环境的可靠性、安全性（设计安全性、制造安全性、使用安全性等），物的可靠性是减少事故的重要基础；安全系统的要素之三是能量，必须能够对能量在整个生产过程进行有效的控制；安全系统的要素之四是信息，全面、真实、可靠的信息传导是管理效能的体现，是生产安全的重要保证。

练一练

1. 列举题

试列举出任意 3 个安全哲学观念并简要说明其内容。

2. 多项选择题

下列选项中，属于安全哲学观念的是：

A. 安全第一的哲学观

B. 重视生命的情感观

C. 安全效益的经济观

D. 预防为主的科学管理观

E. 人机环境的系统观

3. 论述题

你认为我们应当树立什么样的安全哲学观念？

知识点3 安全文化建设的精神目标与精神层面

我们知道，安全文化的内容既有精神方面，也包括物态方面。在讨论安全文化建设的路径与方法时，把讨论重点放在安全文化的精神目标和精神层面，是因为关于物态的内容还涉及生产等环节，并不代表对其忽视。

（1）安全文化建设的精神目标。关爱生命，关注安全，让生活和生产更安全、更健康、更愉快。要实现这个目标，重点在于提高社会成员的人文素质，提倡和要求社会全员参与。

（2）安全文化建设的精神层面。

1）观念层面：在全体社会成员（依具体范围而定，可以是组织成员、企事业单位的员工、学校的学生、社区的居民等）中树立安全第一、生命至上的观念，推广生命无价、健康难买等生活理念，建立人们对生命的敬重之心。

2）行为层面：建立和大力宣传安全生活生产行为规范，在安全观念的主导下，使得社会成员能够自觉约束自己的行为，不做危险的动作，不干风险大的事，遵守安全生活生产行为规范。为此，全社会要重视安全教育，帮助社会成员学习安全知识，提升人文素质，掌握安全技术，提升安全能力。

3）制度层面：形成由法律法规、生产制度、工作纪律、居民公约等构成的制度体系，从不同的角度和层次强化安全文化，加强制度的可执行性，更多地考虑制度与人性的耦合，让人们把制度看作保障自身安全的工具。

4）社会软环境层面：全社会共同营造重视安全的道德环境和舆论环境，构建安全文化的传播系统，一方面弘扬和宣传安全观念和行为规范，另一方面谴责不重视安全的行为和观点，让成员感受到重视安全、关注安全的重要性、归属感和认同感。

练一练

简答题

安全文化建设的精神层面有哪些？

知识点 4 安全文化的教育

教育（包括培训等）是提升社会成员对安全元素及其作用的理解程度的有效手段，是提高安全文化建设的路径之一。因为对于自然人而言，有些是本能，更多的是靠学习，与学习相对应的社会手段就是教育。

安全教育承担着传播安全文化、传递安全生产经验和安全活动经验的任务。它的基本目标是优化人的观念认识，提高人的安全行为水平。

对社会来说，安全文化教育的对象应是全体公民，对于企业、事业单位、社区等安全教育的对象就是员工和居民。教育往往是对于儿童和青少年而言的，但是安全教育应该是面向全民的，儿童、少年、老人更多是生活安全教育，而青年和中年人主要是生产安全教育。

所以，在生产安全领域上，安全教育的内容除了安全科学知识与技术外，还应重点突出以下几个方面的内容：

（1）安全的工作行为教育。人的不安全行为是生产事故发生的主要因素。各类事故中有 70% 以上是由于人的“三违”—— 违章指挥、违章作业、违反劳动纪律造成的。其根本问题在于生产企业领导、职工和社会大众缺乏应有的安全文化知识，对于安全规则没有足够重视。人的不安全行为主要包括：未经许可进行操作；危险作业或高速操作；人为使安全装置失效；使用不安全设备；用手代替工具进行操作或违章作业；不安全的装载、堆放、组合物体；采取不安全的作业姿势等。

（2）安全的生活方式教育。现代社会的生活节奏越来越快，尤其是高科技使人们生活更加方便。但是，不良的生活方式也存在巨大的安全隐患，如熬夜等生活习惯严重影响了人们的睡眠，引发身体产生不良反应，如精神恍惚、神志不清、注意力不集中等，往往在工作中就会出差错，严重的就会导致事故。如酒后驾车引起的交通事故、吸烟导致的火灾等，在现实生活中比比皆是。这些安全生活方式的教育难以有组织地进行，只能通过公众媒体进行宣教，同时利用负面的报道进行警示。对于儿童、青年的教育主要通过家庭的教育。

（3）安全的心理教育。心理因素也是安全文化的重要内容。人只要有思想就会进行频繁的心理活动，有时心理活动会对工作有所帮助，有时则会妨碍正常的工作，因此健康的心理教育也是安全教育的内容之一。人的心理特性有很多，包括注意、情绪、意志、性格、态度、能力等。比如，注意的特性表现在注意范围、持续性和选择性，不注意往往让人失误进而发生事故，因此在工作中应该保持高度的注意，移开那些能够引起注意力分散的事物，排除由于身体不适、疲劳等引起的意识水平下降。而在长时间需要意识集中的作业中，应适当改善注意的集中度，以防止高度紧张状态下的误操作。情绪过高或过低，都会导致人的注意力无法集中，甚至无法控制自己，因此应学会自我抑制情绪，让情绪与工作相适应，从主观上创造一个稳定的心理环境，积极引导人们用理智控制不良情绪，减少因情绪问题而诱发的不安全行为。

那么非生产领域的安全文化教育有哪些呢？

（1）关于自然灾害、危险事项的普及性知识。人们即使有良好的安全观念，也可能因为“不知道”而危及自身和他人的安全，甚至导致严重事件的发生。

（2）良好的卫生及生活行为教育。例如传染性疾病的传播，有的是个人防范不到位引起的，有的是个人的不良生活行为带来的。全社会要下大力气加强这方面的教育，引导人们养成健康的卫生习惯，杜绝和摒弃不良的行为。此外，人与动物之间的疾病传播已经成为一个严重的公共卫生安全问题。

（3）遵纪守法的教育。法是安全文化的重要内容，不仅是安全生产需要法，安全生活也需要法。我们这里讲的守法的教育并不是需要去研究法的原理，而是让社会成员广泛理解法对安全的重要作用，对法、对规则建立起敬畏之心，自觉地依法而为。

练一练

案例分析题

请结合相关案例，谈谈如何加强生产企业职工的安全文化教育。

知识点 5 安全文化建设的步骤

安全文化建设的路径和方法实际上是方案选择问题，无论怎么选择，总是要有计划、分步骤地进行。我们在前面讨论的基础上，概括性给出安全文化建设的基本步骤：

（1）将安全文化具体化，也就是制定出安全文化的元素组成；

（2）对照现实情况，进行评估和评价，找出优势和不足；

（3）制定有针对性的加强安全文化建设的政策措施（针对不足）；

（4）政策措施的宣教和实施；

（5）实施过程的监督、检查和评估、反馈；

（6）修订政策和措施。

练一练

文案设计题

请结合北京的实际情况（交通、餐饮、教育等任意一项皆可），设计一个开展安全文化建设的程序性文案。

第四节　建设守法的安全文化

守法，是一个公民应有的基本素质。我们这里的“法”，是广义的法，不仅仅是国家的法律法规，也包括管理制度、行为规则、社会习惯等内容。

人类为什么要制定这些法？就是为了规范人们的行为，调整人们的关系，保障社会的发展。对于安全而言，法，是不可逾越的红线，是不能触碰的高压线，是公民行为的安全底线。

（1）法的目的是保障安全。法的内容来源于人们生产生活经验的总结，在漫长的历史中，人们在实践中摸索积累了大量的宝贵经验，知道怎么做是安全的、怎么做是危险的，把这些内容通过法的形式固定下来、流传下来，目的从宏观来说是为了群体的利益、民族的利益和国家的利益，从具体来说是为了保障人的自身的安全。从另一个方面说，关于安全的法，也是人类血的教训的凝结。

（2）遵章守法是安全生产和生活的基础，是创建安全文化的重中之重。据统计，在生产事故中，人为因素占到了80%以上，其中有章不循、有法不遵是主要的。在交通事故统计中，人为因素占到了90%以上。几乎每一起惨痛的安全事故背后都有一个令人扼腕叹息的故事，几乎每一个令人扼腕叹息的故事中，都有一些不知法、不懂法、不守法和视法纪为无物、违法蛮干的人。在企业生产中，一幕幕生产安全事故暴露出员工安全意识的不到位，也暴露出企业安全教育工作存在不足，甚至有些企业对违章行为熟视无睹，任由违章违规现象长期存在而得不到改变。

对于自然灾害、公共卫生、社会安全方面也是同样，在灾害无法避免的情况下，可以多在减少损失方面下功夫。有许多社会安全事件是由某些违法行为的存在而引发的。在现实中，大量的规则被印在纸上、贴在墙上、挂在嘴上，唯独没有落实到行动上。

“安全源于守法，文明始于脚下”，遵守法规、抵制陋习，关系着每一个家庭、每一个人的平安幸福。

练一练

简答题

为什么要建设人人守法的安全文化？

参考文献

1. 刘茂，王振 . 城市公共安全学——原理与分析 . 北京：北京大学出版社，2013.
2. 王宏伟 . 公共危机与应急管理原理与案例 . 北京：中国人民大学出版社，2015.
3. 唐钧 . 政府风险管理 . 北京：中国人民大学出版社，2015.
4. 寇丽平，孙静 . 公共安全危机管理 . 北京：中国人民大学出版社，2015.
5. 孙绍骋 . 中国救灾制度研究 . 北京：商务印书馆，2004.
6. 李孟刚 . 产业安全理论研究 . 2 版 . 北京：经济科学出版社，2010.
7. 薛澜，张强，钟开斌 . 危机管理：转型期中国面临的挑战 . 北京：清华大学出版社，2003.
8. 张小明 . 公共部门危机管理 . 北京：中国人民大学出版社，2006.
9. 汪永清 . 中华人民共和国突发事件应对法解读 . 北京：中国法制出版社，2007.
10. 刘茂，李迪 . 城市安全与防灾规划原理 . 北京：北京大学出版社，2018.
11. 肖军鹏 . 公共危机管理导论 . 北京：中国人民大学出版社，2006.
12. 汪大海 . 公共管理学 . 北京：北京师范大学出版社，2009.
13. 王宏伟 . 公共危机管理概论 . 北京：中国人民大学出版社，2016.
14. 夏宝成 . 西方公共安全管理 . 北京：化学工业出版社，2006.
15. 陈振明 . 公共管理学 . 北京：中国人民大学出版社，2005.
16. 王美权 . 美国战争动员与危机管理 . 北京：国防大学出版社，2008.
17. 陈振明 . 公共管理学：一种不同于传统行政学的研究途径 . 2 版 . 北京：中国人民大学出版社，2003.
18. 罗伯特 · 希斯 . 危机管理 . 王成，等译 . 北京：中信出版社，2001.
19. 菲克 . 危机管理 . 韩应宁，译 . 台北：经济与生活出版事业股份有限公司，1987.
20. 宋劲松 . 危机决策 . 北京：中国人民大学出版社，2018.
21. 郑大俊，姚明 . 中国古代自然灾害公共危机管理策略探析 . 河南师范大学学报（哲学社会科学版），2012（5）.
22. 张岩 . 肯尼迪政府时期民防政策初探 . 湖北函授大学学报，2017（1）.
23. 赵经纬 . 元代赈灾机构初探 . 张家口师专学报（社会科学版），1996（1）.

24. 韩国明，何春奇，王慈刚 . 西方公共安全管理历程及理论对我国的启示——以美国为例 . 河南社会科学，2009（5）.

25. 战俊红 . 西方国家公共安全管理起源探寻 . 河南理工大学学报 (社会科学版), 2008（4）.

26. 邹兵建 . 论刑法公共安全的多元性 . 中国刑事法杂志，2013（12）.

27. 夏保成 . 西方应急管理学科内涵初探 . 中国应急管理，2009（10）.

28. 唐钧，杨玉琴 . 风险管理在公共事务管理中的应用 . 中国减灾，2012（21）.

29. 杨用君，刘祖德，赵云胜 . 新形势下城市公共安全应急管理体系建设探讨 . 中国公共安全（学术版），2007（6）.

30. 贾生华，陈宏辉 . 利益相关者的界定方法述评 . 外国经济与管理，2002（5）.

31. 刘铁 . 公共安全与公共管理 . 学习与探索，2004（5）.

32. 黄英君 . 社会风险管理：框架、风险评估与工具运用 . 管理世界，2013（9）.

33. 邵鹏 . 国家治理模式演进与国家治理体系构建 . 学习与实践，2014（1）.

34. 夏保成 . 美国突发事件管理系统对我国公共安全管理体制建设的启示 . 河南理工大学学报 (社会科学版), 2008（4）.

35. 张芳山 . 美国公共安全管理模式及其启示 . 云南行政学院学报，2010（1）.

36. 马志毅 . 中国应急管理：体制、机制与法制 . 中国应急管理，2010（10）.

37. 王艳 . 论公共危机管理中的政府责任 . 黑龙江社会科学，2006（3）.

38. 邱孝 . 政府应急管理组织结构分析 . 生产力研究，2009（19）.

39. 聂磊 . 我国红十字会在应急管理中的作用探讨 . 理论探索，2009（1）.

40. 张传友 . 加强我国公共安全管理的思考 . 长江论坛，2007（6）.

41. 闪淳昌，周玲，钟开斌 . 对我国应急管理机制建设的总体思考 . 国家行政学院学报，2011（1）.

42. 朱正威，张莹 . 发达国家公共安全管理机制比较及对我国的启示 . 西安交通大学学报 (社会科学版), 2006（3）.

43. 马振超，张晓菲 . 中国社会公共安全面临的突出问题及态势分析——非传统安全视角 . 中国人民公安大学学报（社会科学版），2014（3）.

44. 孙明，闫建新 . 城市公共安全规划管理研究综述 . 山西建筑，2013（9）.

45. 牛晓霞，朱坦 . 城市公共安全规划模式的研究 . 中国安全科学学报，2003（10）.

46. 吴宗之 . 城市土地使用安全规划的方法与内容探讨 . 安全与环境学报，2004（12）.

47. 王德迅 . 日本危机管理体制的演进及其特点 . 国际经济评论，2007（3）.

48. 毋慧荣 . 论《突发事件应对法》在法律体系中的地位 . 法制与社会，2008（1）.

49. 张雯雯 . 完善我国公共安全应急管理法律体系的思路 . 天水行政学院学报，2017（1）.

50. 袁旭，曹琦 . 安全文化管理模式研究 . 西南交通大学学报，2000（6）.

51. 谭洪强，吴超 . 安全文化学核心原理研究 . 中国安全科学学报，2014（8）.

52. 田冬梅，谭凯旋，姚建 . 论安全文化教育 . 南华大学学报 (社会科学版)，2005（8）.

53. 傅贵，何冬云，张苏，等 . 再论安全文化的定义及建设水平评估指标 . 中国安全科学学报，2013（4）.

54. 中国社会科学院．公共安全蓝皮书：中国城市公共安全发展报告（2016—2017）．北京：社会科学文献出版社，2017.

55. 彭波．公共安全不能有知识无意识．人民日报，2015-09-16.

56. 李军．我国古代救灾制度的演变特征．光明日报，2014-04-02.

57. 本报评论员．加快提升安全生产法治化水平．人民日报，2015-12-01.

图书在版编目（CIP）数据

公共安全管理 / 张琳琳主编. —北京：中国人民大学出版社，2018. 11
21世纪高等开放教育系列教材
ISBN 978-7-300-26357-1

Ⅰ. ①公…　Ⅱ. ①张…　Ⅲ. ①公共安全—安全管理—高等学校—教材　Ⅳ. ①D035.29

中国版本图书馆 CIP 数据核字（2018）第 236472 号

21世纪高等开放教育系列教材
公共安全管理
张琳琳　主　编
Gonggong Anquan Guanli

出版发行	中国人民大学出版社		
社　　址	北京中关村大街 31 号	**邮政编码**	100080
电　　话	010-62511242（总编室）		010-62511770（质管部）
	010-82501766（邮购部）		010-62514148（门市部）
	010-62515195（发行公司）		010-62515275（盗版举报）
网　　址	http:// www. crup. com. cn		
经　　销	新华书店		
印　　刷	北京昌联印刷有限公司		
开　　本	787 mm × 1092 mm　1/16	**版　　次**	2018 年 12 月第 1 版
印　　张	17	**印　　次**	2024 年 11 月第 4 次印刷
字　　数	396 000	**定　　价**	39.00 元